新时代中国女企业家精神研究

★ 浙江省社会主义学院浙江文化与海外统一战线招标课题"基于浙商文化的新浙商企业家精神研究"（项目编号：ZWHB201801）

★ 湖北省技术创新专项软科学研究项目"新时代战略背景下楚商企业家精神研究——基于秦、晋、浙、粤、楚的样本"（项目编号：2018ADC116）

THE STUDY ON
FEMALE ENTREPRENEURSHIP
IN THE NEW ERA OF CHINA

新时代中国女企业家精神研究

赵春艳　赵秋运◎著

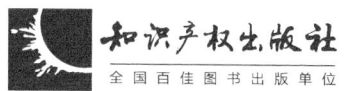

图书在版编目（CIP）数据

新时代中国女企业家精神研究/赵春艳，赵秋运著. —北京：知识产权出版社，2019.10

ISBN 978-7-5130-6497-2

Ⅰ.①新… Ⅱ.①赵… ②赵… Ⅲ.①女性—企业家—企业精神—研究—中国 Ⅳ.①F279.23

中国版本图书馆CIP数据核字（2019）第206949号

内容提要

女性创业已成为新时代经济发展的重要组成部分。本书从女企业家的自我成长与创业历程出发，基于新结构经济学的理论基础，构建"三原色"模型，采用质性研究中扎根理论的研究方法，深度访谈了34位女企业家，探求女企业家创业过程中的共性与个性，挖掘女企业家从优秀到卓越的发展轨迹、核心要素与培育路径。研究表明，相比于男企业家，女企业家主要有两大特征：一是女企业家的美，关于外在美和内在美的平衡艺术；二是女企业家的母性责任，关于事业和家庭的平衡艺术。因此，女企业家在"红""黄"的体现与男企业家没有显著的区别，但在"青"上更具特点，以"青"为主的社群文化包含了女企业家对自我的关爱、家庭责任和社会担当，这种关爱与担当主要体现在对生命的敬畏、开阔的视野、持续的学习、强大的社会责任感以及平和的心态等。本书为新时代正在努力创业的女企业家以及从事相关研究的学者提供了较好的参考。

责任编辑：韩 冰 李 瑾	责任校对：潘凤越
封面设计：邵建文 马倬麟	责任印制：孙婷婷

新时代中国女企业家精神研究

赵春艳 赵秋运 著

出版发行：知识产权出版社有限责任公司	网　　址：http://www.ipph.cn
社　　址：北京市海淀区气象路50号院	邮　　编：100081
责编电话：010-82000860 转 8126	责编邮箱：hanbing@cnipr.com
发行电话：010-82000860 转 8101/8102	发行传真：010-82000893/82005070/82000270
印　　刷：北京九州迅驰传媒文化有限公司	经　　销：各大网上书店、新华书店及相关专业书店
开　　本：720mm×1000mm　1/16	印　　张：15
版　　次：2019年10月第1版	印　　次：2019年10月第1次印刷
字　　数：250千字	定　　价：69.00元
ISBN 978-7-5130-6497-2	

出版权专有　侵权必究

如有印装质量问题，本社负责调换。

前言

在新时代的中国,对企业家精神的重视程度空前提高。2017年9月,《中共中央 国务院关于营造企业家健康成长环境弘扬优秀企业家精神更好发挥企业家作用的意见》的出台标志着中央首次以专门文件明确企业家精神的地位和价值。2017年10月,中国共产党第十九次全国代表大会工作报告指出,要激发和保护企业家精神,鼓励更多社会主体投身于创新、创业。要建设知识型、技能型、创新型劳动者大军,弘扬劳模精神和工匠精神,营造劳动光荣的社会风尚和精益求精的敬业风气。在新时代的中国,企业家精神第一次被写入国家政策文本。2018年10月24日,由中央统战部、全国工商联共同推荐宣传的"改革开放40年百名杰出民营企业家"名单发布。他们是在改革开放不同阶段中涌现出的优秀代表,在我国民营经济发展过程中具有标志性意义。此次发布"改革开放40年百名杰出民营企业家"名单,不仅是从一个侧面展现我国民营经济发展取得的巨大成就,也是为了弘扬优秀企业家精神,更好地激励广大非公有制经济界人士"不忘创业初心,接力改革伟业"。

企业家以及企业家精神的概念提出已久,"企业家"这一概念最早可以追溯至1800年的法国经济学家理查德·坎蒂隆,"企业家精神"则是指企业家特殊技能的集合。抑或指企业家组织建立和经营管理企业的综合才能的表述方式,它是一种重要而特殊的无形生产要素。企业家是企业家精神的主体,同时也是企业家精神的载体。但是,女性作为企业家的研究一直被忽略,即使是在全球经济发展如此迅速的新时代,世界大多数国家经济生活中尚存在着男主女辅的畸形态势,女性自主创业比男性面临着更多的困境和压力,女性对社会发展的贡献一直都被忽略或小觑,许多发达国家亦不例外。我们认为应该鼓励更多女性积极加入创业队伍，使女性与男性拥有平等的创业竞争力才是更有意义的方法。

2004年9月，在北京召开了第十一届全球女企业家会议，其重要议题之一就是"推进女性中、小企业发展，促进女性创业"。与改革开放前相比，我国女性创业进程虽有了大幅加速，但仍与西方发达国家有较大的差距。在西方发达的市场经济框架下已经有许多关于女性创业发展的研究与政策发布，但在中国对于女性企业家的研究尚处于起步阶段，中国女企业家多为生存驱动型模式，机会创业型的企业家相对寥寥无几，不同行业和不同地区的女企业家具有总体相似的特征和以行业和地区划分的差别，在此背景下，我们按照行业和地区采访的案例进行划分，研究其总体特征和差别，对处于不同行业和地区的女性更具有借鉴意义。

具体而言，我们根据众多学者对企业家精神的界定，结合新结构经济学核心观点，试图构建了女企业家精神"三原色"模型，分别是以红色为主的人才（高技能劳动力）、资本、技术等禀赋及其结构，代表着市场的有效性，尊重经济规律；以黄色为主的人才、金融、法律政策，代表着政府在改善软的制度环境中的有为性，尊重自然规律；以青色为主的自我关爱、家庭责任、社会担当的社群文化，代表着社区的有情性，尊重社会规律。为了深入探究女企业家精神"三原色"模型内在运行机制，我们对三原色两两叠加后形成的新色彩也进行了抽象处理，分别是以橙色为代表的激励机制，以绿色为代表的敬天爱人以及以紫色为代表的高质量发展，六种颜色分别指向代表包容、容错空间的灰原色，深入探讨企业可持续发展传导机制的具体运行模式，并对以"三原色"模型为基础的企业动态变迁过程进行深刻剖析，探求每一阶段企业家独有的品质精神，并且采用定量和定性相结合的方法。具体而言，本书的主要内容和结构安排如下：

第2章是企业家精神研究的理论基础，阐述企业家与企业家精神的概念，并对国内外关于企业家精神的主要研究过程及成果进行梳理和总结。

第3章是女企业家精神"三原色"模型，本章对"三原色"模型进行了简单介绍，选用"三原色"作为各类企业家精神代表，利用"三原色"模型对企业家在企业发展中各个时期的精神特点以及对社会的影响力进行分析。

第4章基于"三原色"模型定量研究女企业家精神，采用结构方程模型，对"三原色"模型的合理性进行计量分析，以 210 份新时代女性创业者的调查问卷为样本，探索"三原色"模型中的禀赋及其结构、营商环境、社群文化与企业家精神的关系。

第 5 章是女企业家精神的案例分析，本章选取涉农服务业、地产服务、创业服务、教育服务、个人消费服务、生活性服务、文化和娱乐服务、软件和信息技术服务、慈善等九种不同领域或行业的典型案例，深度采访了 34 位女企业家，分析中国女企业家的总体特征及个体差异。

第 6 和第 7 章是基于使用"三原色"模型分析女企业家精神的案例评析，结合对 34 位女性创业者的深度访谈的质性研究，探索中国女性创业能力的影响因素及其激励对策。

第 8 章是研究结论与展望，为进一步提升女性创业能力，发挥女性在创新创业浪潮中的积极作用，提出相关的激励政策。

党的十九大和中央经济工作会议做出了"中国特色社会主义进入了新时代，我国经济发展也进入了新时代"的重大论断，指出新时代我国经济发展的基本特征，就是我国经济已由高速增长阶段转向高质量发展阶段。

新的时代呼唤企业家，我们更呼唤具有企业家精神的企业家。具有企业家精神的女企业家更需要我们一起加倍呵护，我们希望与学术界同人们一起去关注这个非常重要的问题！

赵秋运
2019 年 7 月 1 日
北京·未名湖畔

目 录

第1章 绪 论 ………………………………………………… / 001
    1.1 研究背景及研究意义 / 001
        1.1.1 问题的提出 / 001
        1.1.2 研究意义 / 002
    1.2 相关概念的界定 / 003
        1.2.1 企业家的概念 / 004
        1.2.2 企业家精神的概念 / 005
    1.3 研究方法 / 006
    1.4 研究内容与框架 / 006
    1.5 研究创新点 / 007

第2章 企业家精神研究的理论基础 ……………………………… / 008
    2.1 关于企业家精神的研究综述 / 008
        2.1.1 女企业家的创业动机 / 008
        2.1.2 女企业家的领导力 / 009
        2.1.3 女企业家的创业过程 / 009
    2.2 我国企业家精神理论的发展 / 010
        2.2.1 孔子的人格思想与企业家的儒商思想 / 010
        2.2.2 老子的道论与企业家的管理之道 / 011
        2.2.3 阳明心学与企业家自信 / 011
    2.3 新结构经济学理论 / 012
        2.3.1 新结构经济学的产生与发展 / 012

2.3.2　新结构经济学与企业家精神 / 015

本章小结 / 017

第 3 章　女企业家精神"三原色"模型构建 .... / 018

3.1　"三原色"模型的框架 / 018

3.2　"三原色"模型的内涵 / 019

3.2.1　"红黄青"的内涵 / 019

3.2.2　"橙紫绿"的内涵 / 023

3.2.3　"灰"的内涵 / 025

3.3　"三原色"模型的传导路径 / 027

3.3.1　从"红"到"灰"的要素传导 / 028

3.3.2　从"黄"到"灰"的制度传导 / 028

3.3.3　从"青"到"灰"的文化传导 / 029

3.3.4　从"橙"到"灰"的激励传导 / 029

3.3.5　从"紫"到"灰"的品牌传导 / 030

3.3.6　从"绿"到"灰"的舆论传导 / 030

3.4　"三原色"模型的动态发展 / 031

3.4.1　"红黄青"与投入期 / 031

3.4.2　"橙紫绿"与成长期 / 032

3.4.3　"灰"与成熟期 / 032

本章小结 / 033

第 4 章　女企业家精神"三原色"模型的定量评价 .... / 034

4.1　指标体系构建 / 034

4.1.1　构建原则 / 034

4.1.2　体系框架构建 / 035

4.2　理论分析与模型假定 / 036

4.3　描述统计与假设检验 / 038

4.4　模型结论 / 041

4.4.1　信度检验 / 041

4.4.2　方程模型检验及模型结论 / 042

         4.4.3 拟合度检验 / 044

本章小结 / 045

第5章 女企业家精神的案例分析 ·············· / 046

  5.1 涉农服务 / 046

    5.1.1 芳盛果蔬的马莲芳：搭乘"一带一路"快车，筑梦农业情怀 / 046

    5.1.2 "二乔家"土特产的李丽娟：越过生命拐点，一切皆有可能 / 051

    5.1.3 中药材种植大户谭克华：新型职业农民，参与区域品牌建设 / 055

    5.1.4 北京紫荆创新农业研究院的徐子凌：构建高端智库平台，引领农业教育发展 / 058

  5.2 地产服务 / 061

    5.2.1 浙江龙润置业的董天琼：勇敢独立，浙商家族企业传承 / 061

    5.2.2 文林瓯艺装饰的张春燕：善良也锋芒，温婉也自强 / 065

  5.3 创业服务 / 068

    5.3.1 北京市京师（武汉）律师事务所的胡涛：法治思维，保障营商环境 / 068

    5.3.2 蒲公英孵化器的吴晓梅：顺融资本，全产业链创投服务 / 072

    5.3.3 光谷创业咖啡的宣洁：从光谷到硅谷，产学研的深度融合 / 076

    5.3.4 创业红娘公益服务中心的刘玉：从创新到创业，生生不息 / 080

  5.4 教育服务 / 084

    5.4.1 红砖文化传播的刘冬梅：剑桥教育与深圳发展的链接者 / 084

5.4.2 鱼与渔托管中心的赵莉莉：从上海到银川的梦想
追随者 / 086

  5.4.3 彩蘑菇科技的马晋云：青少年儿童科学探究的
启迪人 / 091

5.5 个人消费服务 / 094

  5.5.1 众筹民宿的周蓓：专注抱一，浙商的湖北故事 / 094

  5.5.2 婴之谷育儿百货的丁琼：连锁经营，辅助脱贫
致富 / 098

  5.5.3 December 服装店的陶欢：转型肌肤管理，打造
女性美学 / 101

5.6 生活性服务 / 105

  5.6.1 风韵出行的杜玲芳：军嫂创业，坚守月明 / 105

  5.6.2 博雅丽缘的王雅芬：勇于选择，助力幸福事业 / 109

  5.6.3 京楚物业研究院的李霞：从北京到武汉，工科女生的
创业之路 / 111

  5.6.4 淘宝创业的肖永芳：深耕社交电商，创造社会价值 / 115

5.7 文化和娱乐服务 / 119

  5.7.1 550 艺术书店的王阳：逆龄生长，活在珍贵的
人间 / 119

  5.7.2 寄给未来传媒的杨雪：寄给未来，影像是一种
力量 / 123

  5.7.3 做自己科技的夏利：纸板造物，助力城市文化
创意与创造活力 / 127

  5.7.4 探星电商的费丹丹：事事磨砺，心路成长 / 131

  5.7.5 DIY 手作生活的游帅：童心未泯，追随本我 / 134

  5.7.6 哒呤科技的李洁：持续创业，服务学生平台 / 136

  5.7.7 红枫咖啡的柴婷婷：寻找自己，做喜欢的事 / 141

5.8 软件和信息技术服务 / 144

  5.8.1 浙江改进咨询的丁岳枫：学霸创业，极简生活 / 144

5.8.2　史蒂芬凯的肖岚：中德合资，技术引领未来 / 147

5.8.3　上谱科技的史晓丽：权力与魅力，提升女性
领导力 / 151

5.8.4　摩索科技的闵赛花：心气平和，执着努力 / 154

5.8.5　德语同声传译樊祎：自由职业，追随本我 / 157

5.9　慈善 / 162

5.9.1　浙江中小企业协会的陈潇：肩挑社会责任，浙商
文化典范 / 162

5.9.2　湖北阳光慈善物资中心的董玉霞：人人做慈善，
人人享慈善 / 166

第6章　新时代中国女企业家精神"三原色"模型的质性研究 ………… / 172

6.1　研究方法与样本介绍 / 172

6.1.1　研究方法 / 172

6.1.2　资料的获取 / 173

6.2　"红黄青"与企业家精神 / 175

6.2.1　"红"：洞察市场，甄别要素禀赋 / 175

6.2.2　"黄"：善用政策，把握时代机遇 / 176

6.2.3　"青"：敬天爱人，勇担女性责任 / 177

6.3　"橙紫绿"与企业家精神 / 178

6.3.1　"橙"：激励机制，运营管理之道 / 179

6.3.2　"紫"：持续学习，提升品牌质量 / 180

6.3.3　"绿"：社会支持，舆论正向引导 / 181

6.4　"灰"与企业家精神 / 181

6.4.1　"深灰"：原则性，实施目标管理 / 181

6.4.2　"浅灰"：灵活性，建立容错机制 / 182

6.5　"传导路径"与企业家精神 / 182

6.5.1　从"红"到"灰"的要素传导 / 182

6.5.2　从"黄"到"灰"的制度传导 / 185

6.5.3　从"青"到"灰"的文化传导 / 186

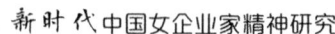

　　　6.5.4 从"橙"到"灰"的激励传导 / 189
　　　6.5.5 从"紫"到"灰"的品牌传导 / 190
　　　6.5.6 从"绿"到"灰"的舆论传导 / 193
　6.6 "三原色"模型与企业生命周期 / 195
　　　6.6.1 "红黄青"与投入期 / 195
　　　6.6.2 "橙紫绿"与发展期 / 195
　　　6.6.3 "灰"与成熟期 / 196
　本章小结 / 197

第7章 新时代中国女企业家精神的发展对策 …… / 198
　7.1 挖掘女企业家发展的创新思维 / 198
　7.2 塑造女企业家发展的制度环境 / 198
　7.3 提升女企业家的发展境界 / 199
　7.4 完善女企业家发展的激励机制 / 199
　7.5 增强女企业家发展的社会影响力 / 200
　7.6 弘扬女企业家发展的工匠精神 / 200

第8章 结论与展望 …… / 201

参考文献 …… / 205

附　录 …… / 211
　　附录1 女企业家精神采访大纲（半结构化访谈）/ 211
　　附录2 女企业家精神调查问卷 / 213

后　记 …… / 221

第1章 绪 论

2017年9月,《中共中央 国务院关于营造企业家健康成长环境弘扬优秀企业家精神更好发挥企业家作用的意见》的出台标志着中央首次以专门文件明确企业家精神的地位和价值。2017年10月,中国共产党第十九次全国代表大会工作报告指出,要激发和保护企业家精神,鼓励更多社会主体投身于创新、创业。要建设知识型、技能型、创新型劳动者大军,弘扬劳模精神和工匠精神,营造劳动光荣的社会风尚和精益求精的敬业风气。在新时代的中国,企业家精神被写入国家政策文本。2018年10月24日,由中央统战部、全国工商联共同推荐宣传的"改革开放40年百名杰出民营企业家"名单发布。他们是在改革开放不同阶段中涌现出的优秀代表,在我国民营经济发展过程中具有标志性意义。此次发布"改革开放40年百名杰出民营企业家"名单,不仅是从一个侧面展现我国民营经济发展取得的巨大成就,也是为了弘扬优秀企业家精神,更好地激励广大非公有制经济人士"不忘创业初心,接力改革伟业"。

1.1 研究背景及研究意义

1.1.1 问题的提出

改革开放以来,中国经济持续、快速和健康发展,出现了中国经济"增长奇迹"。党的十八大以来,中央深入推进简政放权,建立权力清单、负面清单制度,大力营造保护企业家合法权益的法治环境;致力于构建亲清新型政商关系，厘清政府和市场边界，打造公平竞争的市场环境；大力弘扬企业家精神，努力培育尊重和激励企业家的社会文化氛围，让企业家精神日益充分地迸发出来。在中国经济已经进入由高速发展向高质量发展的新时代，鼓励自主创业已经成为了解决就业问题的最佳途径之一，创业活动的发展能够有效推动国家经济发展与结构优化。

女企业家是企业家中的一个特殊群体。经济合作与发展组织（OECD）和欧盟理事会联合发布了名为《消失的企业家2017》（the Missing Entrepreneurs 2017）的报告。其指出，平均来说，男性创业者的数量是女性的2.7倍。在OECD国家，这一数字各不相同。在墨西哥和智利，这一数字为2.1倍；在爱尔兰则是4.1倍。《全球创业观察》在各国进行了住户调查，主要关注企业家。他们的调查显示，男性创业者的数量大约是女性的2.6倍。传统的性别观念认为，女性应当从事一些"女性化"的职业。此外，性别角色也会对女性造成一定的限制，使她们无法获得关键性的人力、资本、社会资源。劳伦斯·萨默斯在担任世界银行首席经济学家时曾说："对于女孩教育的投资，很可能是发展中国家所进行的投资里面具有最高回报率的投资。"从前在企业界，大部分女性创业比男性创业会面临更多的阻力。随着世界经济的发展，出现了越来越多的女企业家，她们在相关领域发挥着重要的决策力和领导力。女企业家在企业家这一社会团体中具有其鲜明的特色，区别于男性的带有极强烈的自主竞争的领导管理风格，女企业家则充分发挥了其母性特质，例如，她们更注重沟通合作，更具有包容性等，这些区别于男企业家的独特价值观与领导风格使女企业家在时代的变革中拥有了属于自己的独一无二的优势。女性创业已经成为新时代经济发展的一大趋势。

1.1.2　研究意义

由于女性对社会发展的贡献一直都被忽略或小觑，即使是在全球经济发展如此迅速的新时代，世界大多数国家的市场结构都存在着男主女辅的畸形态势，许多发达国家也不例外，女性自主创业比男性面临更多的困境。仅关心女性就业并不能实现市场结构的改革优化，鼓励女性积极加入创业队伍，使女性与男性拥有平等的创业竞争力才是更有意义的方法。

2004年9月，在北京召开了第十一届全球女企业家会议，其重要议题之一就是"推进女性中小企业发展,促进女性创业"。与改革开放前相比,我国女性创业进程虽有了大幅加速,但与西方发达国家仍有较大的差距。在西方发达的市场经济框架下已经有许多关于女性创业发展的研究与政策,但在中国对于女企业家的研究还处于起步阶段。中国女企业家多为生存驱动型模式,机会型创业的企业家相对较少,并且创业前的职业背景对创业影响明显,而不同行业和不同地区的女企业家具有总体相似的特征和以行业和地区划分的差别,在此背景下,我们按照行业和地区将采集到的案例进行划分,研究其总体特征和差别,对处于不同行业和地区的女性更具有借鉴意义。

1.2 相关概念的界定

何为企业家(Entrepreneur)?我们经常会在各种经济管理类人物榜单上看到企业家,在生活中也经常找寻和试图发现企业家,其实人们难以用简单的词语来形容和描绘企业家这一群体。自然,企业家是个性不同的人,其领导的公司具有各自的特点。就本质而言,企业家是具有同一气质的不同群体,其为一种精神而非一个头衔或者职位。"企业家"这一概念最初出现在17—18世纪,由法国经济学家坎蒂隆(Richard Cantillion)提出。经过概念构建后,人们对于这一专有名词有了初步的认知,紧接着就是对内容的辨析与扩充,用更多的事实例证来抽象为具体。存在于符合规定的集合圈里的企业家们被发现具有共同的精神特征,所以,针对此现象将企业家们的共性特征定义为"企业家精神"。对于企业家精神的研究,其中较为有效的方法就是放大法,类比研究振动这一物理现象,往往借助体积小、质量小的乒乓球作为辅助,通过观察敲打音叉时乒乓球弹起的高度来验证实验结论。人为定义的精神同样也需要借助一种辅助物来更加直观地体现出来。我们对于国内的企业家精神研究借助于各时期的突出代表人物:孔子、孟子、王阳明,通过他们的价值观来体现他们所处时代的主流企业家精神。只分析国内企业家精神不足以对其内涵进行深层剖析,梳理国外企业家精神理论的发展历程可以构建一个更加完善的认知体系。国外的企业家精神研究通过三个阶段来展开,分别为古典经济学时期、新古典经济学时期和现代经济学时期。这三个时期均有不同的代表学者,所研究的问题也渐渐深入,但最终的落脚点还是在人本身。

另外，我们还从新结构经济学理论的视角诠释了"第一个吃螃蟹"的企业家与企业家精神的内在逻辑。本章的结构采用了平行叙述的方式：从概念辨析出发，以时间发展线为轴对国内外的代表人物、代表学派进行研究梳理。将企业家精神的发展史铺展开来，进行一次系统的认识分析，从而展现一个完整的企业家群体特点。

企业家是企业家精神的主体，同时也是企业家精神的载体。在对日常现象的归纳总结中，企业家与企业家精神形成了一种对应的映射关系。由此可知，企业家精神的种种表现也是大众对企业家的初印象。其中企业家创新是企业家精神的具体表现之一，也是研究的关注要点。所以相关概念的界定按照主体（载体）、本体和表现体的顺序来叙述。对企业家的研究涉及了职能、性质、作用等方面，不同学派的研究丰富了企业家的内涵。

1.2.1　企业家的概念

企业家的原义为"冒险事业的经营者或组织者"，起源于法语"entrepreneur"。熊彼特（1934）在其《经济发展理论》中认为，"要实现经济发展，就是要破坏旧组合实现新组合，而企业家就是实现新组合的人"。对于企业家的作用，他描述为"企业家是创造性的破坏者"。创新是熊彼特来判断企业家的唯一标准。

国外理论界对企业家的研究阶段如下：古典经济学阶段、新古典经济学阶段和现代经济学阶段。在古典经济学阶段，古典经济学家对企业家问题的研究主要集中在对企业家职能的探讨，代表人物有两位：一位是坎蒂隆，他认为企业家是具有经营职能的人，强调企业家的经营职能，即企业家是经营者；另一位是马克思（Karl Marks），他认为企业家是一定资本的所有者，将企业家视为资本的化身或代表，强调企业家的特质是人格化的资本。在新古典经济学阶段，新古典经济学家主要从人力资本、创新和决策等方面进行阐述和论证，侧重于企业家的性质，代表人物有马歇尔、熊彼特和奈特等。在现代经济学阶段，其主要从组织、交易费用、团队生产和代理等方面进行研究，侧重于企业家作用的研究，代表人物主要有科斯、诺斯、阿尔钦与德姆塞茨等。

我国理论界对企业家内涵的观点主要有企业家是企业的所有者和创业者、

经营者、创新者和风险承担者三个方面。目前,企业家的定义还没有一个权威的、统一的说法,不同的专家学者也会给出不同的定义。我们对企业家采取一种综合的定义,认为企业家是对土地、资本、劳动力等生产要素进行有效组织和管理的创新者和风险承担者。企业家代表一种素质,也是一种职务;既可以是企业的所有者,也可以是企业的经营者。从新结构经济学角度出发,"第一个吃螃蟹"的企业家是具有企业家精神的。

1.2.2 企业家精神的概念

企业家精神是指某些人所具有的组织土地、劳动及资本等资源用于生产商品、寻找新的商业机会以及开展新的商业模式的特殊才能。企业家精神是企业家提高经济资源效率的技能集合,它是一项冒险、预见性和剧烈的产品创新活动(Miller,1983)。企业家的基本职能是创新(熊彼特,1931;德鲁克,1985;张维迎,1984)。研究企业家精神的国际权威学者吉尔德(George Gilder,1992)指出:"资本主义是一种精神与观念","精神和信仰才是企业家的生活方式"。在西方,企业家精神已成为企业创新和区域发展研究领域中炙手可热的词语。当前的企业家精神研究越来越呈现出爆炸式增长的趋势。但其至今仍无统一、公认、标准的关于企业家精神的定义(Gwen Richtermeyer,2003);同时,它的研究领域正在急速扩展。我们需要构建一个统一框架以便了解、认识和掌握企业家精神(Antti Sillanpa,2004)。企业家并不是一种职业,一般而言,也不是一种持久的状况,所以企业家并不形成一个专门意义上的阶层,而是一种精神、一种文化(熊彼特,1931),这句话一语道破了企业家的地位内涵,对于任何特权都是对他人的歧视,会扭曲企业家精神(张维迎,2016)。从新结构经济学理论出发,"第一个吃螃蟹的人"跟企业家精神具有内在的关联。在前人的研究中,企业家精神具有很强的实用性,并且这种性质不是大众身上普遍存在的,总体来说可以用"少而优"这三个字来概括。无论是特殊才能说还是创新活动说等,都对这一精神给予了高度的肯定。尽管缺少普遍性,但其运营过程中体现出的作用效果却无法忽视。当研究上升到精神文化层面时,对于企业家们的特性就不能用偶然或碰巧等字眼一笔带过了。文化精神最重要的作用就是具有传递性和感染性,它是可以作为分享内容存在的,和知识体系一样,可以通过积累认知达到更高的层次。

1.3 研究方法

第一,采用了扎根理论和质性研究法,结合2017—2019年课题负责人实地调研的存量数据以及新的专题调研获得的增量数据,辅以深度访谈。

第二,在定量研究方面进行了方法创新,项目组设计、发放了210份结构化的调查问卷,采用统计软件Stata进行数据录入,采用结构方程模型进行定量分析。

第三,采用比较研究法。主要从横向共时态和纵向历时态两个角度出发,对比浙商与楚商、粤商等商帮的营商环境,从经济概述、要素禀赋、战略优势、代表性企业及企业家、营商环境及政策梳理、问题和优化建议等方面进行全面、客观的比较,总结和凝练中国女企业家各方面的精神特质。

1.4 研究内容与框架

近代中西方对于女企业家精神的研究不在少数,也都取得了丰富的研究成果与结论,但我国经济发展变化较大,女性创业在早期还不够普遍,对中国女企业家精神的研究还不够深入。我们选取了大量女性创业者案例,并辅以科学的研究方法,描述了中国女企业家精神画像,具体研究内容如下。

第2章是企业家精神研究的理论基础,阐述企业家与企业家精神的概念,并对国内外关于企业家精神的主要研究过程及成果进行梳理和总结。

第3章是女企业家精神"三原色"模型,该章对"三原色"模型进行了简单介绍,选用三原色作为各类企业家精神代表,利用"三原色"模型对企业家在企业发展中各个时期的精神特点以及对社会的影响力进行分析。

第4章基于"三原色"模型定量研究女企业家精神,通过构建女企业家精神的评价体系,基于结构方程模型(SEM),以210份来自女性创业者的调查问卷为样本,以要素禀赋、营商环境、社群文化、企业家精神四大因素为观测量评价女企业家精神。

第5章是女企业家精神的案例分析,选取了涉农及餐饮类服务业、生产服务型行业等不同领域或行业的典型案例，深度采访了30余位女企业家，分析中国女企业家的总体特征及差异。

第6、7章基于用"三原色"模型分析女企业家精神的案例评析，结合对30余位女性创业者的深度访谈的质性研究，探索中国女性创业能力的影响因素及其激励对策。

第8章是研究结论与展望，为进一步提升女性创业能力，发挥女性在创新创业浪潮中的积极作用，提出相关的激励政策。

1.5　研究创新点

早期对于企业家精神的定义、衡量已经不能满足新时代的发展需求，对于中国女企业家精神的分析，传统的方法已经不能全面地适应当今的市场发展，本书的创新之处在于：

第一，将中国女企业家精神三种类型的核心要素归结为大自然的红黄青三大原色，对处于投入期、成长期和成熟期的企业发展特点及其所对应的企业家精神进行深入分析。

第二，采访了30余位新时代中国女企业家，从不同行业和不同区域进行了对比分析，对三原色两两相交部分的企业家精神特质所发挥的力量进行深入探讨。

第三，采用"三原色"模型，对30余位新时代中国女企业家精神进行定性分析和定量评价，以挖掘中国女企业家精神与创业能力提升与发展的关系，有助于提升女性创业能力。

第 2 章
企业家精神研究的理论基础

"企业家"这一概念由法国经济学家理查德·坎蒂隆提出,即企业家使经济资源的效率由低转高。政治经济学家约瑟夫·熊彼特把实现生产要素的新组合称为企业,把以实现新组合为基本职能的人们称为企业家。约瑟夫·熊彼特意义上的企业家是创新者,因为实现生产要素的新组合就是诸多创新行为。进一步而言,企业家是指具有常人所不具备的人格特质,能够进行"创造性破坏",具备敏锐的洞察力去识别商业机会,并能承担企业风险和创造收益的企业经营管理者。

"企业家精神"则是指企业家特殊技能的集合。或者说,"企业家精神"指企业家组织建立和经营管理企业的综合才能的表述方式,它是一种重要而特殊的无形生产要素。

2.1 关于企业家精神的研究综述

国内外学者围绕女企业家精神的研究主要聚焦在以下三个方面。

2.1.1 女企业家的创业动机

关于女企业家的创业动机研究,主要观点为:女性创业者是推动创新型经济增长的重要力量,是实现创新驱动发展战略的重要人力资源(许艳丽和王岚,2017)。中国女企业家占企业家总数的比例已达 25%~30.9%(中国发展研究基金会,2015;Mastercard,2017)。女性创业的研究的数量和质量都处于相对匮乏和滞后的状态。杨湘玉等(2017)指出,人际关系、前瞻性人格、创业态度和创业能力对女性创业倾向都有影响。刘鹏程等（2013）把女性创业的动机分为机会型创业和生存型创业，前者受歧视性因素的影响较大（孙国翠，2011），但后者常常受到社会的鼓励，即在家庭经济困难或者没有其他更好的职业选择时（Buttner，2001），为了维持家庭生计而进行创业的女性，那么，她们体现出的顽强坚韧、不惧失败、吃苦耐劳和勇于拼搏的品质会得到社会的认同和赞扬（胡怀敏，2007）。此外，女性在社会网络相关条件强度和社会网络对创业融资影响两方面都存在创业劣势，创业技能水平偏低、社会资本偏低（Neumeyer & Santos，2018）、风险规避程度偏高、家庭经济的支持等都是女性创业动机的重要因素。妇女创业政策也是创业生态系统的核心组成部分（Foss & Henry，2018）。也有学者认为女性创业者在诸如人力资本、融资、发展战略、社会网络和创业团队等主要环节并不一定会受到歧视（Buttner & Moore，1997），相反地，相比男性创业者，女性创业的体力、风险承担能力、人力资本和社会资本都略低一些（Gary Akehurst，2012）。

2.1.2 女企业家的领导力

关于女企业家的领导力研究，主要观点为：李嘉和张骁（2010）指出，企业家背景、企业家特质、企业家网络以及企业家的创业资本在企业家初创期的决策过程中发挥着重要作用。胡剑影等（2008）通过256个样本研究，指出中国女性企业家具有人本型领导模式、变革型领导模式、转换型领导模式、和谐型领导模式和交易型领导模式五种领导力模式。杨静和王重鸣（2013）通过对近300名女性创业者的样本研究，提出女性创业型领导的构思，并验证其多维复杂构思的多水平本质及其产生的多水平影响效应。研究结果显示：聚焦组织的女性创业领导对创业组织绩效（包括财务绩效、组织创新绩效、社会责任绩效）起到显著正向的影响作用；聚焦员工的女性创业领导对员工变革承诺和个体主动性产生积极的影响效应；聚焦组织的女性创业领导和体现女性领导者魅力的亲和感召对员工变革承诺和个体主动性跨水平上产生积极影响效应。所以应加强女企业家的"榜样"建设（Byrne J & Fattoum S，2018）。

2.1.3 女企业家的创业过程

关于女企业家的创业过程研究，主要观点为：Lee-Gosselin 和 Gris

(1990)针对魁北克市区三个工业部门的400名女性经理进行了问卷调查,其中75人随后进行了深入访谈。探讨的主要方面是企业家和她们公司的特点、创业经验、所使用的成功标准,以及她们对公司未来的展望。谢雅萍和周芳(2012)以福建省的183名女性创业者为样本展开调查,深入访谈20名女性企业家,提出女性创业的"小而稳定的商业模式"非常重要;社会、家庭和个人的要求和挑战,创业精神和"严肃的商业"很重要。刘忠艳(2017)通过选取典型女性创业失败案例,采用解释结构模型原理,研究导致创业绩效发展的基础条件、关键性因素及重要标尺,以及创业绩效产生的路径。吴炳德等(2017)以女性主导的家族创业为例,采用扎根理论方法,考察制度变迁与中国女性创业者崛起的关系,用"男女平权、创业合法化、女性创业能力"三个基本要素研究女性创业者崛起的关键因素。李新春等(2017)从女性的社会地位和社会角色分工切入,探讨在不同经济发展水平和制度背景下社会资本对其创业选择的影响,并采用全球创业观察和全球政府治理指标两个大型国际数据库进行跨国(地区)比较研究,发现女性创业者社会资本与其创业选择呈倒U形关系。

2.2 我国企业家精神理论的发展

2.2.1 孔子的人格思想与企业家的儒商思想

孔子是中国古代思想家、教育家,也是儒家学派的创始人。孔子的核心思想是"仁学",主张"推己及人,仁爱待人"。孔子提出的人格思想主要包含理想人格要素和理想人格的修养途径两个方面。第一方面孔子认为理想人格的主要要素包括仁爱、节俭、勤奋、守信,这些是现代企业家应该具备的道德素养;第二方面孔子提出的理想人格的修养途径包括博学、躬行、自省、慎独,这也是值得现代企业家借鉴的。

孔子的理想人格作为我国古代传统文化的积淀,并不过时,而是以某种方式延续着的真实存在,在人们的潜意识里发挥着不可估量的作用,对当今企业家精神的道德修养层面有着指导作用。我们要在继承中批判、在批判中创新,要摒弃其中的弊端与不足,以避免对企业家向现代理想健康人格的发展产生消极影响。

2.2.2 老子的道论与企业家的管理之道

老子是春秋时期伟大的思想家，道家创始人及主要代表人物，其著作《老子》包括了政治、经济、文化、军事等多个方面的知识，其知识体系的整体内涵离不开一个中心思想："道"。其作为古代中国最具影响力的著作之一，深刻剖析"道论"，也对现代企业管理具有深刻的启示意义。从道家思想出发，最好的企业家在管理企业的时候，应该是顺其自然的，实行的是"无为而治"的理念去管理企业，就其本质而言，是一种"道"的方法。

从老子的"道"出发，现代企业家在管理企业时应该坚持如下原则。

（1）要尊重客观规律和经济发展规律，顺其自然，最大限度地发挥企业员工的主观能动性，实现企业的良性发展。

（2）在企业管理过程中贯彻管理原理中的人本原理，将企业中的"人"看作首要因素，以"人"为中心，实现人的全面发展。作为现代企业家要为员工提供广阔的发展空间，在工作中激发潜能和创造力，从而使企业更具活力。

（3）领导人提升企业家精神的同时更要注重企业精神，尤其是核心层的精神文化，要加强自身道德修养和专业能力，提升心性和意志。即企业的软实力，包括各种价值观念、企业团体意识、职工修养等。

2.2.3 阳明心学与企业家自信

王阳明是明代伟大的思想家、政治家、哲学家和文学家，陆王心学之集大成者。王阳明的一生磨难重重，饱尝人间疾苦，这也让他取得了绝非常人所能及的成就。将阳明心学运用到现代企业管理上对企业家精神仍有深刻影响。其思想主要有以下三点。

（1）心即理

阳明心学的根本思想在于他相信每个人都能明辨是非且能成为圣贤，也即将普通人圣贤化。这也是阳明心学获得广泛群众基础并为大家所认可的最主要的原因。企业家精神正是包含这种能够明辨是非，且敢于成为圣贤的"自信心"，因为只有敢于作为的企业家才会孕育企业的希望，也才具有企业家精神。

（2）知行合一

阳明心学提出认知是行为的开始，行为是认知的途径。认知与行为是相辅相成、缺一不可的，人要去认识某一事物，首先就要去实践，即"事上练"才能有相对全面客观的认识。企业家在管理企业过程中，要想对企业的各个环节和各个部门有全面具体的认识就要实际操作、亲身体验，同员工并肩作战，不然只会眼高手低、纸上谈兵，那么企业的结局也可想而知。

（3）致良知

王阳明把致良知作为晚年论学的宗旨，是阳明心学的核心与精髓所在。阳明心学中指出良知即是非之心、善恶之心。从某种程度上来说，致良知也包含了知行合一的精神内涵，"致"的过程即是将"知"付诸实践的过程。在不断的实践中还原心最初的样子，找回心之本体。心学认为善源自于良知，至于性本善还是性本恶的争论，心学认为世间无善无恶，但由于人有良知，所以便有向善的认知和趋势，付诸实践后，便有了善的行为。企业家最大的价值体现在为社会做了多少贡献，而这些贡献在一定程度上体现在其责任感，守住良知底线，肩负社会责任，在奉献中实现企业家人生价值。

综上，孔子、老子和王阳明等中国古代思想家的管理思想在中国企业家精神发展过程中发挥着巨大的作用，是研究企业家精神时不可忽视的核心要素之一。

2.3 新结构经济学理论

2.3.1 新结构经济学的产生与发展

2016年5月17日，习近平总书记在哲学社会科学工作座谈会上做出了应该以理论创新繁荣哲学社会科学的重要指示。在这个座谈会上，著名经济学家林毅夫教授作为代表发言。他重点以经济学为例，提出中国的学者应该逐渐从单纯的"西天取经"式的研究转换到理论自主创新的建议，受到习近平总书记的高度肯定。由林毅夫教授首倡的新结构经济学即为这种自主理论创新的尝试。新结构经济学以马克思历史唯物主义思想为指导，运用新古典经济学的现代研究方法，在全面总结中国本土以及其他发展中国家的发展经验与教训的基础上，更加全面系统地突出"经济结构"的重要性。具体而言，新结构经济学重点研究处于不同发展阶段的经济体经济结构的内生性、差异性与动态性，总结与弥补现有经济学理论基于主要发达国家经验所形成的缺陷与不足，旨在进一步丰富与发展现代经济学。目前，新结构经济学已经逐渐成为引领发展经济学的第三波国际学术思潮。

第二次世界大战以后，许多发展中国家纷纷取得民族独立，急于快速追赶发达国家。在此背景下，作为发展经济学第一波思潮的结构主义应运而生。它主张这些经济落后的发展中国家在资本短缺的要素禀赋结构条件下尽快建立与发达国家相同的资本密集型现代化产业结构。但是，这样的企业在开放竞争的市场中缺乏自生能力，所以主张政府采取"大推动"的政策，克服市场失灵，优先发展这些现代化大产业。由于这些产业违反比较优势，在实践中，政府必须给予这些企业保护补贴，同时依靠各种要素价格的扭曲对市场进行干预，实施进口替代的赶超战略，结果导致资源错配和寻租行为，政府干预过多，经济绩效普遍不理想。这些都证明结构主义发展思潮的失败。值得关注的是"亚洲四小龙"的中国台湾、中国香港、新加坡和韩国并未遵循结构主义理论所涉及的政策，其根据自身的要素禀赋发展劳动密集型产业，并且实施出口导向型政策，经济发展出现"东亚奇迹"。但"亚洲四小龙"并未按照旧结构主义的政策建议，积极发展劳动密集型产业，进行出口导向型的出口，最终经济出现了增长奇迹。20世纪七八十年代之后，逐渐形成以新自由主义为代表的第二波发展经济学思潮。它们主张发展中国家应该取消政府干预，尽快建立与发达国家同样的经济与政治制度，强调"私有化、自由化与市场化"。对于先前由赶超战略所导致的缺乏自生能力的企业，它们则主张在转型过程中用"休克疗法"一次性地取消各种保护补贴而迅速地全面私有化和市场化。然而在现实中，实施"休克疗法"的效果却并不理想，反而引起社会动荡，经济不稳定，导致经济绩效低下，与西方国家之间的差距进一步拉大。事实上，20世纪末大部分转型国家都出现了经济崩溃、危机和停滞。最终，第二波发展经济学思潮——"新自由主义"也以失败收场（见图2-1）。

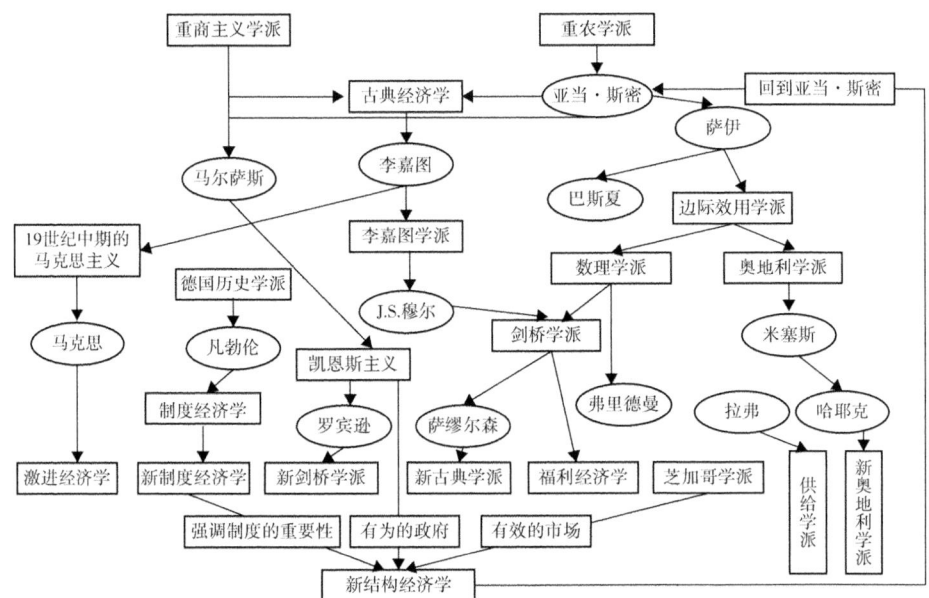

图 2-1 新结构经济学思潮的形成与演化

图片来源：赵秋运，王勇（2018）。

与这两波思潮的主张不同，中国、毛里求斯、老挝、越南以及柬埔寨采用"渐进式双轨制"改革。其一，转型发展过程中，对于部分因违背比较优势而缺乏自生能力的企业依旧提供一定的保护，特别是给予那些转型期需要保护补贴的国有企业；其二，政府局部改善工业园区和加工出口区的基础设施（硬）和制度环境（软），以使那些符合比较优势但又受到抑制的民营企业和外资企业进入，政府发挥因势利导的作用以促进符合比较优势的产业发展。

这种"渐进式双轨制"改革在当时被主流经济学理论认为是最糟的改革方案，却被实践证明是一个务实的和正确的转型发展战略，因为这样做可以避免转型经济体由于"休克疗法"所带来的社会动荡与经济崩溃，能够更好地促进经济体的稳定有序发展。

在这些观察的基础上，新结构经济学作为发展经济学的第三波国际思潮，其主张既不同于第一波思潮的结构主义，因为后者过于忽略或贬低市场的作用；也不同于第二波思潮的新自由主义，因为后者过于忽略或贬低政府的作用。

其核心思想可概括为：

（1）某一经济体的要素禀赋结构在特定时期是相对稳定的，但是会随着发展阶段的不同而变化。因此，一个经济体的最优产业结构也会随着发展阶段的不同而不同。

（2）世界各国的经济发展阶段都是从低收入的农业经济到高收入的后工业化经济。经济发展的每一个水平都在这条线上。因此，发展中国家需要根据自己的要素禀赋结构特征和市场来升级本国的产业结构。

（3）强调市场和政府在经济发展过程中的协同作用。其中，市场在经济发展的每一个水平上都是有效配置资源的基础，而政府则在制定政策和安排制度时起到提供信息、协调改善经济运行的软硬件基础设施和补偿外部性等作用。

新结构经济学的发展方向可以归纳为以下两个方面。

一方面，对涉及软硬基础设施及摩擦因素的内容进行引进，保证针对政府所开展讨论工作的贯彻落实，对涉及风险及信息不对等因素的内容进行引进，保证针对金融作用所开展的讨论工作的贯彻落实，对涉及信息不完全因素的内容进行引进，保证针对以金融及政府为代表的相关因素在产业升级时具有作用所开展的讨论工作的贯彻落实。

另一方面，将结构和一般均衡模型进行科学结合，为无结构的一般均衡模型向有结构的一般均衡模型进行转变的工作提供便利。

2.3.2 新结构经济学与企业家精神

新结构经济学理论认为，政府应该培养、尊重和保护具有企业家精神的企业家，即"第一个吃螃蟹的企业家"。新结构经济学既重视市场的决定性作用（有效市场），也主张充分发挥政府的因势利导作用（有为政府）。在经济发展和产业结构升级过程中，需要有"第一个吃螃蟹的企业家"，此类企业家的风险和成本较高，如果没有必要的制度安排，"第一个吃螃蟹的企业家"倘若失败，将承担所有成本。反之，如果成功的话，后来者将摩肩接踵般涌入，这样对于"第一个吃螃蟹的企业家"，其成功和失败的收益具有非对称性，这就需要政府给予"第一个吃螃蟹的企业家"以一定的激励，这样企业家才会冒风险去做。发达国家的专利制度就能够发挥这种功能。从新结构经济学的角度而言,"第一个吃螃蟹的企业家"是具有企业家精神的。

林毅夫(2017)[1]认为非洲国家的人民跟任何地方的人民一样,都是有企业家精神的。这些国家贫困的原因并不是因为人民的不作为,而是国家发展思路出现了问题。林毅夫教授在2017年第100期北大博雅讲坛中曾回忆起,"在世界银行当副行长的时候,第一年去到莫桑比克考察。有一次,我从莫桑比克首都去到一个乡村,车程两个多小时,当中经过一个农贸市场。看到农贸市场我感到很好奇,就要去农贸市场看看这里面到底卖什么。往农贸市场走的时候,看到有一群小女孩在农贸市场外面,用一个篮子装着芒果。那些小女孩大概十多岁,长得都挺可爱的。我觉得很好奇,就往那些小女孩那边走去,那是在农贸市场门外。我们一群人往她们那儿走,当然就引起农贸市场门口警察的注意,警察就跟着我们了。在农贸市场外面的小女孩看到警察跟着来以后,马上拔腿就跑,带着她们的芒果。当然她们还小,跑得快的就跌倒了,满地都是芒果,小女孩捡起芒果赶快走。那些小女孩为什么不进入农贸市场呢?后来才知道跟我们国家一样,进入农贸市场是要交钱的,那些小女孩为了省钱,冒着被警察抓的危险,从家里树上摘了几个芒果在外面卖。我看了以后就说,这些小女孩完全符合我们教科书里所讲的企业家,也具有企业家精神。"

所谓的企业家精神即为企业家发现市场上有什么需求、什么机会,然后组织各种材料、商品卖到市场上去,抓住获利的机会,而且敢冒风险。非洲卖芒果的小女孩照样具有企业家精神,其会计算成本和效益,也知道如果要交农贸市场的费用就赚不了钱,所以,小女孩就冒着被警察抓的危险,在农贸市场的外面卖芒果。从这个角度而言,我们现在非常强调的企业家精神在这些卖芒果的小女孩身上完全能够表现出来。

所以,非洲国家的人民跟任何地方的人民一样,都是有企业家精神的。当然,在任何成年人看来,都会觉得有一些人比较有企业家精神,而有一些人企业家精神就比较低;就像有些人智商比较高,有些人智商比较低一样。但是具有企业家精神的人,其比例在任何国家、任何社会都是差不多的。非洲国家的人不会比其他国家的人笨,非洲国家具有企业家精神的人不会比其

---

[1] 林毅夫:非洲卖芒果的小女孩也有企业家精神,为什么还这么穷?https://www.guancha.cn/LinYiFu/2017_07_08_417099.shtml。

他地方的少。

本章小结

"企业家"是指那些具备特殊品质，能够敏锐地洞察识别商业机会，并承担企业风险和创造收益的企业经营管理者。而"企业家精神"即企业家组织建立和经营管理企业的综合才能的表述方式，它是一种重要而特殊的无形生产要素。企业家精神随着时代的变迁不断地发展与完善，从古至今，从国内到国外，不同时期、不同地域，都有着不同的理解，而且这种理解是随着时间等条件的改变不断深入的，由思想到理论再到企业家精神理论体系。

西方经济学的发展主要分为三个阶段，即古典经济学、新古典经济学与现代经济学。古典经济学时期要求企业家不仅要具备判断力、坚毅品质和专业知识，掌握监督和管理技术，还要有敢冒险的精神；新古典经济学时期对企业家的品质也提出了新的要求，认为企业家应具有能从更高水平上统率全局的领导机能；现代经济学时期要求企业家比普通人更具有主动性和冒险精神，是经济改良的推动者与促进者，并且企业家需要具备创新精神。

由我国古代思想家、教育家、儒家学派创始人孔子的人格思想理论可以归纳出，现代企业家需具备仁爱、节俭、勤奋、守信等道德素养；春秋时期伟大思想家老子提出：最好的企业家在管理企业的时候，都是顺其自然的，采用"无为而治"的理念去管理企业，实质上是一种"道"的方法；明代伟大的思想家、政治家王阳明认为企业家需明辨是非，且需拥有敢于成为圣贤的"自信心"。

作为第三代发展经济学的新结构经济学既重视有效的市场，也主张充分发挥政府的因势利导作用，给"第一个吃螃蟹的企业家"以激励。

第3章
女企业家精神"三原色"模型构建

3.1 "三原色"模型的框架

"三原色"模型由三部分组成,分别是"红黄青""橙紫绿"以及"灰";"三原色"模型的六大传导路径以及"三原色"模型的动态发展如图 3-1 所示。❶

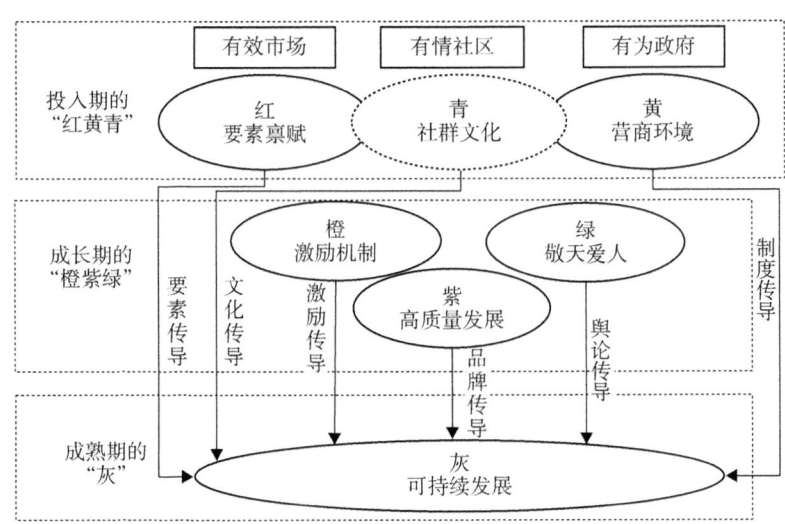

图 3-1 女企业家精神的"三原色"模型

图片来源：作者自绘。

注：椭圆形表示颜色,框图表示颜色的引申义。

---

❶ 感谢中国社会科学院学部委员金碚教授于 2018 年 8 月 24 日在福建泉州由中国社科院举办的第二届全国产业经济学博士后论坛的研讨会上,以及中山大学管理学院李新春教授于 2017 年 11 月 25 日在中山大学召开的第十三届创业与家族企业国际研讨会上,对本书的"三原色"模型提出的宝贵意见,文责自负。

3.2 "三原色"模型的内涵

三原色指色彩中不能再分解的三种基本颜色,我们通常说的三原色,即品红、黄、青(是青不是蓝,蓝是品红和青混合的颜色)。三原色可以混合出所有的颜色,同时相加为黑色,黑白灰属于无色系。

新结构经济学强调有效市场和有为政府的双向作用,市场有效以政府有为为前提,政府有为以市场有效为依归。我们基于新结构经济学的理论基础,构建了女企业家精神的"三原色"模型。"三原色"模型由"红黄青"本义与"禀赋及其结构"、"橙紫绿"本义与"动态变迁"、"灰"本义与"因势利导"的六条路径组成。

3.2.1 "红黄青"的内涵

"红黄青"与企业家精神禀赋及其结构如图 3-2 所示。

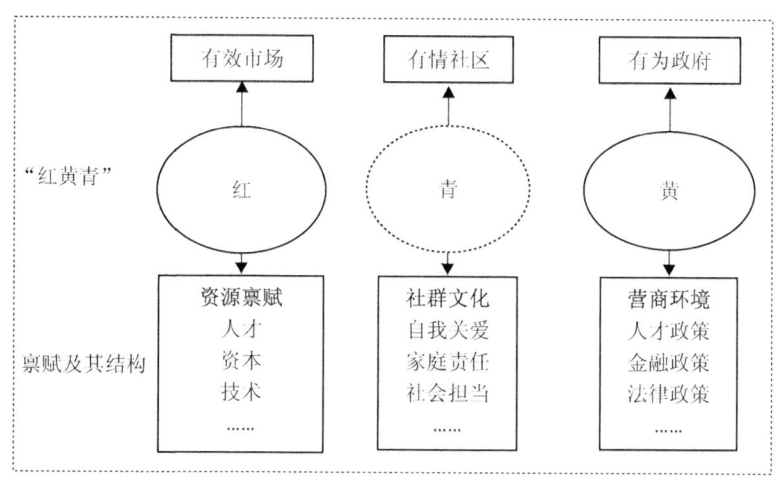

图 3-2 "红黄青"与企业家精神禀赋及其结构

图片来源:作者自绘。

注:①青色的虚线椭圆圈表示青色与红色、黄色不直接关联,是间接关联的关系。在量化分析环节,对三者的关系进行测算时,初步假定三者的关系是平行而又相互关联,按照这个假定进行数据模拟时,发现青色无法与红色、黄色建立直接的关联关系。这与新结构经济学的核心思想不谋而合,即有效市场以有为政府为前提,有为政府以有效市场为依归。

②自我关爱主要包含了女企业家的美学素养、格局视野,以及对人性的理解与把握。

女企业家是企业家群体的重要组成部分,女性创业与发展已经成为新时代经济发展的重要趋势。首先,作为企业家,带领企业走向成功的要素包括人才、资本、技术等禀赋,政府政策支持以及一定的自我关爱、家庭及社会责任等文化素养。与此同时,女企业家在这一社会团体中具有其鲜明的特色,区别于男性的带有极强烈的领导管理风格,女企业家则充分发挥了其母性特质,例如她们更注重沟通合作,更具有包容性,将家庭看得更重等,这些区别于男企业家的独特价值观使女企业家在当今的企业竞争中形成了鲜明的特色。因此,我们构建如下模型:以"三原色"为基准,将创业要素分为三个部分,分别是以红色为主的人才、资本、技术等禀赋,代表着市场的有效性;以黄色为主的人才政策、金融政策、法律政策,代表着政府在改善营商环境过程中的有为性;以青色为主的自我关爱、家庭责任、社会担当的社群文化,代表着社区有情度。在"三原色"的构建上,男企业家与女企业家没有显著区别,但在颜色的配比上有所不同,女企业家在资源整合,机会识别上的能力与普通人相比有明显优势,但依旧略逊色于男企业家,所以在红原色和黄原色上色调偏轻,而女企业家浓厚的家庭责任感以及其包容性,使其青原色色调偏重。

(1)红色:以人才、资本、技术为核心的要素禀赋

"三原色"模型认为企业在发展过程中存在红色的以人才、资本、技术等为核心的要素禀赋。何为要素禀赋?新结构经济学认为一国的要素禀赋在任意特定的时刻是给定的,但随着时间推移是可变的。它决定了一国的潜在比较优势,并决定了该国的最优产业结构。企业运营也是如此,企业拥有何种资源禀赋,决定了企业的比较优势,进而影响其产业结构。

首先,人才是第一资源,是具有创造能力的初始资源,没有人才,任何要素都无法得到高效持久利用,没有人才的推动,任何附加要素都会失去其原有的价值,任何企业的发展都不是企业家一个人努力的结果,而是每一位员工叠加效应而产生的。并且在一定时期内,这一要素会随着企业规模的不断扩大成正比例地发展;关于人才,新结构经济学对劳动的定义超越了新古典经济学的传统观点,认为发展战略要遵循 Lucus(2012)的建议,应从劳动的数量、质量以及劳动者本身的生命周期的不同阶段进行培训和教育,以促

进产业升级，人力资本结构应该服务于产业结构。人口要素的禀赋维度可分为数量（用人口总量衡量的个人、用家庭规模和家庭数量衡量的家庭）、分布（用抚养率和老龄化率为衡量指标的年龄、用城市化率和人口流动为衡量指标的地域）、质量（用高中和大学入学率作为衡量指标的教育、用预期寿命为衡量指标的健康）等三个维度（巴曙松和郑军，2012）。与此同时，人力资本投资应与实体经济发展阶段的产业特性和风险特性相匹配（林毅夫，2017）。

其次，资本是企业运营的起点，没有资本，一切都将是纸上谈兵，任何企业的发展都离不开资本的推动，通过持续的资本运动创造剩余价值，谋求扩大再生产，形成良性循环。新结构经济学认为，关于资本，企业发展的不同阶段，需要不同的最优金融结构与企业规模相匹配（张一林等，2019）。即处于不同发展阶段的经济体具有不同的产业结构、技术、企业规模、资本需求和风险特性，对应于不同的最优金融结构（林毅夫等，2009；林毅夫，2017）。

最后，科学技术是第一生产力。关于技术，新结构经济学认为，技术创新是提高劳动生产率的重要路径，产业升级也需要技术创新。技术不断创新，劳动者才能生产更多更好的产品，提升新产业和新产品的附加值（林毅夫，2017）。新时代下，创业门槛逐步降低，各类型企业在市场中都面临着巨大的竞争压力，要想在同类型企业中脱颖而出，必须进行技术革新，以效率和质量取胜，重视技术给企业带来的高效杠杆动力。

（2）黄色：以人才政策、金融政策、法律政策为主的软的营商环境

"三原色"模型认为企业在发展中存在黄色的以人才政策、金融政策、法律政策为主的软的营商环境。新结构经济学认为产业结构的升级和基础设施的相应改善需要协调投资行为，并对由先行者产生的、无法被私营企业内部化的外部性予以补偿。没有这样的协调和外部性的补偿，经济发展的进程将放缓，因此政府应主动解决协调性问题和外部性问题，从而促进结构转变，企业要发展，不仅要有企业自身的要素禀赋，更离不开良好的营商环境。实际上，企业家精神需要通过市场来检验，尤其是高科技领域的创新更不能靠政府。培育企业家精神的良性发展，必须减少政府过多干预。而且，放松管制能够增加企业家的数量，促进经济增长。政府对市场和企业的干预越多，市场化程度越低；而创业自由、签约自由和要素自由流动，对激发企业家精神是至关重要的（黄海艳和张红彬，2018）。黄色有指导、警示信号之意，其

对应政府对企业的引导,目前,我国的软的制度环境虽然有所改善,但还存在地区发展不平衡、职能转变过渡期长、中小型企业经营疲软等问题。由此可见,有为政府在市场运行中的重要作用和良好的营商环境有利于吸引各类企业发展要素的聚集,是企业高质量发展的沃土,打造良好的营商环境是有为政府的重要内容。该部分将从监管与市场的关系,鼓励创新创业以及坚持法治思维三方面展开。❶

首先,处理好监管与市场的关系,是优化营商环境的前提。处理好监管和市场的关系,是经济体制进一步优化的核心内容,在经济运行过程中,政府应更好地起到引导市场的作用,简化企业相关审批程序,提高政府部门效率,通过平台搭建、土地、税收优惠等政策倾斜,以及加大对高污染、高耗能企业的处罚监管力度,进一步为绿色产业提供发展支持。同时,作为企业自身,也要减少高污染、高耗能、违规经营等无效成本,引导资本、技术等优势资源发展绿色产业,提高绿色产业竞争力,履行好社会责任,实现自身的健康可持续发展(赵平,2019)。

其次,鼓励创新创业,是优化营商环境的抓手。经济的活力依托于产业和企业发展,而企业的活力在于主动依靠产业优势,利用市场机制,大胆创新创业,提升自身核心竞争力。同时,优化营商环境也是实现高质量发展不可或缺的力量,良好的营商环境是吸引力、创造力,更是竞争力,也能激励企业创新创业,赢得最大的发展商机,实现各类经济主体的百花齐放。经济有了新活力,也必将对优化营商环境起到有效支撑作用。希望各类协会、智库等非政府组织,积极搭建优化营商环境的沟通平台,为实现高质量发展发挥组织、引导、协调等重要作用(赵平,2019)。

最后,坚持法治思维,是优化营商环境的保障。良好的法治环境是市场经济的内在要求,也是社会良性运行的根本保障,更是企业充分施展拳脚、专心谋发展的必要条件;良好的法治环境,对于企业来说,意味着市场规则的公正透明,稳定可预期的经营前景,聚精会神抓好改革发展的信心与恒心。对所有规范营商环境的法律法规,力争用好、用足,贯彻落实依法治企,成立法律事务部及风险管控部,大力推动合规体系建设工作,确保企业的经营

---

❶ 部分内容转引自赵平在第五届"一带一路"园区建设国际合作峰会暨第十六届中国企业发展论坛营商环境峰会的讲话。

依法合规（赵平，2019）。

（3）青色：以自我关爱、家庭责任、社会担当为主的文化传承

"三原色"模型认为企业在发展中存在青色的以自我关爱、家庭责任、社会担当为主的文化传承。企业治理，文化为根，一个良好的企业形象是产生持久经济效益的前提，而整体企业文化的基石是优异的道德素质和思想品质。

自我关爱主要体现了女企业家的美学素养。"美"源于希腊词，原义是一切令人愉快、引起悦慕或吸引眼神的人或事物（翁贝托·艾柯，2007）。除了人体的外形能够令视觉和听觉的感官愉快，灵魂和人格也是美的重要体现。从希腊的人体雕刻艺术可知，形态之美与灵魂之善的合一是美的最高境界。苏格拉底认为美的内涵有三：一是自然之局部混溶而再现自如的理想美；二是透过眼睛表现灵魂的精神美；三是有用的功能上的美。柏拉图则提出美的内涵主要体现在细部之间的和谐与比例，"世界中最美的纽带，是使它自己和它所结合的事物形成最完全融合的纽带"；"正义、智慧及灵魂所珍惜的一切，只有少数人在其影像里看见真实，而且充满困难才能看见"。更进一步的，柏拉图认为美独立于表现它的物质媒介，因此独立于任何感官对象，而且处处发光，有其自主的存在。因此，女企业家的美主要体现在两个方面：一是她们的外在美，这种外在美或者体现在形体美，或者体现在结构美；二是她们的内在美，这种内在美或者体现在心灵美，或者体现在真善美。她们的宽阔的格局视野以及对人性的理解与包容就是美。

家庭责任主要体现了女企业家作为妻子和母亲这一角色的包容与坚韧。在养育孩子的过程中，与严厉相随的，既有包容，还有坚韧。这份宝贵的包容和坚韧，往往促进女企业家的事业发展得更大。

社会担当体现的则是企业家对责任感的坚守，一个优秀的女企业家，常常主动承担起社会责任，为社会创造价值。

女企业家与男企业家相比，最大的特色是青原色色调更重，她们带有鲜明的母性特质，心思细腻，懂得人心，更加善于沟通交流，更具有包容性，在事业与家庭的不断平衡中，力求两者共同发展。

3.2.2 "橙紫绿"的内涵

"橙紫绿"本义与企业家精神要素的内涵如图3-3所示。

"红黄青"三原色相互交织,形成"橙紫绿"三种颜色。我们认为"橙紫绿"分别代表中介效应的橙色激励机制和紫色高质量发展,以及绿色舆论导向。

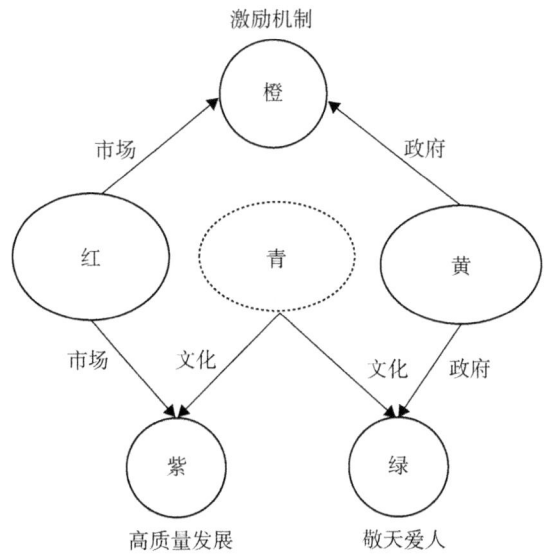

图 3-3　成长期的"橙紫绿"

图片来源:作者自绘。

第一,橙色代表激励机制,红色与黄色交织形成橙色,橙色在空气中的穿透力仅次于红色,代表着积极向上,促使人以饱满的热情对待工作和生活。我们认为橙色是促使员工保持高昂的工作热情、促进跨越式发展的激励机制。这种激励包括两个层面的含义,一是企业内部的激励,也就是市场本身的自我激励。但如何让市场充分发挥其有效性,这就涉及第二个层面的激励,即政府的激励机制。政府何以有为?要因势利导,要不断解放思想,改善制度,转变职能,扮演好服务者的角色,以优化营商环境反哺有效市场。政府服务真正落到实处,离不开企业内部激励机制激发员工积极性,没有积极性,任何制度革新都很难落实。女企业家在处理人事关系上更加细腻,采用富有人文情怀的激励机制,以心交心,让每一个员工都能产生浓浓的企业归属感。

第二,紫色代表高质量发展,红色与青色相交形成紫色,象征高贵而神秘,是企业高质量发展源源不竭的动力,是企业战略决策的风向标,为企业在市场中保持竞争力提供源头活水。没有企业的高质量发展,就不会有国民经济整体的高质量发展。企业凭借要素禀赋所决定的比较优势,以产品打开市场，但要想在激烈的竞争中守住市场并非易事，这就需要适应市场本身的项目需求，提高自主创新能力，应对风险挑战，以消费指导生产，根据消费预期调整生产结构。企业的最终目标是盈利，企业的一切市场行为和非市场行为都将转化为企业资本，谋求扩大再生产，形成良性循环，在充分发挥市场有效性及有为政府在改善营商环境过程中的积极作用的前提下，企业谋求发展还离不开增大研发投入而带来的高质量发展。女企业家对质量的追求大于对利益的追求，用良心做生意，以质量取胜，具有浓厚的社会责任感，在利益与良知的竞争上，良知占上风。

第三，绿色代表舆论导向，黄色和青色交织产生绿色。有为政府何以有为？考虑到人性的因素，以黄色为代表的有为政府优化营商环境与以青色为主的有情社区助力文化传承相结合，形成绿色。绿色代表生机与活力。政府与文化的结合，是社会文化思维导向的发源地。我们认为敬天爱人是社群文化的目标。在政府主导下，全社会形成鼓励"大众创业、万众创新"的思维导向，以创新创业带动就业，尤其是破解社会性别领域对女企业家的偏见，进而推动整个国民经济向好发展。

对于女企业家精神的"橙紫绿"特性，一方面，受传统"男主外女主内"等思想的影响，社会对女企业家的认可度偏低，一些人依旧以特殊的眼光看待女性创业；另一方面，女性因其独特的生理周期以及怀孕、哺乳等特殊时期，在创业道路上也会遇到更大的来自自身生理方面的阻碍。相比于男企业家的粗线条思维，女企业家在企业人事管理上更加细腻，更多地采用具有人文情怀的激励机制，让每一个员工都能感受到自己是企业的一部分，从而全身心投入到企业的经营和发展之中。在企业家精神"三原色"模型中，女企业家与男企业家最大的不同即青原色色调更重，使得女企业家在面临决策或者处理各方面关系时，拥有更大的包容性，可以更好地权衡事业与家庭的关系。相比于男性的大局意识，女企业家更多以情怀取胜，青原色的色调偏重也使得"红黄青"三者在彼此融合的动态变迁中产生的全新要素具有明显的女性特征。

3.2.3 "灰"的内涵

"三原色"模型中对灰的理解是，"灰"体现了女企业家精神的韧性和刚性，即"红黄青"的发展空间和"橙紫绿"的容错机制的结合,如图 3-4 所示。

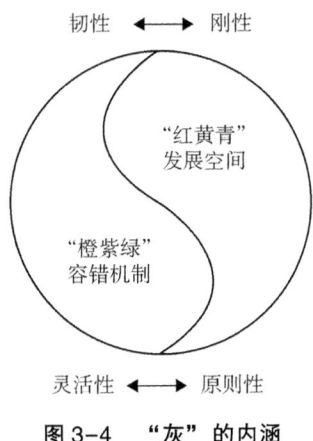

图 3-4 "灰"的内涵

图片来源:作者自绘。

企业在发展的不同阶段所表现出的要素禀赋不同,因此具体的发展战略也有所区别,在适当的时间有所调整,因势利导,是企业高质量发展的重要保障。红、黄、青三原色交织形成灰色,而企业治理不同于色彩变幻,各个要素相互作用很难呈现出最为完美的状态,社会也不是非黑即白的,黑与白作为两个极端,在此之间存在着 256 种灰度像素构成的线。黑白交织便是灰,灰度理论认为,黑白相间的程度便是灰度。在由黑至灰的过程中,蕴含着企业家的危机意识。创业难,守业更难,企业经过不断探索,走向成熟,趋于稳定,但这时往往蕴含着更大的挑战,企业家要有明确的目标导向性,因势而为。而包容、容错的灰色空间是企业的最终归宿。我们要深刻理解开放、妥协、灰度,黑与白是哲学上的假设,灰度是常态,所以,我们反对公司管理走极端,提倡系统性思维(任正非,2016)。企业要发展离不开创新,企业治理中要秉持理解、包容的态度,建立容错机制,支持鼓励试错,在不断尝试中寻找方向,包容的容错机制和发展空间的层次越多,创新成功的可能性越大。每一个清晰的目标,都是在逐步抽丝剥茧中产生的,而在实现目标的过程中,往往有一些反对的声音,而适当地妥协是在坚持原则的基础上为减少主要道路上的阻碍而做出的次要让步。妥协即建立在灰度原则之上,保持原则性与灵活性的统一,在黑与白之间寻找适当的灰度,谋求各个要素之间的和谐,既是企业治理不可或缺的艺术,也是企业谋求基业长青和可持续发展的不竭动力。

动态变迁体现在随着企业发展阶段的不同,企业家精神的"三原色"也随之发展,在投入期的"红黄青"到成长期的"橙紫绿",再到成熟期的"灰",企业家精神及其环境变化也随之发展。

综上,受女企业家红、黄原色色调偏轻、青原色色调偏重的影响,男女企业家所经营的企业最终表现形式也有所不同,我们认为,男企业家领导的最终结果为"深灰"色,他们有更高远的格局,敢闯敢拼敢冒险,为世界服务做生意。而女企业家"三原色"模型的最终表现形式偏重于"浅灰",她们以自身独特的情怀和文化特色,尽力权衡事业和家庭的关系,大多经营稳健,选择风险较小的项目投资,为区域经济做贡献。

3.3 "三原色"模型的传导路径

"三原色"模型的传导路径有六条,分别是从红到灰的要素传导,从黄到灰的制度传导,从青到灰的文化传导,从橙到灰的激励传导,从紫到灰的品牌传导及从绿到灰的舆论传导,如图3-5所示。

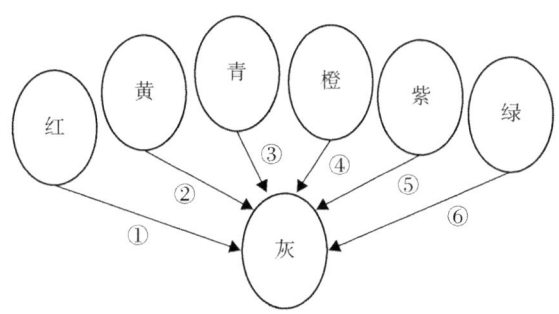

图3-5 "三原色"模型的传导机制

图片来源:作者自绘。

在六条传导路径中,女企业家与男企业家最大的区别在于青原色传导,女企业家更加注重情怀和文化的传承,由于青原色色调偏重,在动态变迁中形成的"橙紫绿"三色无不体现出女性独特的精神特性。以下将分别阐述六条传导路径的具体传导过程。

3.3.1 从"红"到"灰"的要素传导

提升企业要素禀赋,关键在于符合比较优势,找寻自生能力。自生能力受企业技术和所在产业及要素禀赋结构的一致性影响,通常情况下,一致性越高,企业竞争力越大,自生能力越强。

企业的发展是以技术为支撑的技术性企业,只不过企业所涉及的领域不同,技术含量要求高度不同而已。可以进行模仿技术创新,亦可以进行自主技术创新。随着世界科技的不断发展,科学技术为人类社会的发展带来了更加便捷与高效率的提升,在新时代背景下企业想高速发展需要依靠内外科技创新来拉动。并且随着企业不断扩大,其必定对技术产生严重依赖,技术对一家高速发展的企业来说犹如邮轮中的方向舵,方向舵虽小,但其能使万吨巨轮掌握于手掌之中自由航行。

然而,不断发展的技术会使企业不断强大,为企业的发展提供高效动力,可以预见在未来技术将会是企业发展中最为关键的一环。与企业相同,企业家也需要自生能力,提高调整企业要素禀赋结构、降低试错成本的能力,从而达到生产要素成本和交易成本最小化。

3.3.2 从"黄"到"灰"的制度传导

改善营商环境,关键在于政府完善软硬制度环境,转变政府角色,变"管理者"为"服务者",真正为企业发展谋福利。政府要做好人才服务工作,重视人才引进和培育,搭建人才服务平台,做好人才生活设施配套工作,真正做到留住人才,人尽其才。任何一家企业的发展都离不开资本的推动,必要的资本是企业日常基本运营的保障,目前不少企业在运营过程中仍存在融资难、融资贵、融资慢等问题,针对这一现状,政府需要指导金融机构转变经营模式,找寻最优金融结构,大力发展与之配套的中小银行,并且逐步改善财政税收政策,真正为创业者减负,改善企业家融资环境,拓宽融资渠道,促进企业持久健康发展。同时,政府需要引导并支持以企业为核心,产学研结合的新型创新体系,鼓励各行业彼此交流,相互借鉴,共同发展。做好人才、金融、科技服务的同时,不干涉市场主体的经营活动,杜绝不作为和乱作为,争做有为政府,健全制度政策供给,以有为政府优化营商环境,以营商环境反哺有效市场的形成与发展。

3.3.3 从"青"到"灰"的文化传导

在企业管理过程中,制度传导是约束人性恶的一面,文化传导则是弘扬人性善的一面(邓荣霖,2014)。

技术的革新、制度的保障是企业发展的硬件实力,而文化的传承作为一种不可忽视的力量,是回归人心本性的深刻探索。去除物质层面的影响,抛开制度的禁锢,人心底的文化观念是企业家自发自主价值观的重要体现。

我们将文化传承分为以下三个层面:自我关爱、家庭责任和社会担当。企业家需要对自己的优势和劣势有明确认知,承担起家庭和社会的责任,不断内化为以服务社会为根本目的的企业经营理念,形成良好的企业文化,打造健康向上的运营氛围。阳明心学中,致良知的观点这样认为,人们的不断探索和历练,最终目的是让自己成为一个心思纯粹、善良、合乎伦理道德的人,而不是单单停留在物质层面。这样的观点提出更高的自我修养和自我认识,这也正是企业家应该拥有的自发性价值观。

人的一生,不管在做什么,最终来讲,都是为了将自己的灵魂磨炼得更加纯粹。企业想要长久发展,关键在于企业能在多变的市场环境下,始终保持对正当价值的坚守,恪守良知,并对"敬天爱人"有一定程度的敬畏之情,企业家以仁爱之心对待员工,保持良知的纯粹,并为之不断努力,终有收获。这就要求企业家不断从传统文化中汲取有益之处,不断进行创新,武装思维,在去除物质层面的影响、抛开制度的禁锢之后,还可以用人心底的文化的力量自发自主地承担起社会责任。

在稻盛和夫的经营理念中,"利他"是"爱人"的出发点,也是根本目的,而"利他"的前提是自爱,不断完善自身,积极进取,保持匠人精神,不断创新。先成人,后利人,进而共生共爱,共同善。当代女企业家可以从阳明心学和稻盛和夫的经营理念中,提取有益成分,结合实际情况改造创新,武装自己的思维,坚守内心的良知。

3.3.4 从"橙"到"灰"的激励传导

利用好政府政策的前提是企业内部积极性的提高,每一个员工的工作热情直接关系到企业发展市场的有效性，企业的发展依靠团队的力量，需要员工的支持。员工的主动性、积极性和创造性将对企业经营状况产生较大的作用。而要取得员工的支持，必须有相应的激励机制。管理者自身做好榜样示范作用，用对自己的严格要求感染员工，改善领导方式，增强员工归属感和凝聚力。制度上要奖惩分明，物质激励与精神激励相结合，促使企业员工抱有比、学、赶、超的工作态度，在公司内部形成良好的竞争氛围，调动员工工作的主动性、自觉性。善于发现人才，实行岗位提升制，让每一个员工都能在适合自己的岗位上发光发热。

3.3.5 从"紫"到"灰"的品牌传导

企业的高质量发展是提高企业市场竞争力以及应对风险能力的必由之路，而要推进企业的高质量发展，可以从以下几个方面提升：其一，提高产品质量，树立品牌效应，质量是品牌的可靠基石，品牌是质量的坚实后盾，产品质量是进入市场的第一步，以好的品质博得消费者信任，而品牌支撑是产品市场良性发展的重要保障，好酒也怕巷子深，再好的产品也需要品牌效应的包装，以品牌知名度提升品质的地位与增值价值，企业要想提高竞争力，必须在保证质量的前提下，加强品牌建设，提升品牌知名度，扩大市场影响力；其二，开展优秀企业学习交流会，不断挖掘市场潜力，提高产品核心竞争力；其三，发扬女企业家特有的优质的精神品质，女企业家在做决策时，会考虑多方面因素，会听取各方面意见，相比于男性，她们更加柔和，懂得变通，在企业经营方面，也更加稳妥，凭借长时间的积累取胜；其四，顺应市场需求，以消费指导生产。

3.3.6 从"绿"到"灰"的舆论传导

调动女性创业者积极性，关键在于破解社会性别领域对女性创业者的偏见，形成良好的舆论导向。受传统"男主外，女主内"观念的影响，很多已婚女性在选择就业时往往要考虑兼顾家庭责任，以家庭整体效用最大化为原则，在事业和家庭责任之间进行权衡（乔以钢和关信平，2014）。随着社会思想的不断解放，女性创业者数量逐步上升，女性成为国民经济发展的重要推动者。但现有阶段仍有一些不和谐的声音，女性因自身生理周期，怀孕、哺乳等特殊时期，与男性相比,在职场乃至创业道路上存在一些短板,不少人对女性创业仍抱有怀疑态度,这就需要社会层面的思想引导,保护女性创业者的正当权利,在全社会形成男女平等的氛围,真正认同女性创业者在新时代经济发展领域的重要地位,保障她们在创业过程中免受性别歧视和舆论压力。

3.4 "三原色"模型的动态发展

企业在中长期发展过程中,大致可以分为三个阶段,如图3-6所示。

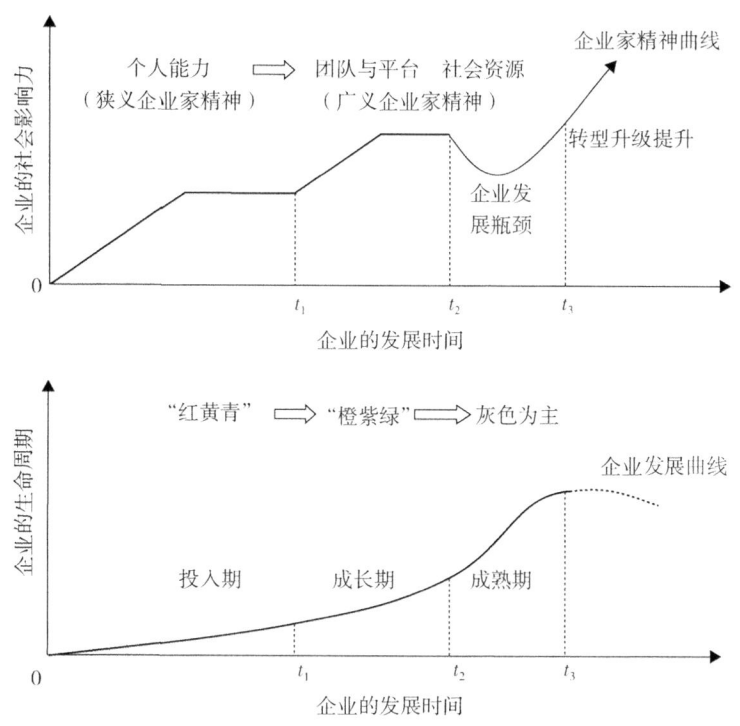

图3-6 "三原色"模型的动态发展

图片来源:作者自绘。

3.4.1 "红黄青"与投入期

从0到t_1,企业尚未步入正轨,各个创业要素刚刚进入初始投入期,对人才的吸引力较低,资本流转速度较慢,技术革新能力受限,虽具有潜在比较优势,但各项要素禀赋会随着企业的发展在一定时间内成正比例发展,企业文化初现雏形，对营商政策的识别能力较弱，这时企业家的治理经验较为匮乏，表现出偏个人英雄主义，较为"专政"，由于企业早期发展规模较小，且易于发展与变动，虽会有反对之声，但在企业发展的初期，在发展方向上，恰恰需要企业家的坚守，并完成初步的建立，才有可能获得成功。我们认为在这一过程之中所依靠的是红色元素，而正是红色元素的不断反应才构建了这一时期的敢拼敢闯、不怕吃苦的企业家精神，并以此推动企业资本、人才、技术等要素高效融合，提高对机会识别的敏锐度，逐步形成清晰的企业文化。在这一阶段，女企业家与男企业家相比最突出的特点是在企业文化构建上更加注重"情"，她们更擅长用自己卓越的沟通能力与企业员工建立良好的信任机制，让每一个员工都有企业归属感。除此之外，女企业家在资源整合和机会识别上的能力与男性相比略为逊色。

3.4.2 "橙紫绿"与成长期

从 t_1 到 t_2，企业已经初见成效，三大要素禀赋结构持续升级，企业已经发展到一定规模。但此时的企业仅仅通过"三原色"发展已经远远不够，各原色及其交织色可以通过不同的路径传导逐步推动企业高质量发展。

3.4.3 "灰"与成熟期

从 t_2 到 t_3，经过短期和中期的巩固发展，企业已成为中高速发展企业，这时企业往往会面临发展瓶颈、转型困难等诸多问题。该阶段企业家的诸多决定都将会影响企业未来的发展趋势，如继续使用之前发展理念故步自封不进行变革，那么企业只会不断地走向衰退，很难再持续高速发展。面对空前的内外压力，企业家要转变公司管理发展模式，从机械式的管理方法转为较为"艺术性"的管理模式，企业家在此时应科学地进行改革，寻求发展问题、找准关键环节，从发现问题到以独特方式解决问题，以独特、高效的企业家精神带领企业完成转变与提升，从而获得高质量发展，转变后的企业往往会出现贝加尔湖效应❶（在基数很大的基础上获得长期高速发展），而正是这一时期的超高速发展才会让企业由领头企业转变为"独角兽"企业。我们认为

---

❶ 古老的贝加尔湖虽然湖面不大，但是极深且还在不断延伸，因此蓄水量越来越大。

在这一过程之中所依靠的是灰元素，在灰度原则之上，保持原则性与灵活性的统一，谋求各个方面的和谐，是企业治理不可或缺的艺术，也是企业谋求基业长青、可持续发展的不竭动力。它彰显了企业家长远的格局观与带领企业走向超高质量发展的核心。

企业生命周期、社会影响力与"三原色"关系见表3-1。

表3-1 企业生命周期、社会影响力与"三原色"关系

企业生命周期	投入期	成长期	成熟期
内涵	要素禀赋 营商环境 文化传承	六个传导路径	抓住事物本质 危机反应意识 原则性+灵活性
三原色	红黄青	橙紫绿	灰色
社会影响力	弱	中	强

表格来源：作者自绘。

从图3-6与表3-1中可以清楚地看到企业管理往往存在有形的影响力与无形的影响力。通过整理把有关企业发展、变化最为重要的两个抽象的变量加以具体化和形象化。我们认为在任何一个企业诞生与发展之中都存在看得见的三原色与看不见的三原色，这两种原色虽然都有共同的出处，但是这两种"质同"而"本不同"的原色深深影响了企业家精神以及企业发展方向。

本章小结

基于新结构经济学的视角，本章构建了女企业家"三原色"模型，分别是以红色为主的人才、资本、技术等禀赋及其结构，代表着市场在资源配置过程中的有效性；以黄色为主的人才、金融、法律政策，代表着政府在改善营商环境过程中的有为性；以青色为主的自我关爱、家庭责任、社会担当的社群文化，代表社区有情度。由三原色衍生出了以橙色为代表的激励机制，以绿色为代表的舆论导向，以紫色为代表的品牌传导，六种颜色分别指向以灰色为代表的容错机制和发展空间，深入探讨企业可持续发展传导机制的具体运行模式，并对以"三原色"模型为基础的企业动态变迁过程进行深刻剖析，探求每一阶段企业家独有的精神特质。

第4章
女企业家精神"三原色"模型的定量评价

基于结构方程模型（Structural Equation Modeling，SEM），以210份新时代女性创业者的调查问卷为样本，以要素禀赋、营商环境、社群文化和企业家精神四大因素为观测量，探索新时代中国女企业家各个创业要素与女企业家精神形成的相关性。得出以下结论：①要素禀赋与营商环境相互促进，相互影响；②要素禀赋与企业家精神呈负相关；③营商环境与企业家精神呈正相关；④社群文化是内生的，伴随着企业治理及政府管理的各方面，无法与以红色为代表的要素禀赋以及与以黄色为代表的营商环境平行对等。

4.1 指标体系构建

4.1.1 构建原则

女企业家精神的形成受到各种因素的共同影响，为保证指标体系综合、全面反映研究内容，使指标体系更加规范化和科学化，在构建时应该遵循以下几个原则：

第一，系统性原则。各指标之间要有一定的逻辑关系，它们之间相互独立，又彼此联系，共同构成一个有机统一体。同时又自上而下，层层深入，形成一个不可分割的关于女企业家精神的评价体系。

第二，综合性原则。探求各个要素及女企业家创业精神相关关系，挖掘新时代女企业家优秀品质，为正在创业探索的新一代企业家提供借鉴，是本研究的最终目标，也是综合评价的重点。由于影响因素众多，在指标体系的选取上要求综合全面考虑诸多因素，并进行综合评价。

第三，科学性原则。在女企业家精神定量评价指标体系设计过程中，各指标的设计及其评价指标的选择必须以科学性为原则，能真实客观反映各指标的特点和相互之间的真实关系。

第四，可比、可操作、可量化原则。指标选择上，特别注意在总体范围内的一致性，各指标尽量简单明了、微观性强、便于收集，各指标应该具有很强的现实可操作性和可比性。而且，选择指标时也要考虑能否进行定量处理，以便于进行数学计算和分析。我们在调查问卷设计时部分采用李克特量表（Likert scale），1 表示"非常不符合"，2 表示"不符合"，3 表示"一般"，4 表示"符合"，5 表示"非常符合"。对调查结果进行数据化处理，便于后续用结构方程模型进行计算和分析。

4.1.2 体系框架构建

基于以上四项原则，结合"三原色"模型，对女企业家精神指标体系设计及其指标选取的构建如下，见表 4-1。

表 4-1 女企业家精神发展的指标体系

一级指标	二级指标
要素禀赋	人才队伍建设在企业经营中的重要程度
	资本要素在企业经营中的重要程度
	科学技术创新在企业经营中的重要程度
营商环境	政府提供人才服务政策对企业经营的重要程度
	政府提供金融服务政策对企业经营的重要程度
	政府提供法律服务政策对企业经营的重要程度
社群文化	女企业家对自我关爱的重要程度
	女企业家平衡家庭事业关系的重要程度
	女企业家对社会责任担当的重要程度
企业家精神	市场洞察力
	资源整合力
	学习力
	坚持执行力
	创新力

4.2 理论分析与模型假定

企业家以及企业家精神在我国经济发展中起了重要作用,也得到了中央高度重视,传承并弘扬企业家精神是新时代的呼唤。企业家精神受到经济发展、文化环境的影响,在新时代要有新面貌,面临新形势、新要求,企业家精神同样需要注入新的内涵和力量。从某种意义而言,企业家精神内涵比较丰富,但要重点把握企业家精神的核心、使命和精髓,以便更好地发挥企业家作用,弘扬企业家精神(黄海艳和张红彬,2018)。关于女性创业研究的数量和质量都处在相对匮乏和滞后的状态。国内外学者对女企业家的研究多集中于其外在表现,而忽视对女企业家内在精神驱动力的探讨,我们基于结构方程模型,重点研究影响女企业家精神力量形成的诸多因素及其之间的相互关系,综合考虑要素禀赋、营商环境、社群文化和女企业家精神等四个方面潜在变量,并对其观测指标进行具体探讨。

经过数次计量模型的运行与调整,我们发现,以青色为代表的社群文化始终无法与红色为代表的要素禀赋及与黄色为代表的营商环境平行对等,据推测,这种现象应该归因于文化层面的观测变量无法脱离物质存在而独立运行,文化贯穿融合于企业治理及政府管理的方方面面,这进一步证明了新结构经济学市场有效以政府有为为前提,政府有为以市场有效为依归这一理念,基于此,我们重新构建以下模型:要素禀赋是以红原色为代表的人才、资本、技术要素;营商环境是以黄色为代表的人才服务、金融服务及科技创新服务;企业家精神概括为市场洞察力、资源整合力、学习力、坚持执行力以及创新力等五力模型。"三原色"量化模型构建如图4-1所示。

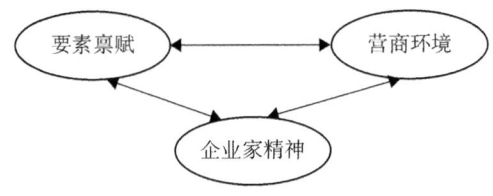

图4-1 三原色量化模型图

图片来源:作者自绘。

假设一：要素禀赋与营商环境相互影响。

张宏如等（2018）认为，创业环境在创业促进方面作用极其重要，传统的研究很多是从创业网络、创业资源环境、创业动态环境等具体的要素进行深入研究，积累了良好基础，但是切割过细的视角容易导致盲人摸象的错觉，容易得出过于碎片化的结论，而创业环境作为综合因素，本身就包含了制度环境、市场环境、文化环境、创业网络环境、创业资源、创业机会环境等内容。

假设二：要素禀赋与企业家精神相互影响。

Robert等（2005）指出创业不是一个独立的事件，而是由机会的识别、决定继续并整合所需资源、开办一个新企业、成功发展企业和收获回报等阶段组成。李新春等（2017）从女性的社会地位和社会角色分工切入，探讨在不同经济发展水平和制度背景下社会资本对其创业选择的影响，并采用全球创业观察和全球政府治理指标等两个大型国际数据库进行跨国（地区）比较研究，发现女企业家社会资本与其创业选择呈倒U形关系。与此同时，刘鹏程等（2013）把女性创业的动机分为机会型创业和生存型创业，前者受歧视性因素的影响较大（孙国翠，2011），但后者常常受到社会的鼓励，即在家庭经济困难或者没有其他更好的职业选择时（Buttner，2001），为了维持家庭生计而进行创业的女性，那么，她们体现出的顽强坚韧、不惧失败、吃苦耐劳和勇于拼搏的品质会得到社会的认同和赞扬（胡怀敏，2007）。

假设三：营商环境与企业家精神相互影响。

妇女创业政策是创业生态系统的核心组成部分（Foss和Henry，2018）。也有学者认为女企业家在诸如人力资本、融资、发展战略、社会网络和创业团队等主要环节并不一定会受到歧视（Buttner和Moore，1997）。谢雅萍和周芳（2012）以福建省的183名女企业家为样本展开调查，深入访谈20名女企业家，提出女性创业的"小而稳定的商业模式"非常重要；社会、家庭和个人的要求和挑战，创业精神和"严肃的商业"很重要。杨静和王重鸣（2013）通过对近300名女企业家的样本研究，提出女性创业型领导的构思，并验证其多维复杂构思的多水平本质及其产生的多水平影响效应。研究结果显示：聚焦组织的女性创业领导对创业组织绩效（包括财务绩效、组织创新绩效、社会责任绩效）起到显著积极影响作用；聚焦员工的女性创业领导对员工变革承诺和个体主动性产生积极的影响效应；聚焦组织的女性创业领导和体现女性领导者魅力的亲和感召对员工变革承诺和个体主动性跨水平产生正向效应。所以应加强女企业家的"榜样"建设（Byrne 和 Fattoum，2018）。

4.3 描述统计与假设检验

本研究以女企业家为调查对象，采取网络调查问卷的方式发放 210 份问卷，共收回 210 份有效问卷，现对样本基本特征进行统计性描述。

调查对象多为 18~25 岁、26~40 岁的中青年女性，二者占比分别为 31.43% 和 36.67%，如图 4-2 所示。

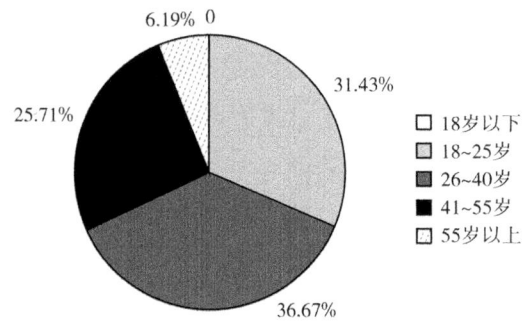

图 4-2　女企业家的年龄构成

图片来源：作者自绘。

创业者的学历构成为高中及以下 17.14%，专科 28.57%，本科 27.14%，硕士 13.81%，博士及以上 13.33%。相对来说，创业行为的实施与创业者的学历高低成反比，如图 4-3 所示。

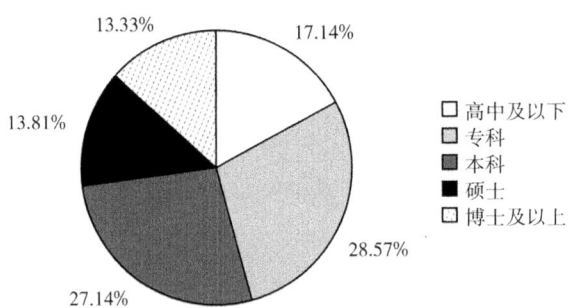

图 4-3　女企业家的学历构成

图片来源：作者自绘。

在样本总体中，有41.90%的女企业家来自中部（山西、内蒙古、吉林、黑龙江、安徽、江西、河南、湖北、湖南、广西）地区，31.90%来自东部（北京、天津、河北、辽宁、上海、江苏、浙江、福建、山东、广东、海南）地区，仅有26.19%的女性来自西部（四川、贵州、云南、西藏、陕西、甘肃、青海、宁夏、新疆）地区；在调查对象中，大多数女性表示自己曾经去过北京、上海、广州等一线发达城市，还有34.29%的女性曾有国外游览经历；调查对象为独生女情况比例基本持平，独生女占45.71%，非独生女占54.29%；有24.29%的女企业家表示这是自己第一次创业，其他创业者则有两次及以上创业经历，其中，创业次数达到五次及以上的占9.25%，连续创业者占比较大。与此同时，近半数女性创业年限为五年以内，还有14.76%的女性表示已经创业25年以上，如图4-4所示。

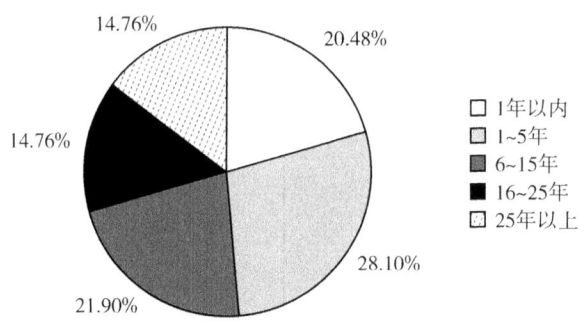

图4-4 女企业家的创业史构成

图片来源：作者自绘。

在企业家所创办的所有企业中，基本类型主要集中在生活性服务业（第三产业），占比65.71%，分别有37.14%、54.76%和29.05%的女企业家投资于农林牧副渔业（第一产业）、加工制造业（第二产业）以及加工生产型服务业（一、二、三产融合）行业，如图4-5所示。74.76%的企业拥有100人以内的员工规模，大多属于中小型企业，仅有11.43%的女企业家拥有200人以上员工规模的公司。

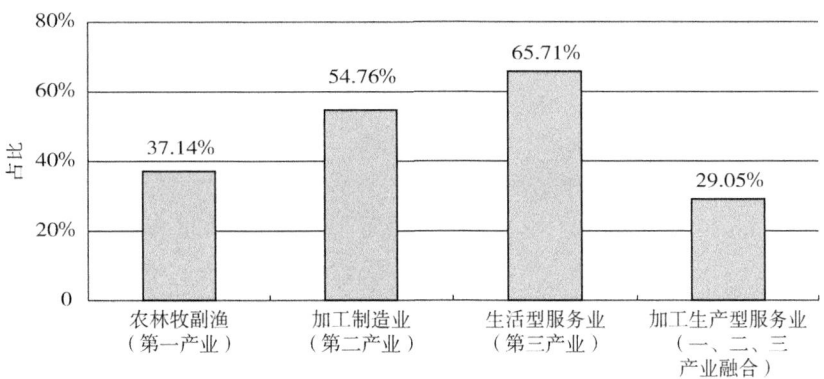

图4-5 女企业家的创业行业构成

图片来源：作者自绘。

注：由于受访的企业家常常有多家公司，故本题为多选题，因此百分比之和大于100%。

通过对大五人格的测试，我们深入探求女企业家非认知能力（程虹，2018），不难发现，女企业家在想象力、创造性、冒险社交能力上表现优异，有极强的外倾性和开放性，情感丰富，善于创造，敢于拼搏冒险，随机应变能力强。大部分女企业家表现出极强的个人责任感，尽职尽责，敢于承担。乐于助人，信任他人，善于合作，表现出较高的宜人性，如图4-6所示。

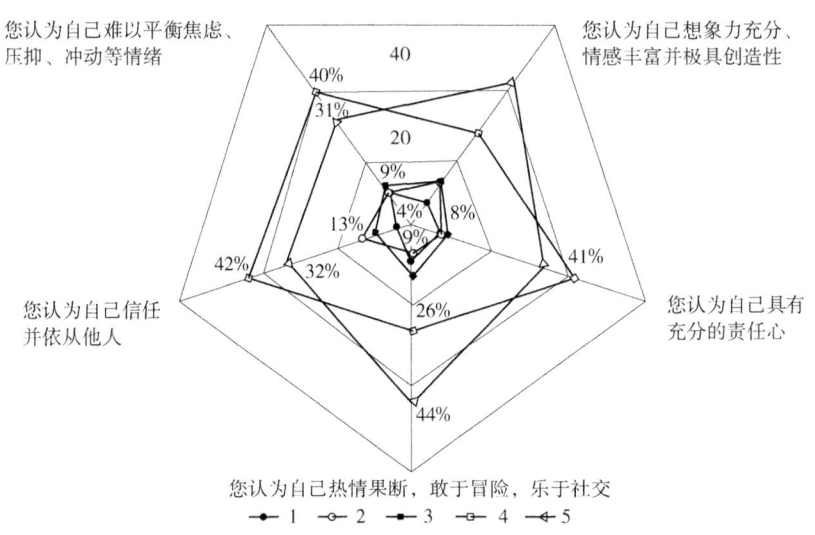

图4-6 女企业家大五人格分析的雷达图

图片来源：作者自绘。

注：五大人格即开放性、责任心、外倾心、宜人性、神经质性。

在个人生活习惯上，只有极少数女企业家不饮酒，占比 10.95%，分别有 26.67%、28.10% 及 20.95% 的女企业家习惯饮红酒、白酒和啤酒。生意场上，难免有酒桌文化，在酒桌上的交流方式更加愉快、轻松，女企业家也不例外，她们也要通过社交应酬，将企业带领到更高的层面，推动企业加速发展，如图 4-7 所示。

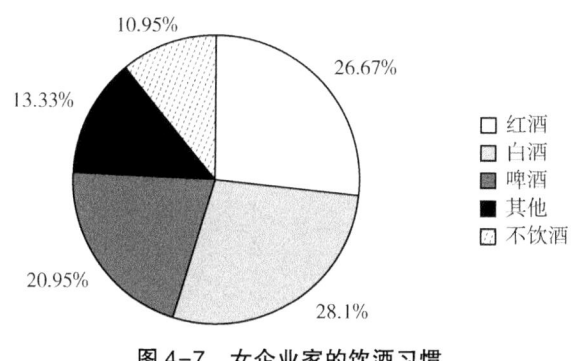

图 4-7 女企业家的饮酒习惯

图片来源：作者自绘。

4.4 模型结论

4.4.1 信度检验

本研究运用 Stata15 对潜在变量的信度进行了检验，本着样本容量至少为观测变量的 10 倍的原则，本研究中 4 个潜在变量在调查问卷中共用 14 个题目测量，因此在信度检验和结构方程模型应用中，选取 140 份问卷（≥140）进行分析。信度检验所得结果见表 4-2。

表 4-2 信度检验表

平均项协方差	0.1153826
观测变量反映项数	14
比例可靠性系数 α	0.6190

表格来源：作者自绘。

比例可靠性系数达到 0.6190，一般而言，α>0.8 表示内部一致性极好，0.6~0.8 表示较好，本研究样本可靠性系数为 0.6190，表示问卷内部一致性、稳定性、可靠性较好，数据可靠程度较高。

潜在变量（表 4-1 中的一级指标）与其观测指标（表 4-1 中的二级指标）之间的相关系数反映了其内部结构。潜在变量与其观测指标的相关系数见表 4-3。

表 4-3　潜变量与观测指标相关系数表

一级指标	二级指标	相关系数
要素禀赋	人才队伍建设在企业经营中的重要程度	1
	资本要素在企业经营中的重要程度	1.1
	科学技术创新在企业经营中的重要程度	0.98
营商环境	政府提供人才服务政策对企业经营的重要程度	1
	政府提供金融服务政策对企业经营的重要程度	0.93
	政府提供法律服务政策对企业经营的重要程度	0.79
企业家精神	市场洞察力	1
	资源整合力	1.1
	学习力	0.82
	坚持执行力	0.74
	创新力	0.75

表格来源：作者自绘。

注：我们在模型设定时，第一轮假设是要素禀赋、营商环境、社群文化为"三足鼎立"的关系，但是模型的运行结果再三显示，三者之间不是三元并立的关系。经过多次拟合，最后本书确立了"三原色"模型中，以青色为主的社群文化作为环境支撑要素，因此，本表格仅观测了要素禀赋、营商环境、企业家精神之间的关系。

4.4.2　方程模型检验及模型结论

将表 4-3 中的潜在变量与观测指标代入图 4-1 的结构方程模型，运用数据分别对 5 条路径进行检验，结果见表 4-4。

表 4-4　标准化路径系数

假设路径	标准化路径系数
要素禀赋←→营商环境	0.068
要素禀赋←→企业家精神	-0.034
营商环境→企业家精神	0.0035

表格来源：作者自绘。

依据表4-4，可以得出以下结论：第一，要素禀赋与营商环境互为正向影响。企业要发展，不仅要有自身的要素禀赋，更离不开良好的营商环境，良好的营商环境有利于吸引各类企业发展要素的聚集，能够降低企业交易成本，是企业高质量发展的沃土，各级政府要善于用好竞争政策，充分发挥市场的决定性作用，依靠竞争不断淘汰无效供给和低质量供给、扩大有效供给和中高端供给。政府在市场竞争面前要始终保持中立监管的定位，让市场主体在市场竞争中自主选择不同的质量定位（程虹，2018），来促进企业淘汰落后产能，提升要素禀赋结构，而企业的不断转型发展也促使政府进一步出台相关政策，完善软的制度环境。

第二，要素禀赋与企业家精神为负相关。生于忧患，死于安乐，一个人的起点决定了它未来的发展空间，安逸、富足不一定带来进步，艰难的环境更有可能激发一个人的精神潜力，创业做产品需要情怀，想做出好产品，意味着需要花费更多的精力、时间与成本，甚至会遇到无法预料的难题，这与许多创业者的初衷并不相符。对于女企业家来说，这其实是一条孤独、艰难而漫长的道路。但相比一成不变的生活，她们更愿意选择一种更为自由并且可以实现自我人生价值的生活方式，即使这条路非常坎坷，她们也渴望成长为不一样的自己，享受通过努力去换得好结果的过程。所以她们更加努力，更加强大，善待挫折、宽容失败，鼓励探索、激励成功，逆境出英雄，如果一开始企业的各项要素禀赋就完美配比，无可挑剔，企业家很容易掉入自大陷阱，没有危机意识，这对于企业来说是非常危险的，只有时刻保持警惕，才能取得长足发展，而这更加依靠女企业家在逆境中越挫越勇的骨气。

第三，营商环境与企业家精神呈正相关。我们将营商环境定义为以"黄"原色为基础的人才服务政策、金融服务政策、法律服务政策等，这就需要政府不断解放思想，创新制度，转变角色，抓紧落实"放管服"改革。真正想企业所想，急企业所急，做好各项工作，为中小企业经营发展提供便利，优化办理流程，在一定程度上激发着企业家以更加饱满的精神投入到创新创业工作当中，真正做到留住人才，人尽其才，促进企业持久健康发展。与此同时，需要发挥市场主体的充分竞争作用，提高企业主体灵活性，以营商环境反哺有效市场的形成与发展，不管是在什么阶段，企业的命运与企业家精神皆是密不可分的，企业家无论是从身体上还是心理上都承受了巨大的压力，这都需要她们独自承担。而来自国家政策层面的支持与鼓励让女企业家们知道有很多人和自己一样在默默努力着，周边的环境对于女企业家越来越友善，虽然有想放弃的时候，但使命使她们具有认定一件事情就一定要做到的精神，让她们坚持下来。她们知道感恩，不忍辜负给予她们帮助和支持的朋友，不想让朋友失望，也不想让自己失望。女企业家不断提升的昂扬斗志也反哺政府提供更高质量的服务。

4.4.3 拟合度检验

本研究运用 Stata15 进行拟合度检验，检验结果如图 4-8 所示。

```
Fit statistic              Value    Description

Likelihood ratio
       chi2_ms(41)        49.944    model vs. saturated
          p > chi2         0.160
       chi2_bs(55)       734.660    baseline vs. saturated
          p > chi2         0.000

Population error
              RMSEA        0.032    Root mean squared error of approximation
 90% CI, lower bound       0.000
          upper bound      0.060
             pclose        0.835    Probability RMSEA <= 0.05

Information criteria
                AIC     6361.541    Akaike's information criterion
                BIC     6482.037    Bayesian information criterion

Baseline comparison
                CFI        0.987    Comparative fit index
                TLI        0.982    Tucker-Lewis index

Size of residuals
               SRMR        0.050    Standardized root mean squared residual
                 CD        0.994    Coefficient of determination
```

图 4-8　拟合度检验结果

图片来源：作者自绘。

增量拟合度指数即待检验模型相对于极限模型在拟合度上的优化程度，分别用 CFI 及 TLI 来表示，其值越高越好。图 4-8 中分别为 0.987 及 0.982，两者皆大于 0.95。绝对拟合度指数即待检验模型与观测数据之间的差异度，分别用 RMSEA 及 SRMR 来表示，其值越小越好。图 4-8 中分别为 0.032 及 0.050，皆小于 0.06，代表模型的拟合优度很高。

本章小结

本章运用量化研究方法，采用结构方程模型，对"三原色"模型的合理性进行计量分析，以 210 份新时代女性创业者的调查问卷为样本，得出以下结论：

其一，要素禀赋与营商环境相互促进，相互影响。良好的营商环境是企业高质量发展的沃土，有利于吸引各类企业发展要素的聚集，营商环境与女性企业家精神也为正相关关系，政府提供全面、综合、有效的政策服务，对进一步弘扬女企业家精神，发挥女企业家在市场经济中的创造活力起着非常重要的作用。

其二，要素禀赋与企业家精神为负相关。安逸、富足不一定带来进步，艰难的环境更有可能激发一个人的精神潜力。要素禀赋的起点决定了其发展空间，如果企业初始投入期就一帆风顺，毫无波澜，企业家很容易掉入自大陷阱，缺乏危机意识，这对于企业来说是非常危险的，而女企业家越挫越勇的骨气往往是在逆境中萌生中。

其三，营商环境与企业家精神为正相关。"青原色"无法与"红原色""黄原色"建立直接的关联，社群文化是内生的，伴随着企业治理及政府管理的方方面面，无法与红色为代表的要素禀赋及与黄色为代表的营商环境平行对等。这与新结构经济学的核心思想不谋而合，即有效市场以有为政府为前提，有为政府以有效市场为依归。

第 5 章
女企业家精神的案例分析

5.1 涉农服务

5.1.1 芳盛果蔬的马莲芳:搭乘"一带一路"快车,筑梦农业情怀

创始人简介

马莲芳,湖北芳盛果蔬集团的法定代表人。出生于 1965 年 12 月,湖北钟祥人,大专学历。1996—2010 年在本地的银行工作。2010 年提前退休,返乡创业,成为一名专职农民。随后,独自到上海考察农产品,组建了湖北王龙巷蔬菜种植专业合作社和湖北芳盛果蔬有限公司。

公司地址

中国农谷,湖北省荆门市东宝区泉口路 9 号丁香园。

1. 企业概述

湖北芳盛果蔬集团是一家集蔬菜果品种植、净菜加工、冷链物流、平价蔬菜订购直销配送、生态养殖、生态休闲、电子商务、进出口贸易为一体的,以蔬菜、粮食食品安全推广为主的综合型创新企业。

2. 行业背景

中国是一个农业大国,传统农业在很大程度上支配着现有的生产模式。

随着消费升级和经济高质量发展的新时代到来，农业科技的发展提升了高产、优质、低耗的现代农业的可实现性，并且拓宽了现代农业在未来的发展空间。

3. 创业平台

由湖北荆门打造的中国农谷，定位为"湖北战略，荆门实施"，以"硅谷""光谷"为鉴，紧扣现代化发展理念，强调生态文明，三产融合。产业之谷是基础，绿色之谷是要求，创新之谷是核心，富民之谷是目的。中国农谷的建设推动荆门市全域农业的发展，推动湖北省由传统农业向现代农业转变，由农业大省向农业强省转变。

4. 创业过程

（1）跨国经营优质果蔬

马莲芳女士曾经是一名公务员，在中国农业发展银行钟祥市支行工作。按照正常的人生轨迹，她应该是一个拿着公务员工资直到退休，然后安享晚年的普通女性。志存当高远，拥有梦想的人注定不会被局限在这狭窄的天地里。马莲芳女士知道自己想要的是什么，也希望能够为自己想要的东西去奋斗。于是，经过前期多番考察与调研，她在2010年响应国家号召，主动提前退休再创业。

创业之前，马莲芳女士没有太多接触过农业，甚至她的家人也曾怀疑能不能把做农产品当成事业来做。万幸的是，她的母亲很支持她，她的父亲去世早，为继承父亲的产业，马莲芳提前退休再创业。亲朋中也有很多人是地道的农民，他们非常热心地给她传授了很多农业种植等方面的经验。

创业初始，她去咨询有关合作社及公司发展的政策，当地政府都非常鼓励和支持，合作社及公司的注册、办理审批手续都办理得比较顺利。刚刚起步的合作社，作为一种新型经营主体出现，获得了政府及农业技术等部门提供的专业辅导，同时，同行企业之间也会互相分享交流一些经营管理方面的心得体会。

马莲芳女士的第一个业务进行得很顺利。2011年11月中旬到12月，她了解到越南市场需要大量蔬菜，甘蓝价格在0.5元/斤，而本地石牌甘蓝收购价为0.15元/斤，在核算了运输成本之后，虽然利润不高，但为了抢占市场，打响创业第一炮，她联系当地蔬菜批发商，用货车运输了几车蔬菜到越南卖给当地的批发商。在创业前期,马莲芳女士曾跑遍国内各大城市的农批市场进行调研,做过蔬菜批发和出口。在此期间,她深切感悟到了农产品广阔的发展前景,也看到了农产品流通中存在的一些问题。例如,大城市供不应求的鲜蔬,而中小农却面临销路问题;很多好的农产品卖不出去,信息不对称;好产品没销路,而市场上却有很多不合格的农产品流通;等等。这些问题,对于马莲芳女士而言,既是机遇也是挑战。她抓住了机遇,勇敢地迎接了挑战。

(2) 上海之行发现优质原种稻谷的商机

面对市场的需求,马莲芳女士主动适应市场变化,从果蔬发展到稻米。但是随着杂交水稻的普及,稻米的发展前景很不明朗。在基层听到的声音大多是"种水稻不赚钱",但她却从上海之行中发现了商机,她发现上海的消费者比较注重看标签,而没有过多关注价格。她开始意识到做健康、有品质的农产品的重要性,这让她开始着重关注产品的质量。于是她决定发展优质的原种稻谷。首先,她将消费人群定位于白领阶层,将销售渠道变为订单式销售,即在北上广深等大城市寻找固定的经销商,通过采取会员制的方式进入千家万户,使品牌高端化,打造了符合消费者个性需求的产品,满足了市场的需求。同时,采用现代国际领先的生物技术来提升品质、增加有效供给。另外,她努力推动农业的二、三产业融合,拉长产业链条,实行轻资产股份制,建立紧密的利益联结机制。最终靠着种稻谷赚了大钱。

相同的土地,播撒不同的种子,走不同的销售渠道,采取不同的合作方式,效益大相径庭。从她的第一笔业务开始,马莲芳女士积攒了多年与中亚国家打交道的经验。俄罗斯,她也不陌生,在到俄罗斯远东地区阿穆尔州首府布拉戈维申斯克考察之后,她发现了巨大的商机。"一带一路"倡议的实施更让她坚定了去国外种地的决心。之后,她分别在吉尔吉斯斯坦及俄罗斯(2018年)成立公司,搭上国家"一带一路"便利快车,让钟祥农产品走出国门,同时也将国外农产品引进来。搭上国家政策的顺风车,开阔了国际市场,体现出马莲芳敏锐的市场洞悉能力。产业面临转型时,她发现新型绿色农产品正符合国家的发展理念即绿色发展,顺应了时代的要求,体现了她远大的见识和与时俱进的创新理念。

(3) 创业挫折

马莲芳女士在创业过程中也遇到了很多困难。其中遇到的最大困难是

2016年基地的蔬菜要卖到我国香港地区，但遭遇自然灾害，连续大雨，受灾损失高达2000万元。农业产业遇到自然灾害是难免的，但面对突如其来的灾害，她还是有点措手不及。经历了这一次重创后，马莲芳不断地反省总结应该如何规避农业种植过程中出现的一些类似自然灾害的风险。在谈及创业最难忘的事情时，马莲芳描述道："2012年春节前夕，要从海南采购蔬菜回来销售，当时天气寒冷，海南的蔬菜运回荆门后，公司全体员工都要到荆门各大批发市场销售蔬菜。其他人都沉浸在过年的喜悦中，但公司所有人都要忙着将所有菜铺陈到各个菜市，就是为了能够让大家吃到新鲜的蔬菜。"公司员工要经常工作到凌晨，然后第二天到当地的菜市场或超市来检查。即使这样，马莲芳依然觉得很幸福。

马莲芳女士一直以褚时健先生为榜样。褚时健是一个拥有传奇人生的企业家，被誉为"中国烟草大王""中国橙王"，是拥有两次成功创业经历的传奇人物。马莲芳敬佩褚时健先生勇敢、创新、不折不挠的决心与毅力。马莲芳和褚时健先生有着很多的相似之处，面对生活充满热情和信心，面对事业乐于行动与冒险；不安于现状，都能够满怀希望地去追求自己想要的东西。褚时健15岁时，他的父亲去世了，他被迫放弃学业，开始下田劳作，30岁时被打成右派开始农场改造。1963年，褚时健接手了一家倒闭在即的糖厂，他花了一年的时间，使这家糖厂盈利达到28万元。1979年，褚时健被调到濒临倒闭的玉溪卷烟厂担任厂长，经过他的整改，20年后，这家小卷烟厂变成了亚洲第一、世界第五的现代化烟草企业，他为国家创造利税991亿元，加上红塔山的品牌价值，为国家贡献大约1400多亿元。后来因被举报贪污，71岁的褚时健被判无期徒刑。2002年他因病被保外就医，之后他再次非常成功地创立了褚橙品牌。

（4）跨国经营

在国内运营方面，芳盛果蔬集团于2016年在钟祥市12个乡镇分别成立了12家土地股份专业合作社，并与当地农民实现了合作，合作面积达25万亩，用于"一镇一品"标准化种养殖基地项目建设；2018年已办理流转土地手续的包括3个行政村，约8000多亩地，用于高标准农田建设。在国际运营方面，芳盛果蔬于2016年12月分别在吉尔吉斯斯坦和俄罗斯租赁土地，实现大豆种植面积10万亩，带动俄罗斯农民种植110万亩；2018年在俄罗斯的伏尔加格勒种植大棚蔬菜、小麦、葵花籽，在符拉迪沃斯托克、乌苏里斯克种植大豆，在布尔什维克种植大豆和小麦，在梁赞种植土豆。

在创新方面，公司在不断发展的过程中，自身不断地实践、摸索和发展，通过与供应商、高校科研机构等合作，取得了一系列成果：第一，羊肚菌科技成果转化项目经过四年种植培育示范，产品于2016年8月在澳门展会取得了很好的品牌效应，单项产品获得1200万元的订单；第二，低温快速微冷冻科技成果转化项目已运营四年，取得显著效果。传统稻谷原种长寿谷通过生物冷诱导技术处理后，抗病虫、抗倒伏、抗自然灾害的能力大大加强，产量提高、品质提高，真正实现了产品的核心价值。2016年长寿乡米在武汉食品博览会上被消费者抢购一空。2017—2018年在全国推行该稻谷品种再生稻，平均亩产1800斤双季稻，2019年预计订单长寿谷稻谷种子种植面积达30万亩。

企业逐渐呈现出良好的发展态势。马莲芳女士的公司从员工16人、资产3400万元的小公司逐步发展成为员工380人、资产总额18000万元的大集团。到2019年4月，集团建有标准化保鲜冷库、净菜车间等，并且拥有20000亩绿色有机蔬菜基地，其中包括3000亩出口蔬菜基地，与农户签订蔬菜水果订单生产面积达50000亩，长寿谷种植面积20000亩。

马莲芳女士认为，未来合作社将会以满足人民群众对绿色优质粮食产品的需求为目标，以创建全省"优质粮食工程"示范县为契机，以"优品种、提品质、创品牌"为重点，以"中国农谷·长寿荆门"为内涵，整合钟祥范围内优质水稻种植基地、粮食加工、冷链物流、营销等资源；以"食莫愁"为品牌，积极打造立足湖北、辐射全国、走向世界的"天下粮仓"，为国内外消费者提供优质健康的大米。同时，她希望政府能够关注三农发展，重视发展新型经营主体，加强对农业工作的政策扶持、落实等方面的力度，注重农业技能培训、宣传，加强规范农产品市场等。

5. 后记

感谢湖北省农业品牌专家组组长韩波老师的引荐，得以结识优秀而独立的马莲芳女士。她的创业过程是孤独的，这种孤独感几乎与创业的高度和深度正相关，越深入越孤独。我很难想象马莲芳女士常年奔波于越南、吉尔吉斯斯坦、俄罗斯以及我国上海、海南等地的劳苦和艰辛，也很难体会父亲早逝的她要肩负起家庭责任的勇敢和独立。但我能感受到在大风大雨等灾害面前，她对农民的怜悯、同情与善意关怀；我也能感受到她雷厉风行的作风和"言必信，行必果"的担当。这些深深地打动了我。

5.1.2 "二乔家"土特产的李丽娟：越过生命拐点，一切皆有可能

创始人简介

李丽娟，湖北二乔文化发展有限公司创始人。1977年出生于湖南，高中被迫辍学，随后独闯深圳数年。2008年，为了孩子回到湖北嘉鱼，成立了李丽娟木雕手工作坊。2015年转型从事与土特产及农产品电子商务相关的事业。

公司地址

湖北省咸宁市嘉鱼县鱼岳镇梁家山132号。

武汉门店地址：湖北省武汉市中北路120号附7。

1. 企业概述

湖北二乔文化发展有限公司，2015年12月于嘉鱼县注册，2016年1月成功注册二乔家商标。主营土特产、传统雕塑文化传承、各类聚会，二乔家立志于打造嘉鱼地标品牌，整合嘉鱼优质土特产、嘉鱼元素的旅游礼品，助推嘉鱼文化旅游。

2. 行业背景

随着中国经济从高速增长向高质量发展的转变，消费升级现象明显。生鲜农产品网上销售逐渐热门起来，并且也十分契合现代人的生活需求，有着极高的市场潜力，但生鲜农产品网上销售区域缺乏专业的技术人才，也无法保证农产品的质量，没有完善的制度体系。

3. 创业平台

湖北省咸宁市嘉鱼县占地1019.53平方公里，总人口37万人，是长江中游城市群的中心地带，武汉城市圈和武汉新港建设的重要组成部分，素有"锦绣江南、鱼米之乡"的美誉。嘉鱼二字来源于《诗经》中的"南有嘉鱼，

烝然罩罩，君子有酒，嘉宾式燕以乐"。嘉鱼是三国"赤壁之战"吴军的大本营，也是二乔的故里。

2016年中央一号文件明确指出，大力推进"互联网+"现代农业，应用物联网、云计算、大数据、移动互联等现代信息技术，推动农业全产业链改造升级。"互联网+农村经济"越来越成为乡村振兴的基础和农业实现现代化的关键（亚洲开发银行，2019）。《中共咸宁市委、咸宁市人民政府关于聚焦农业农村重点工作扎实推进乡村振兴的实施意见》《咸宁市农产品品牌三年培育方案》等政策的出台，标志着当地政府对"互联网+农业"的大力支持。

4. 创业过程

(1) "二乔家"木雕创业

为了不让自己留守在湖北嘉鱼的孩子过于孤单，李丽娟女士决定回到湖北发展。2008年10月开始加工木雕创业。在当时，木雕行业还是供小于求。之所以选择木雕行业，是因为李丽娟女士认为自己设定的目标一定要跟别人有所不同，而她本身对于传统木雕就有着特别的情感。李丽娟女士的父母辈就自己盖房子，自己打造劳动工具，很多事都亲力亲为，进行手工制造。木雕加工对于她来说，既是一种生存手段，也承载着她对上一辈传统的怀念，她甚至创新性地将自己的一些奇思妙想与情感寄托在作品上，很多难以描述的东西，都可以通过作品呈现。

李丽娟女士的创业过程充满曲折。她出生在一个重男轻女的家庭里，高中二年级的时候，被逼放弃学业，之后她选择独自去深圳闯荡。在互联网尚不发达的2008年，李丽娟女士凭借着超强的学习能力与吃苦的精神，刻苦学习了计算机与互联网，这为她后来的创业之路提供了不少助力。在深圳闯荡多年也是她人生中一份不可或缺的宝贵财富。李丽娟女士谈道："我对（木雕）这方面比较感兴趣。再者，自己家里人也有这个传统，人们对传统文化的记忆是永远不变的，木雕的核心竞争力在全国也有一定的优势，但在这边（湖北嘉鱼）却没有市场，我希望运用我所学的网络销售，在自己的家乡发展木雕行业，或许能发现一丝商机。"李丽娟女士将自己的想法赋予了实践。

(2) 在"互联网+木雕"中找到生存空间

创业初期，无疑是艰难的。李丽娟女士从未找过家里人帮忙，用自己手头仅有的几千元钱，在淘宝网上销售木雕，但销量一直不容乐观。她认为必须通过打广告来吸引顾客，但广告费也需要一定的资金投入。万幸的是，李丽娟女士没有放过一丝的商机。当时阿里巴巴有一个生意经商板块，里面有很多针对生意上的难题的提问，李丽娟女士就在上面进行学习，了解透彻后，回答他们的问题。因为李丽娟女士的回答解决了很多人在生意上的困难，她逐渐被认可，还被阿里巴巴授予了优秀版主的荣誉证书。因为这件事，李丽娟女士的企业在网上的销售也变得越来越好。之后李丽娟女士在阿里巴巴上免费招学徒，免费培养人才，为创业储备人才。印象深刻的一次是，与她长期合作的一位客户是一名韩国人，做进口业务，经常在李丽娟女士这边进货。虽然当时他们的手艺不是特别精湛，但客户对产品是满意的，一直保持着长期的合作关系。

（3）土特产电商销售的二次创业

虽说木雕在全国有一定的市场，也成功获批了国家非物质文化遗产保护，但其市场份额在逐渐萎缩。要想对员工负责，对企业的发展负责，就要考虑转型问题。思虑再三，李丽娟女士决定进入土特产电子商务行业。要想成功，就必须具有一定的特色，例如在包装甄选方面，李丽娟女士谈到，他们的包装是原生态的产品，他们开发了很多礼品，其中部分为文化礼品，设计得很有观赏性和地方特色，他们自己也会创造性地开发，开发的思路主要源自之前做木雕的感觉和经验，凭这种感觉和经验再去设计包装。李丽娟女士说道："我就是一个慢思维的人，我喜欢慢慢地做，也许做得慢才是长久的。"现阶段，李丽娟女士的公司在创新方面主要是通过互联网，以文化传承为主，"互联网+文化传承""互联网+生态旅游""互联网+龙头产品"，构成一个生态旅游链条。李丽娟女士还谈到，文创旅游还只是星星之火，谈不上大的成功，依旧需要靠自己慢慢地去实践，总结经验。

（4）爱与责任

对于女性创业者而言，权衡家庭和工作是至关重要的一点。若处理得当，会相得益彰；若处理不当，则家庭和工作都会受到一定程度的损失。在回答这个问题时，李丽娟女士讲到了自己家庭方面的问题。因为孩子出生后，自己忙于工作，疏忽了孩子，以致孩子的性格上有点孤僻。李丽娟女士的孩子小时候一直和爷爷奶奶生活在一起，她和孩子聚少离多。因为担心孩子成长，她便放弃了在深圳的高薪工作，回来和孩子生活在一起。

虽说"二乔家"的生意越来越好，但常年的透支拼搏，导致李丽娟女士的身体越来越差，最终被查出腺肌症，每个月的例假时间特别长，有时候长达20天。她吃了很多中药，甚至加大剂量，都没有明显的效果。2013年的一天，因为失血过多，她晕倒在卫生间，直接休克，时间一分一秒地过去，没有人发现陷入昏迷的她。幸好水龙头的冷水把她浇醒，不然她可能就离世了，而这一切她都没有和任何人说起，包括自己的孩子。这次意外让她痛定思痛，决定去网上寻找名医救治。她最后找到了河南的王医生。出发之前，她把女儿送到在江西工作的前夫手里，可女儿却不能理解她。一方面，那时候女儿刚刚上初二，处于叛逆期；另一方面，李丽娟女士从没告诉过女儿她的病情。女儿和她大吵了一架，以为妈妈不要她了。这时，李丽娟女士才和女儿推心置腹地谈了她身体的事情。女儿不仅没有责备她，反而原谅她了。就这样，李丽娟女士只身前往河南进行手术。手术整整做了4个多小时，把整个子宫取出来，再切去肿瘤部分，然后再将子宫放进去缝合，整个过程，仿佛徘徊在死亡的边缘，但最后手术很成功，经过半年多的调养，李丽娟女士慢慢地痊愈了，她获得了重生。

5. 后记

创业难，女性创业更难。李丽娟女士的创业过程非常形象地印证了这一点。从18岁被迫辍学以后独闯深圳；到28岁在深圳自力更生养活自己和家庭；再到38岁回到湖北嘉鱼进行一次创业和二次创业，李丽娟经历的曲折的创业过程，是一个普通而又不普通的故事。说它普通，是因为每个创业者都是历经千辛万苦，苦尽甘来，苦甘交替；说它不普通，是因为不管经历了什么挫折，即使是生死关头，李丽娟仍然咬紧牙关，微笑面对。这份善良，这份初心，在残酷的人性考验面前和漫长的时间长河里，愈发显得弥足珍贵。

诚如电影《芳华》所言，一个始终不被善待的人，最能识得善良，也最能珍视善良。只有经历过底层的艰难困苦以后，才能深刻体会奋发图强和感恩之心的弥足珍贵。原生态家庭，性别歧视，这些标签，都没有给李丽娟女士造成太多负面的影响，她并没有被艰难的生活打倒。水到绝境是飞瀑，人到绝境是转机。经历了重大疾病以后，她获得了重生，她活得更加通透了。她比以前任何时候，都更加自信，更加谦和，更加知道自己的初心。她阳光努力，相信自己的未来掌握在自己的手里。她在生死面前的淡定，让人感动，让人心怀希望。越过生命的拐点，一切皆有可能。

5.1.3 中药材种植大户谭克华：新型职业农民，参与区域品牌建设

创始人简介

谭克华，天麻专业种植户，1978年农历四月出生。成家立业以后，开始种植天麻，经过十年的努力，已成为巴东天麻种植大户，部分解决了附近农民就业问题，提升了小农户的经济收入。

公司地址

湖北省恩施州巴东县水布垭镇西淌村。

1. 种植概述

天麻个体种植大户，有 3~5 亩的天麻种植地，每亩地可产出 4000~6000 斤天麻。

2. 行业背景

巴东天麻属于中药材区域品牌建设范畴。中药材区域品牌建设与发展，既有助于加快实施健康中国战略，又对加快发展现代中药产业、促进特色农业发展和农民持续增收、实现乡村振兴具有重要意义。目前中国中药材多达1万余种，中医临床所习用的常用中药材有 400~500 味，道地药材不足 200 味。

3. 创业平台

一方面，巴东县是全国集中连片特困区的深度贫困县，截至 2018 年年底，累计实现 87 个贫困村出列、13.54 万贫困人口脱贫。仍有 31 个村、4.66 万贫困人口暂未脱贫。国家层面仍然在举全力帮助贫困地区脱贫致富。另一方面，巴东有"华中药库"的美誉，巴东县是药材 GAP 规范化种植基地。全县野生、半野生和栽培药用植物 430 多种，仅国家挂牌收购的就有 177 种。与此同时，荆楚药材巴东天麻母子品牌的最大的平台背景之一是湖北省荆楚药材研究院，该研究院成立于 2018 年 3 月，致力于整合湖北优势资源，创建了"荆楚药材"品牌；坚持民办非企业公益性质，与市场接轨创新药材研发机制；利用武汉人才资源，开展中药材科技成果集成推广。

4. 创业过程

(1) 创业开端

1978年谭克华女士出生,她在非常艰苦的环境下,完成了小学和初中的教育。由于家庭困难,她在初中毕业后就没有继续接受教育,而是与父母一起种植粮食作物,以解决温饱问题。她在2001年成家以后,开始制订自己的种植规划,考虑到经济原因,决定种植类似天麻、独活、云木香等经济作物。在2001年到2010年间,因为天麻的种植会对环境资源产生破坏以及缺少化肥,只是小规模种植而且产量不大。之后,在政府开始提倡产业化调整,强调"多种药材来发展经济"的大背景下,她顺势选择扩大天麻的种植规模。

(2) 创业困难

在2001年前后,也就是谭克华女士种植规划的前期,一直面临着资本不足、投入不足以及相关专业知识欠缺,从而导致天麻种植效率低下的问题。天麻种植成果的不确定性让谭克华女士不敢轻易借农村信用贷,所以在2001年到2004年,为了解决资金方面的困难,谭克华女士的丈夫在外打零工赚外快,而她早上在别人家帮工,只有晚上在电灯下做种植。通过多次反复的研究和尝试,谭克华女士对于药材种植的相关经验与知识逐渐积累了起来。

另一件令谭克华女士印象深刻的事情是2003年至2004年期间,她用自家的人力和物力并且投资了一批天麻,但正逢那年市场不景气,天麻只卖到每斤2元,那一年谭克华女士不仅没有赚钱,反而亏损了很多。这样的结果沉重打击了谭克华女士,她曾想过放弃,但在丈夫的鼓励下,她还是继续种植天麻。

(3) 创业的转折点

2010年,为了提升天麻种植的技术以及学习临工的招募和管理方法,谭克华女士到宜昌五峰李老师的种植基地进行参观学习。这件事在谭克华女士的创业道路上给了她极大的启发。在老家,谭克华女士周围大多是小规模种植天麻;初次看到大规模种植天麻,她坦言道,那对思维是有很大开阔作用的。这之后谭克华女士也开始投入大量的资金和成本,扩大天麻的种植规模。在这样的情况下,谭克华女士的收入也是逐年增高。谭克华女士自己也总结到,最开始对于种植天麻还是有所顾虑的,所以不敢贸然地大规模种植,在参观完李老师的种植基地之后,她的整个观念就改变了,所以说,想要有大的回报，就必须有大的投入。

（4）对未来的展望

谭克华女士坦言，一路创业是非常艰苦的，即使她已经发展到了这么大的规模，依旧是需要付出很多的。谭克华女士认为自己现在处于一个徘徊不前的阶段，她希望自己可以转型但目前还没有目标。同时她也谈及了学习的重要性，她认为无论做什么，知识都是最重要的。

5. 后记

2019年6月底，受湖北省荆楚药材研究院王沫教授的邀请，我以湖北省农业品牌研究专家的身份出席了湖北省民政厅统一安排的"全省性社会组织助力巴东县脱贫攻坚"活动，在巴东县水布垭镇蛇口山村给当地的农民合作社和种植大户培训"荆楚药材母子品牌与巴东天麻产业提质增效路径"时，认识了天麻种植大户谭克华女士。

在开完会回乡里的路上，我们进行了40分钟的采访。谭克华女士让老乡帮忙驾驶她的长安之星，我俩在后排落座，开始采访。乡村小路崎岖，她一边回答我的问题，一边不断给我指路："这是我现在的家，这是我的娘家，这是恩施巴东和宜昌五峰的分界线。"在一个很狭窄的山路口，她告诉我，当年她的丈夫在一次下班后种植天麻时偶遇大雨无法回家，然后在这个小茅草屋里躲了一整夜的雨。当她反复说道那时穷怕了的时候，她回答了我最后一个问题——"对20~40岁年轻的女性创业者说一句话"，她沉默了两三秒，说："要多读书，读书很有用。"那一瞬间，我竟不知道接下来该说什么。

思路决定出路，能够打开思路，张开与外界资源平台合作的臂膀，获取更多的信息，懂得更多的知识，增加更宽阔的眼界，是每一位新型职业农民在创业过程中都会遇到的问题。而国家层面早就关注到了这一点。2014年11月，中办国办印发意见，提出"开展新型职业农民教育培训""发展农业适度规模经营"，不仅首次提出了"新型职业农民"的角色定位，而且为今后农民的职业化道路及现代化农业发展指明了新的方向。有文化、懂技术、善经营、会管理的新型职业农民不仅有了更多的学习机会，也可以获得高级职称。这是新时代的发展机会，更是每一位新型职业农民的发展机会。

5.1.4 北京紫荆创新农业研究院的徐子凌：构建高端智库平台，引领农业教育发展

创始人简介

徐子凌，北京紫荆创新农业研究院院长。徐丹丹，字子凌，1983年1月出生，教育专业毕业，黑龙江伊春人。现任中国农业博鳌论坛秘书长、中国农业技术推广协会产融分会会长、中国农产品经纪人流通协会数字农业专业委员会常务副主任。徐子凌女士大学毕业后做过一段时间电视台节目主持人，后加入中国人民大学农业行业工商管理高级研修班项目，从班主任老师做起至项目负责人至今。2014年，徐子凌专门从事农业企业家教育及农业领域高端论坛❶。

公司地址

北京市昌平区回龙观镇西大街9号院11号楼。

1. 企业概述

北京紫荆创新农业研究院专门从事农业领域企业家教育培训、农业项目的对接与孵化及农业高峰论坛的策划与承办。自2004年至今，培训了3万余名涉农企业董事长、总经理和骨干精英，会员近10万人，农资企业家学员遍及农业产业链各个环节。研究院在教学工作上始终坚持产、学、研、融、文相结合，以为涉农企业服务为宗旨，致力于农业企业可持续发展，着眼方案和项目落地，注重企业实效❷。在品牌宣传上，2016年，《同耕》创刊号正式上线，同耕论道访谈栏目上线。

2. 行业背景

我国仍是传统的农业大国，步入品牌化仍是当下我国农业发展面临的新课题。农业供给侧结构性改革过程中，如何从高速增长向高质量发展，促进乡村振兴，是中国农业发展面临的最大问题之一。《国务院关于促进乡村产业

---

❶ 感谢北京紫荆农业研究院副院长刘振峰老师对本案例的贡献。
❷ 紫荆创新农业研究院大事记. 紫荆创新农业研究，2018-02-01.

振兴的指导意见》(国发〔2019〕12号)指出,推进质量兴农绿色兴农,增强乡村产业持续增长力;培育提升农业品牌;实施农业品牌提升行动,建立农业品牌目录制度,加强农产品地理标志管理和农业品牌保护;鼓励地方培育品质优良、特色鲜明的区域公用品牌,引导企业与农户等共创企业品牌,培育一批"土字号""乡字号"产品品牌。

3. 创业平台

北京紫荆农业研究院依托清华大学和中国人民大学农业行业工商管理高级研修班两大平台资源,聚集了涉及乡村振兴、农业标准、植物营养、化工肥料、生命科学、遗传育种、植物保护、林业科学、农业机械、设施农业、智慧农业、中草药等农业各个领域的院士20余位,相关技术领域的专家200多位,已经建成了农业行业的高端智库平台,为我国农业行业的持续健康发展做出了努力。中国人民大学农业行业工商管理高级研修班15年来已经培训了1万多名农业领域的企业家和3万多名农业行业的管理人员,被学员们称为"中国首家农业问题解决机构",被业内人士誉为"中国农业界的黄埔军校"。

4. 创业过程

(1) 发展历程

北京紫荆创新农业研究院的发展历程大致可以分为三个阶段。第一阶段是从2005年到2014年的建设阶段。2005年,中国人民大学农资MBA班的首届班开班,并持续发展。2014年,研究院自主开发的紫荆AHE农业教育孵化管理系统被教育部评定为有知识产权的农业学习系统。第二阶段是从2015年到2016年。2015年,中国创新农业领军人物培育工程第一期开班,研究院开始开设文化类课程,如"儒商之道"公益课、"了凡四训"公益课、"商业模式微咨询"等课程。2016年,研究院组织了首届农业企业家腾格里沙漠游学活动。第三阶段是2017年至今的国际化阶段。2017年,研究院带领网库集团、晋煤集团等学员企业考察津巴布韦。同年,开始承办中国农业(博鳌)论坛,筹备会在北京国际饭店举办。随后,中国农业(博鳌)论坛在海南博鳌亚洲论坛国际会议中心举办,在中国(农业)博鳌论坛项目对接会中,达成190余项企业合作。

(2) 培训产品

2014年,紫荆创新农业研究院与鲁西集团合办的鲁西商学院成立,连续培训了三期课程。2015年，研究院与安徽六国集团签订共建农企商学院协议。2017年，研究院与六国化工合作，进行培训。2017年，研究院与沃丰商学院开展合作培训。

（3）行业论坛

2014—2015年，研究院先后组织了北京站、哈尔滨站、济南站、北戴河站等农业主题系列论坛。2015年12月18日，由紫荆创新农业研究院主办的"2015品牌中国（农业）高峰论坛"在北京香格里拉大酒店举行，会议为期两天，会集了近400名涉农企业家。在20日晚举行的2015品牌中国年度人物颁奖盛典上，研究院共有15名学员获得农业行业年度人物奖项。2016年10月，由紫荆创新农业研究院承办的2016首届中国农业（博鳌）论坛成功举办。2016年10月10—11日，首届中国农业（博鳌）论坛在中国海南博鳌亚洲论坛国际会议中心隆重召开，有近百位政界人士、20多位专家学者、30多位投资机构代表、150多位农业专业合作社理事长和500多位涉农企业家近千人参加了这次论坛。

北京紫荆农业研究院已主导并策划了系列大型专业高峰论坛：在北京人民大会堂等地相继举办了"农业4.0时代中国农资可持续发展论坛""生态环保与土壤修复增效会议""中国农业合作经济论坛""国际笋竹高峰论坛"；在海南博鳌亚洲论坛国际会议中心连续举办了三届"中国农业（博鳌）论坛"，以推动我国农业转型升级，促进我国农企增效、农民增收、农产品品牌发展。

（4）对外合作

研究院先后组织策划奥农科技2014感恩年会暨新品推介会、鲁西高塔硝基肥招商大会、2014华昌化工全国经销商年会、北京德瑞丰农业经销商年会、六国化工系列新产品发布会、郑州中植堂第三届客户联谊会、泉林嘉有产品推广会暨商企联谊会、广西金穗集团香蕉协会千人年会，参股的四川中农麦昧股权投资管理有限公司成立，组织策划北京富力特农业科技有限公司年会，组织贵州开磷集团化肥公司2016年培训大会。

此外，紫荆创新农业研究院与国际绿色协会签署战略协议，与冠福股份集团、德商汇共同成立上海·紫荆创新农业研究院，与海南神泉集团、海南海垦果业共同成立海南·紫荆创新农业研究院，控股海南博鳌品牌管理有限公司成立，与中国网库集团签署战略合作协议，与阜丰集团合作成立沃丰商学院，入股南京新农圈智能科技有限公司，入股安徽省徽州印象农业公司，入股北京熹品汇农业科技有限公司，等等。

5. 后记

感谢中国品牌农业战略推进中心执行主任刘鑫淼老师的邀请，2018年10月28—30日，本人以湖北省农业品牌专家的身份出席"'一带一路'食品产业国际峰会"，在北京建国国际会议中心，我认识了北京紫荆农业研究院院长徐子凌女士。在千人大会的会场上，她精彩的发言、自信的笑容、强大的气场，深深地吸引了我。太优秀的人太忙碌，忙碌得甚至连自己都不知道自己的辛苦，徐子凌女士也是如此。朋友眼中的她，不是在农业服务的现场，就是在去农业服务现场的路上，我们约了至少五次以上，她才有一点点间隙的时间接受采访。天道酬勤，她用才华和热情，构建了农业领域的专家智库；她用执着和毅力，搭建了农业领域的资源平台；她用远见和卓识，设计了农业产业生态系统；她用胸怀和格局，组建了新农人的家，引领着农业教育的发展。

5.2 地产服务

5.2.1 浙江龙润置业的董天琼：勇敢独立，浙商家族企业传承

创始人简介

董天琼，1988年10月出生，浙江龙润置业有限公司总经理。浙江绍兴人，2011年美国匹斯堡大学毕业。随后在杭州工作3年，2017年进入浙江龙润置业有限公司工作。

公司地址

浙江省嘉兴市南湖区东栅街道中港路360号。

1. 企业概述

浙江龙润置业有限公司是一家专业的房地产开发企业，是香港龙润全资

子公司，香港龙润是一家具有国际视野的专业投资公司，投资领域涉猎金融、房地产、建筑、酒店、文化、商业运营、物业管理等行业。浙江龙润置业有限公司现有员工100余人，拥有工程师、经济师、会计师、估价师等各类开发和商业管理专业人才。企业的价值观是：细节决定成败，细节创造完美。

2. 行业背景

房地产销售从广义而言属于销售行业，在本身产品保质保量的前提下，需要销售人员的宣传介绍。房产销售与所处地段有着密切联系，一线城市与二、三线城市，市中心与郊区，商品房、学区房等都是影响销售额的因素。

3. 创业平台

浙江省民营企业中的90%为家族企业（家族企业研究所副所长朱建安，2018），每一位在家族企业成长和发展的创二代，家族平台和家风都是他们良好的创业基础，董天琼女士也不例外。董天琼女士最大的创业基础之一是她的既能吃苦又能坚守的家风，以及从小养成的坚毅的品质。

4. 创业过程

（1）美国留学归来，从行业研究分析师和保险销售做起

2011年从匹兹堡大学毕业后回杭州工作，经历过银行实习，涉及投资金融方面的项目，二级市场的调研，写研究报告的工作；经历了很多职场新人都会面临的问题，自身能力满足不了岗位需求，自己对行业的大环境了解也不足。所以她开始积累经验，免费给一家电梯公司——奥的斯电梯（OTIS）的制造部当实习生，包括到生产线上当工人，本来不被看好的董天琼却选择用事实说话，踏实做事，把生产线的流程摸清楚。在每一个微小的岗位上发挥自己的最大价值，到后来因没有实际的工作安排，她选择了离开。不能浪费自己的时间，要做的事情还有很多。她一直没有停止学习的脚步，前前后后进了多家公司，甚至把一家公司的所有岗位都尝试着做了一遍。就这样一点点地积累经验。最后一次，因为与公司管理理念不合，导致她选择离职创业。公司的立场是职员不应该做与自己岗位无关的事情。她想的是自己需要全方位的发展，在公司的工作并不表示她要精于此、专于此，而是为了对这些方面有更深一步的了解，避免初次入职什么也不懂的状况再次发生，她并没有享受安逸的现状，也避免了温水煮青蛙的悲剧，这就是她为自己创造的一次次沉

淀的机会。早在她6岁的时候，家里一次失火，她并没有被突如其来的火势吓哭，而是立马跑出去找人救火。3岁看大，7岁看老，对于现在面临的种种苦难，她同样选择了勇敢面对，而不是被现实击败。

作为海归卖保险，大众都很不理解，所幸家人和她都没有对这个行业抱有任何偏见。自己面试、招聘、培训出了一个团队。当然，成为一名保险工作人员并不是她的最终目的，公司成熟的管理制度和体系都是她要学习的方面。在保质保量完成自己业绩的情况下，她把眼光放到了甲方运作机制、销售管理模式的层面上。这样的工作经验也让她对保险行业有了更深入的了解，了解了销售套路后，也给自己打了一剂预防针。在体系成熟的公司任职，对她以后经营父亲的公司起到了一定的借鉴意义，包括具体的改良措施等。

很多家族企业在二代继承人的管理上都比较严格，所以董天琼女士的有些朋友就会有点身不由己，缺乏自由。好在父亲对她的态度并不是这样，他们父女俩采取的是相互尊重的处理方式。

（2）担任浙江龙润置业有限公司总经理

正式进公司后，主要还是做房产销售，第一次是455套房子，是开盘即售罄的，在接手的半年时间里，从无人知晓的土地开始，没有任何拍卖等信息，一下子拔地而起后，各种宣传营销策略成功获得认可，最终达到回流8亿元现金。

房产销售对董天琼女士来说就是一个未知的领域，很多东西都不懂，也不知道该怎么做。相比父亲摸石过河的探索模式，她选择向周围懂的人请教、学习。在了解清楚不同人的见解后，自己大脑里也会构建一个清晰的框架，充分地调动了身边的资源。正是这种学习态度和坚持，让她在局限的认知领域有了肉眼可见的进步。在销售房产的理念中，把房子销售出去并不是她最关注的部分，在经营过程中，打造好公司形象，谋求长远发展才是重中之重。

如果不入职父亲的公司，她也可以凭自己的能力找到工作，并且发展得不错，完全可以靠自己的能力来生活。与很多二代传承一样，进公司会有很多弊端：同事怀疑自己的能力，以为自己是凭关系进公司的，再加上自身能力也不成熟，从事低端工作不太实际，高端的又没有足够的能力来做支撑。

从谈话中我了解到她对于父亲的处事方式并不是那么认同，很多时候有着自己的想法。对于父亲的公司，她最大的感受就是民营企业制度不如国有企业那么规范。监督机制、档案管理方面做得并不到位,公司的一切事务应该纸质化、电子化。团队里面原来可以规避的东西,由于制度的不规范,引发了一些不必要的麻烦。但这就是企业管理中原则性与灵活性两方面的冲突体现,民营企业如果学习国有企业处处规范,不仅会失去特色,企业也会缺乏活力,甚至会影响企业的生存。

(3) 负责浙江龙润·嘉兴希尔顿酒店筹备管理

希尔顿酒店的筹备是一个巨大的挑战,这不仅是他们公司的第一家酒店,同样也是嘉兴第一家国际五星级酒店。没有足够的后发优势,没有相应的专业人才,董天琼女士再次发挥她的管理能力进行筹建,带动嘉兴走向国际化。

又一次进入一个全新领域,标的物是一个旧楼改造项目,对接的是国际知名五星酒店管理公司,而且相对应的是各大国内国际知名顾问公司、装饰公司、安装公司、设备商等,要进行一轮轮的招标、谈判、执行协调等工作,标的额从小几十万元到大几千万元不等。酒店本身的美感来自老板的审美,酒店的质量来自老板的监管与重视。这个项目任务重、完成时间短,对有经验的人是一个挑战,作为这一领域的"小白",董天琼女士既要学习研究,又要短时间内在一个五星级酒店不成熟的地区组建一个新团队,按照最高标准完成这项任务,的确是任重而道远。

(4) 参加锻炼人毅力的活动——马拉松

相较于健身房的封闭环境,董天琼女士更加喜欢室外运动,在朋友的介绍下,她参加过马拉松运动。马拉松是最能锻炼人毅力的一项运动,坚持下去就能冲到终点;坚持不了,很可能就再也不会继续这项运动,毕竟除了体能上的考验,心理障碍同样需要克服。董天琼女士坚持每年跑马拉松。在参加上海马拉松比赛的时候,董天琼女士更是背着"浙江龙润置业"的品牌标志,以极佳的成绩跑完42.195公里的全程马拉松。

5. 后记

对董天琼女士的采访是在 2017 年 8 月上旬的一个下午,采访时间长达 3 个半小时,因为年龄差别不大,所以采访结束的时候仍然意犹未尽。我们从她的出生谈起,直到她美国留学归来,在杭州单独创业的三年多时间,她并没有急于到父亲所在的企业工作。在良好的家风熏陶下,她骨子里透露着能吃苦的品质。在杭州,她曾经在工厂的车间工作过,每天轰隆隆的噪声和油溃，都没有吓退她前进的勇气。此外，为了积累带团队的经验，提升领导力，她还卖了一年多的保险，卖过一年的鲜花定制。在我看来，虽然她的家庭条件优越，父母亲对她也是百般呵护，但是她从没养成娇惯的品性，反而很独立、能吃苦、能坚持、有担当，这既是优良家风的体现，更是浙商文化的体现。

5.2.2 文林瓯艺装饰的张春燕：善良也锋芒，温婉也自强

创始人简介

张春燕，武汉文林瓯艺装饰工程有限公司执行董事。1986年出生，汉族，湖南怀化人，大学本科，无党派人士。2008年大学毕业，2010年来到武汉，创立了自己的第一家少儿艺术培训公司。2016年，成立第二家公司。

公司地址

湖北省武汉市江汉区唐家墩路7、9、11号武汉菱角湖万达广场A3写字楼。

1. 企业概述

武汉文林瓯艺装饰工程有限公司的资产规模近300万元，员工规模为18人。

Wenlin OE 文林瓯艺（武汉文林瓯艺装饰工程有限公司），整合软装陈设艺术设计资源，专注于室内软装陈设服务领域，是武汉较早涉及此领域的专业设计服务公司之一。擅长房地产样板房、售楼处、精品酒店、会所、高品质住宅等各类空间软装设计。

企业把世界艺术美学元素融入未来的软装设计服务中，为客户挖掘商业品牌价值，实现更高品质的软装陈设服务。以前沿的设计理念和多元的渠道优势，致力于成为有高阶美学能力的全案整体软装定制综合服务商。

2. 行业背景

作为房地产市场的相关产业链，建筑材料、装饰材料的批发兼零售（依

法须经审批的项目,经相关部门审批后方可开展经营活动)的发展已经进入成熟阶段,原材料的成本已经触底,但人力资源的成本却越来越高。与此同时,伴随消费升级的影响,消费者对软装的要求也越来越高,产品的质量越来越受到关注,这会引起成本的进一步上升。

3. 创业平台

武汉市的土地面积为8494平方公里,是"百湖之市",人口1200万人。2018年,武汉市人均地区生产总值135136元。《武汉市全民创业专项资金管理办法》《武汉市市场监督管理局进一步优化营商环境工作方案》等政策的相继出台,大大提升了武汉市的营商环境。

4. 创业过程

(1) 首次创业

美术学院本科毕业的张春燕女士曾经是一名美术老师。由于自身个性不大习惯体制内的日常生活,她有了想自己做一点事情的念头。为了实现自我价值,张春燕女士毅然地走上创业这条路。2008年,她离开了家乡,来到了武汉。经过两年时间的准备和沉淀,2010年,张春燕女士终于成立了她的第一家公司。

适时,国家提倡万众创新,因此办理手续很顺利。这是一个很小的企业,也没什么特色,机构内有4名老师,主要做少儿艺术培训,涵盖书法、绘画、手工等。虽然规模小,但是张春燕女士得到许多学生家长的支持和认可,并且带着孩子们拿过多次省级、国家级的书法绘画奖项。她十年磨一剑,稳扎稳打,一步步地凭着人脉、服务质量和口碑做大公司。如今这家公司已经由当初的4个老师、资产18万元,到现在的十几个任课老师,总资产约为50万元。

(2) 二次创业

然而,仅仅做教育培训并没有充分实现自己的艺术梦想,一直想要发挥自己的极限潜能的张春燕女士没有止步于此。她决定再次创业,于是她将教育培训公司交给她的朋友经营,而她主要经营第二家公司——家居软装。两家公司分别在武昌区和汉口区,并且两家公司都在不断创新。如何创新,她认为需要多读书,除了专业书籍,还要看看哲学、历史、经济类的书籍,另外多向他人请教,在交流中碰撞出火花。

(3) 创业偶像

张春燕女士性格温和,却一直以风格干练的董明珠为创业偶像。董明珠,珠海格力电器股份有限公司董事长,全球100位最佳CEO之一。2016年《财富》全球50大最具影响力女性中排第11名,位列2017中国最杰出商界女性排行榜第一位,曾被《财富》评为亚太最具影响力的25位商界女性之一。这个在业界叱咤风云,与"格力""空调"画等号的女人,无论是做空调还是卖空调,都保持着一种极致的状态——投入巨资自主研发,自己掌握核心科技。这个被称为"营销女王"的女人,强悍与强硬一直贯穿于她的格力生涯。她是家电企业中唯一和强势渠道商国美唱对台戏的人。张春燕和董明珠的性格有着相似之处——有锋芒而且好强。董明珠原本在南京一家化工研究所做行政管理工作,她并没有被家庭变故的生活磨难所打倒。从此她戴上盔甲,一路披荆斩棘,南下寻找工作机会,而正是这件事成了她人生的转折点。1994年,在格力电器最困难的时候,她接过了经营部长一职。同年,格力电器的内部出现了严重危机,部分骨干业务员突然"集体辞职",但董明珠经受住了诱惑,坚持留在格力,最后被全票推选为公司经营部部长,并一步步带领格力,成为国内领先、世界一流的公司。正是这股执着认真的精神深深地吸引着张春燕女士。

(4) 视野与格局

因为所学专业是艺术,所以张春燕女士尽可能多地去游览世界各地的城市,发现艺术,找寻灵感。她印象最深刻的三个城市是"干净、有礼貌"的日本东京、艺术之都维也纳、时尚之都巴黎。旅程中的各种体验和不同文化的洗礼,使得她的视野和格局格外开阔。关于基于地域差异的企业家精神,张春燕女士认为,浙商从明清时代就闻名全国,精致周全;楚商,通达豁然;粤商,继承了当年南洋十三行的风骨,豪迈大气。

5. 后记

张春燕女士坦言现在的工作和生活比较幸福,尽管有时工作忙碌无暇顾及家庭,但是她会尽量抽出时间陪陪家人,节假日也会带着全家出去玩。所以,对于事业和家庭,她认为两者可以平衡。在对20~40岁女性创业者寄语中,她引用了西蒙·波伏娃的一句名言:"需要很多力量,很多傲气,或者很多爱，才能相信人的行动是有价值的。"张春燕，这个温婉直强、略带锋芒、热爱生活又崇尚自由的女人，在人生的道路上不断砥砺前行，实现着自己的社会价值。

5.3 创业服务

5.3.1 北京市京师（武汉）律师事务所的胡涛：法治思维，保障营商环境

创始人简介

　　胡涛，1973年4月出生，湖北钟祥人，中国社科院金融学在读博士，现任多层次资本市场联盟主席、北京市京师律师事务所全球合伙人、北京市京师（武汉）律师事务所主任及创始合伙人、湖北省企业国际合作协会执行会长、京师律师事务所归国华侨联合会（武汉）分会主席、武汉市武昌区政协委员、湖北省第十三届妇女代表大会代表、武汉市妇联第十三届执委、武昌区妇联兼职副主席、武汉仲裁委员会仲裁员、中国北海国际仲裁院仲裁员。2006年被评为武汉市优秀律师，2015年被工业和信息化部遴选为领军人才，2016年被武汉女企业家协会评为年度优秀会员，2018年6月27日入选武汉市名优律师库，2018年8月被评为九三学社优秀委员。胡涛曾在政府部门工作多年，2003年9月以优异的成绩通过司法考试，成为一名兼备法律与金融复合背景的执业律师。胡涛作为全国著名的金融律师，一直专注于法律与金融业务的跨界与混搭，致力于成为法律界的金融家、金融界的法律家、金融界的规则设计者、法律界的金融整合家，坚信律师必将是时代的引领者、市场的主导者。2015年，北京市京师（武汉）律师事务所成立。4年来，京师武汉已在荆楚大地司法领域声名鹊起，跨界融合，联众创新，在创业的路上，胡涛秉持"仰望星空，脚踏实地"的服务理念，正在为中国法制化进程贡献自己的一份力量。

公司地址

湖北省武汉市武昌区岳家嘴山河企业大厦 40 楼。

1. 企业概述

北京市京师（武汉）律师事务所，是运用投行思维打造的一家综合性创新型律师事务所，以客户需求为根本出发点，持续为当事人提供优质的专业服务。京师武汉现已建立先进的管理体制及专业化团队作业模式，截至 2019 年 7 月，已招募执业律师 121 名、实习律师 57 名，规模化建设初显成效，对内管理上，已成立业务指导委员会、纪律监察委员会、女律师工作委员会、人才战略委员会、青年律师发展委员会；成立近 4 年，为了追求更专业、更有深度的法律服务，京师（武汉）以企业和客户需求为中心，将核心法律服务划分为若干领域，目前已建立 32 个专业法律部门。

2. 行业背景

中国律师行业蓬勃发展，全国执业律师人数已超过 35 万人，律师事务所达 3 万多家，涨幅一直在提升。近年来我国律师工作服务能力显著增强，影响力不断提升，全国各级人大代表中律师从业者是一个很重要的群体。国内律师人数不断上涨，律师队伍不断壮大，在目前的大环境下，律师行业发展一直被看好。虽然律师行业不断壮大，但仍面临着人才短缺的情况，主要表现为老年律师数量占比增加，青年律师在发展过程中易于浮躁，部分律师事务所缺乏文化传承，青年律师没有归属感，流动性强，难以沉淀发展。

3. 创业平台

北京市京师律师事务所依托自身强大的全球网络体系、先进的管理体制以及专业化的团队作业模式，广泛采用基于大数据和移动互联网等新兴技术，不断整合各种资源，为境内外企业、机构和个人提供专业化、全方位的法律服务。

4. 创业过程

(1) 法律的制定者和执行的监督者

胡涛女士的创业有着一个漫长的铺垫过程，为了成为一个追梦人，她不惜放弃稳定的政府机关工作，一切从零开始；为了成为一名为公平正义而战的律师，没有法学背景的她先是参加律师资格考试——一场拥有顶级难度的考试，高分通过后踏入律师行业，职位也在不断努力中慢慢提升，从律师助理到专职律师，到第三年的时候担任一家律师事务所副主任，第五年的时候创办盈科武汉律师事务所。胡涛女士的成长是迅速的，她的秘书说自己当律师的时候胡总还不是律师，现在自己是胡总的下属。

法，国之权衡也，时之准绳也。法律行业是一个古老的行业，也是一个高尚的行业。当一切活动变得有秩序、有约束条件时，就会形成规则，规则演变为制度，制度系统化为法律。与法律联系最为密切的职业就是律师，律师精通法，善用法维护公民合法权益，活用法制约不合法行为。

律师是规则的制定者、实施者、实施的监督者。胡涛女士认为大众对律师的认识存在一个误区，他们并不是狭义定义中的解决纠纷的代理人，更应该是法律的制定者和执行的监督者，这是发达国家的做法，但也是中国目前正在完善建立的，还存在短暂部分缺失的。她于2011年在牛津大学做访问学者时，见识了全球顶级的律师在干什么，而中国的律师在干什么。这也让她明白自己在这个行业努力和奋斗的价值就是让中国更多的律师国际化。

胡涛女士从就业到创业，她的骨子里追求自由，并且认为律师这份工作能实现自己的财富自由和精神自由。同时她也拥有创业的创新精神，构建"法律+投行"的跨界平台，打造规模化、品牌化、专业化、国际化、电商化、投行化、互联网化"七化"平台。在没有任何先例的情况下，胡涛女士带领她的团队走了一条未知但多维的道路，成为律师界里"第一个吃螃蟹的人"。现在团队的目标就是实现投行化和互联网化，这个大的方向会让团队面临新的挑战。这也是胡涛女士选择创业的一个原因，律师是一份充满挑战的职业，遇到的案子各种各样。胡涛女士善于利用这些挑战来历练自己，让自己变得更加优秀。

（2）责任与爱

胡涛女士不止一次提到过不鼓励创业，因为这并不是一件轻松的事情，她想让那些还没下定决心的人知道其中的艰辛。但是我们也知道这些劝告只能劝走那些意志不坚定、只有三分钟热度的人，那些真正想有所作为的人还是会坚持下去。他们需具备强大的心理素质和坚强的韧性。如何变得强大而坚韧？最直接的方式就是熬过挫折和磨难，练就一个强大的内心。没有生来不惧困难的人，人只有在一次次的历练中才能慢慢成长。在创业过程中遇到的困难，胡涛女士是不愿意与人分享的，毕竟听众也无法对这些事情感同身受，也理解不了那份难处。她经历的最难阶段，母亲被诊断出患了癌症，自己组建的平台刚刚起步，正是缺人的时候。那段时间她白天维持着12个小时的工作时间，努力强颜欢笑，不让自己的负面情绪影响到其他人，晚上守在母亲的病床边。这不仅是对身体的透支，精神也备受考验。对于亲人患病自己却无能为力，那种感受才是最痛苦的，撑过她走完那段岁月的就是"责任与爱"。她对平台的爱，家人对她的爱，才让她没有被生活击败。

胡涛女士心系社会责任。平台经常组织社会活动。比如，2019年6月28日，律师所"未雨绸缪，远见卓识——《企业法律风险解读：陷阱66例》新书研讨会"在北京市京师（武汉）会议室成功召开。本次活动由多层次资本市场联盟·北京市京师（武汉）律师事务所、多盟财富管理中心联合武汉女企业家协会共同举办。

（3）行动与坚持

胡涛女士从身边的例子中总结道：女性创业是很难的，但如果她迈出了选择的一步，那么她便会更容易成功。她们有梦想作为驱动力，有足够的胆量和能量，更加具有作为创业者的禀赋。在胡涛女士看来，这一禀赋可以用三个词来概括：梦想、行动与坚持。正是凭着追求梦想的态度，她才放弃了原来按部就班的工作，踏入了律师这个行业。有了这份追求，才有了为行业做出贡献、为社会创造价值的想法。梦想是第一步，接下来就是行动力，光是行动力强不足以成功，还需要有一个正确的方向做导向。胡涛女士认为具备了前面的两项就可以做一名职场人士了，但作为创业者还要具有一种品质——坚持的力量。对于创业者来说，挫折是常事，如果连直面失败的勇气都没有，就不可能成为一名真正的创业者。

（4）健康与发展

家人唯一反对她创业的理由并不是担心她会在创业这条道路上失败，闯荡的结果会不尽如人意，而是最简单的，也是最容易被广大创业者忽略的身体健康问题。很多创业者都会存在一些显性或者隐性的疾病，这是多年打拼操劳工作的结果。由于没有合理调节生活和工作，不注重锻炼身体，胡涛女士的前几任助理都病倒了。胡涛女士对于这点有着十分清晰的认识，健康的体魄才是保证创业的首要因素。她会选择自己喜欢的运动来进行锻炼，比如游泳、跑步和打球。所有的这些准备活动都是为了适应高强度的创业工作。不仅自身自律，同时胡涛女士也会关注下属的身体状况，经常带团队到东湖去徒步健走，督促他们不要加班太晚，早点休息，等等。

5. 后记

2018年6月底的一个下午，我们如约来到东湖之滨的山河企业大厦40层，站在硕大的玻璃窗前，视野宽阔，心境明朗。胡涛女士坦言，一个人的时间和精力有限，很难在事业和家庭之间取得平衡。在她创业初期，母亲得了重病卧床在家。她只能选择透支自己的身体，白天12个小时应对各项公务，晚上回家照顾病床上的母亲。母亲病逝以后，她曾经写过纪念母亲的一篇文章：春风十里不如你。在最艰难的岁月里，是责任和爱支撑着她走了过来。这种爱与责任让人不能懈怠，要一直往前走。胡涛女士非常繁忙，在采访期间不断有人找她处理各项公务。胡涛女士更是坦言，这个采访她完全可以拒绝，但是她觉得应该让更多的创业者知道不要轻易选择创业，要让他们知道创业的艰辛。但同时要鼓励他们，如果一旦选择创业，就不要轻言放弃，要坚持。著名女企业家梁凤仪曾说："生命对于无悔于心的女人，永远漂亮。"短发的、干练的胡涛女士，同样美丽动人。

一年以后，2019年6月底的一个下午，当我采访湖北省阳光慈善物资中心理事长董玉霞女士时，董玉霞女士也提到，女性企业家除了自身能力的提升以外，还需要掌握三大知识：懂政治，懂市场，懂法律。法律是女企业家必须掌握的知识。可见，胡涛女士和她的团队所做出的努力和工作是多么的重要。

5.3.2 蒲公英孵化器的吴晓梅：顺融资本，全产业链创投服务

创始人背景

吴晓梅，蒲公英孵化器创始人、顺融资本合伙人。1984年6月出生，江苏南通人，现居住在江苏苏州。2005年在南京师范大学毕业后，前往苏州攻读苏州大学MBA，并在苏州工作至今。2010年进入创业投资行

业，2014年下半年创办了顺融资本和蒲公英孵化器，专注于TMT❶行业的股权投资和创业服务。同时吴晓梅还兼任民革苏州园区三支部副主委、苏州市众创空间协会会长、苏州大学MBA校友会副会长。

公司地址

江苏省苏州市工业园区星湖街328号创意产业园。

1. 企业概述

蒲公英孵化器成立于2014年，是依托顺融资本设立的专业型投资驱动孵化加速器，核心管理团队来自元禾控股和阿里巴巴，具有丰富的股权投资和创业孵化经验。通过与地方政府、龙头企业、上市公司、高校院所紧密合作，蒲公英孵化器和顺融资本紧抓"长三角一体化"这一国家级战略机遇，深耕苏州辐射长江经济带，打造了从孵化到加速的全生命周期创业服务闭环。

2. 行业背景

蒲公英孵化器为初创企业提供创业孵化服务，自2015年国务院常务会议正式提出"大众创业、万众创新"战略以来，全国创新创业热情高涨。2016—2018年，我国创孵机构数量从7553家增加到11808家，年均增速超20%。其中在孵企业、服务企业和团队人数达到62万人，累计毕业企业13.9万家，培育上市挂牌企业3600余家，其中境内外上市306家，总市值达到3.3万亿元。就业方面，孵化器和众创空间为社会解决了390万人的就业，其中吸纳大学毕业生已经超过46万人。

顺融资本为科技创新企业提供股权投资，中国创投行业历经近30年的发展，目前已有1.3万家投资机构，13.7万登记从业人员，累计管理8.7万亿元规模资本，是全球第二大股权投资市场，创投机构在推进中国经济的转型过程中发挥着重要作用。

3. 创业平台

蒲公英孵化器和顺融资本位于苏州工业园区。苏州工业园区成立于1994

---

❶ TMT：Technology, Media, Telecom。即（互联网）科技、媒体、通信。

年,是我国同新加坡两国政府间的重要合作项目,被誉为"中国改革开放的重要窗口",苏州工业园区率先开展开放创新综合试验,成为全国首个开展开放创新综合试验区域。苏州工业园的发展历经了三个阶段,1994年到2000年是奠定基础的第一阶段,2001年到2013年是跨越式发展的第二阶段,2014年至今是高质量发展的第三阶段。2016—2018年,苏州工业园区连续三年位列商务部公布的国家级经开区综合考评第一,并跻身世界一流高科技园区行列。2018年,苏州工业园区共实现地区生产总值2570亿元。

4. 创业过程

(1) 创业的动机

吴晓梅女士研究生毕业后,在2010年进入了苏州一家国有创投公司元禾控股(前身是苏州创投集团),元禾控股是国内最早一批国有创投公司之一,累计管理基金规模数百亿元,吴晓梅女士所在的部门专门负责天使和VC阶段项目的股权投资业务。在元禾控股期间,吴晓梅女士和她的同事共同参与了多个项目的股权投资,其中有多个企业如今已经成长为独角兽和上市公司,如同程旅游、齐家网、旭创科技、神州高铁、东软载波等。

2013年移动互联网进入了高速发展阶段,吴晓梅女士和她的同事们十分清楚移动互联网是天使投资不可错过的投资赛道。然而在国有企业谨慎保守的投资风格和机制约束下,很多项目都无法做到快速决策。2014年他们果断地做出了离开国有企业的决定,开启了创业之路。尽管创投行业的创业门槛非常高,创业艰难,但吴晓梅女士和她的合伙人毅然决定放手一搏。在多年的创业投资过程中,吴晓梅女士接触了大量的创业者,他们之中虽然有一些达不到投资的门槛要求,但不乏非常优秀和努力的创业者,他们需要得到支持和帮助,于是吴晓梅女士在创办顺融资本的同时又创立了蒲公英孵化器,专门为创业者提供孵化服务。

(2) 阶段性成果

创业近5年的时间,凭借扎实的创业服务和显著的孵化成果,蒲公英孵化器先后获得《中国企业家》评选的"中国最受欢迎孵化器TOP10"、《中国孵化器》评选的"中国最佳创业服务奖"、《融资中国》评选的"中国十佳孵化器"等多个行业内的殊荣,并于2019年当选苏州市众创空间协会会长单位。蒲公英立足苏州辐射长江经济带,目前已在全国落地16个孵化器和加速器，累计孵化面积超 8 万平方米。每一个蒲公英站点都有结合当地产业特色的孵化方向，也都会有产业背景的龙头企业和蒲公英合作共建孵化器，目前已有 2 家世界 500 强企业、6 家上市公司、2 家高校院所成为蒲公英战略合作伙伴。

顺融资本目前管理基金规模超 10 亿元，已投资企业超过 80 家，多家企业已经达到上市条件。顺融资本也先后荣获投中信息"中国最佳早期创业投资机构 TOP28"、猎云网"最佳天使投资机构"、B2B 内参"中国 B2B 领域投资机构 30 强"等多个荣誉。顺融资本为创业项目提供商业模式辅导、股权架构设计、股权投资、投后管理、上市辅导等多类金融板块服务，助推企业快速成长。

(3) 市场研判

创业圈有句流传较广的金句："站在风口上，猪都能飞起来。"这恰恰说明了对创业者来说，在对的时机从事对的领域就会有更高的胜算。现在看来，吴晓梅女士从 2014 年以来所孵化投资的领域都是通过对行业、市场和技术进行了严谨分析和研判所做出的决定。

早在 2015 年，吴晓梅女士在苏州主办了一场 500 人的活动——ChinaB2B 峰会，在会上首次提出了产业互联网的理念，建议苏州的互联网创业者将创业方向从消费互联网转至产业互联网，将传统产业通过运营大数据、云计算、智能终端等技术，提升行业效率和服务能力，是传统产业实现转型升级的重要路径之一。也是在那年，顺融资本和蒲公英孵化器投资孵化了工品一号和工品汇两个项目，首先从工业品这个赛道进行了产业互联网项目的培育。工品一号是紧固件 B2B 电商平台，它的前身是苏州一家非常传统的螺丝生产厂，螺丝是工业发展必不可少的零部件，然而受困于线下销售的单一模式，利润极低。吴晓梅女士和她的团队帮助该创业者不断梳理商业模式，对接互联网运营人才和技术人才，工品一号现已成长为五金零部件供应链领域的头部平台，成立 3 年销售额达到 7 亿元。工品汇是专业提供 MRO 工业品一站式采购服务平台，创始人是苏州一家传统的 MRO 贸易商，通过吴晓梅女士和她的团队的培育和投资扶持，工品汇在 2018 年交易额超过 20 亿元，并先后获得 4 亿元的后续股权投资，2018 年获得京东战略投资 2 亿元并将工品汇作为京东工业品电商的唯一入口。

成功的投资经历更加让吴晓梅女士认识到把握时机、保持敏锐的市场嗅觉的重要性,因此她的团队始终保持着对知识的持续学习、对行业的不断深挖。

(4) 企业文化

蒲公英孵化器和顺融资本的企业文化是典型的家文化,崇尚的是合伙人精神,公司的价值观是"简单向上、努力工作、与人为善、遵守承诺"。在企业面临困难和挑战的时候,公司价值观往往成为大家的指引方向和行为准则。在公司里很少听到员工称呼吴晓梅女士为吴总,大家总喜欢叫她晓梅姐,而她也总像个大姐姐一样关心和照顾着大家。

蒲公英是所有员工和创业者所热爱的家。走进蒲公英的办公室,映入眼帘的是一片绿植墙,墙上飘着白色的蒲公英花瓣标志,办公室十分明亮、时尚、有活力。在蒲公英孵化器里,追梦的创业者们也更习惯把蒲公英看作自己的家,这里不仅有舒适的办公空间,还有创业咖啡、健身房、多功能会议室和休闲区,更有着各种各样丰富多彩的创业活动和创业培训。每个月吴晓梅女士会组织一次蒲公英 family day,有时候是一场头脑风暴,有时候是一场酣畅淋漓的户外运动。

5. 后记

感谢方莉女士卓有成效的推荐,得以联系上吴晓梅女士。也感谢吴晓梅女士提供的翔实的资料,逻辑清晰,文字简明。

作为一家创业服务机构,同时更是一家创业企业,在创造经济价值的同时更要注重创造社会价值,持续不断地培育和服务具有自主创新能力的科技创新企业,让它们成长为国内甚至国际上的技术领军企业。吴晓梅也将带领蒲公英孵化器和顺融资本团队沿着创新创业服务的道路越走越扎实。

5.3.3 光谷创业咖啡的宣洁:从光谷到硅谷,产学研的深度融合

创 始 人 简 介

宣洁,光谷创业咖啡执行总经理。生于 1970 年 1 月,湖北武汉人。湖北大学 1987 级外语系学生,北京航空航天大学 1998 级首届 MBA。湖北省发明协会第五届理事会会长、中国民主建国会武汉市第十四届委员会委员、武汉大学创投联盟秘书长、武汉市 2017 江岸区招才大使、光谷

3551第七批高端人才、武汉市"三八红旗手标兵"。

公司地址

湖北省武汉市洪山区珞喻东路特一号森林公园。

1. 企业概述

光谷创业咖啡成立于2010年10月,是小米手机创始人雷军和光谷软件董事长李儒雄共同投资创办的创新型众创服务平台,雷军任董事长,李儒雄任总经理,宣洁任执行总经理。公司的愿景是"培育打造天使投资生态环境,成为创业经济的发动机"。公司的定位是"打造创业者和投资者的交流平台、创业培训、创新孵化、天使投资四位一体平台"。公司的目标是"迅速孵化成长一批未来市值10亿美元以上的创业标杆项目;给本地创业带来示范效应,成为中国最领先的创投平台,世界知名的创业基地"。

2. 行业背景

《关于推动创新创业高质量发展打造"双创"升级版的意见》指出,打造"双创"升级版,推动创新创业高质量发展,有利于进一步增强创业带动就业能力,有利于提升科技创新和产业发展活力,有利于创造优质供给和扩大有效需求,对增强经济发展内生动力具有重要意义。

3. 创业平台

一是小米生态链孵化器。小米科技成立于2010年4月,是一家以手机、智能硬件和IoT平台(Internet of Things,物联网)为核心的互联网公司。小米生态链孵化器启动于2013年,其成长逻辑是服务于企业生态的智能硬件孵化平台,有助于光谷创业咖啡在创业者的创业方向、创业技术和市场营销起到关键性作用。

二是顺为资本。顺为资本成立于2012年3月,重点关注移动互联网、"互联网+"、智能硬件、智能制造、深科技、农村互联网等领域与其他行业结合所带来的变革。光谷创业咖啡负责运营的"长江天使汇"(武汉首个天使投资人协会)、"成都菁蓉汇"等组织,深度融合顺为资本、同创伟业、IDG等300家天使投资机构,与北京、上海、深圳、广州、杭州等城市著名大企业深度合作，有助于光谷创业咖啡对创业者进行金融资本层面的深度创辅。

4. 创业过程

（1）北京的十年创业

1987年，宣洁女士进入湖北大学外语系读书。大学期间，她和室友去批发市场批发零食，开"寝室超市"，成就了她第一次带有启蒙意义的创业，为她今后的创业奠定了思维基础。

1991年，宣洁女士从湖北大学外语系毕业。做了3年教师以后，随丈夫李儒雄一起到北京创业。在北京做了10余年的销售总监和总经理，在此期间，克服各种困难，完成了在北京航空航天大学MBA的学业，积累了丰富的创业实战经验，构建了扎实的创业理论体系。

2013年，雷军和李儒雄联合成立光谷创业咖啡，宣洁女士从北京回到武汉，作为光谷咖啡馆的女掌门，担任执行总经理。

（2）"青桐汇"：链接校园创业的品牌

"光谷·青桐汇"创办于2013年年底，是由武汉市政府主办，光谷创业咖啡承办，为大学生创业者搭建的创业平台。"天天有咖啡，周周有路演，月月青桐汇"，"有梦，追梦，圆梦"，"光谷·青桐汇"与各大高校深度合作，举办路演，引进投资人资源，既为大学生创业者开拓思路，也为他们提供融资服务。截止到2018年，光谷创业咖啡共举办路演80余场，路演项目1200余个，融资成功项目120余个，融资金额近30亿元，培育出了"卷皮网""斑马快跑"等独角兽项目。

经过多年发展，光谷创业咖啡先后获批为武汉大学生创业基地（武汉市人力资源和社会保障局）、湖北省大学生创业孵化示范基地（湖北省人力资源和社会保障厅）、武汉市大学生实习实训见习基地（武汉市人力资源和社会保障局）。

（3）全国孵化网络：从光谷到全国

除了"青桐汇"，光谷创业咖啡在成都发起"菁蓉汇"、在陕西省发起"西源汇"，以及"北上广深"路演、科技成果转化项目路演、创业门诊、天使有约等双创活动。

截至2018年，光谷创业咖啡已经覆盖武汉、成都、杭州、西安、延安、合肥、海口、长沙、襄阳、仙桃共10个城市，在全国建立了27个创新孵化器。超1000家创业企业同时入驻孵化，超10万平方米孵化面积，累计服务创业者20余万人，成功融资项目300余个，累计融资金额超25亿元。

经过多年发展，光谷创业咖啡先后被认定为省级科技企业孵化器（湖北省科技厅）、武汉市优秀科技企业孵化器（武汉市科技局）、国家级众创空间（国家科技部火炬中心）、湖北省众创空间（湖北省科技厅）、省级小型微型企业创业示范基地（湖北省经信委）、国家小型微型企业创业创新示范基地（工业和信息化部）、湖北省知识产权双创示范基地（湖北省知识产权局）、2017年度瞪羚企业（武汉东湖新技术开发区管委会）、全国创业孵化示范基地（人力资源和社会保障部）。

（4）双创大赛：光谷创业咖啡的多维立体发展

在全国范围内，光谷创业咖啡承办了多场创新创业方面的比赛。包括：从2016年开始，连续3年举办GAIS全球天使投资峰会；从2014年开始，连续4年承办全国"大众创业万众创新"活动周湖北会场启动仪式及相关活动；从2013年开始，连续5年承办华创会"华创杯"创新创业大赛；从2013年开始，连续6年参与（承办/协办）中国创新创业大赛制造业全国总决赛、湖北赛区行业赛等。

此外，光谷创业咖啡还承办了"中国光谷3551"国际创业大赛、"工友杯"职工创新创业大赛、"创客中国"创新创业大赛湖北赛区、"小爱杯"人工智能国际创业大赛等大型双创比赛。

5. 后记

第一次感受到光谷创业咖啡的强大能量，是我受中国MBA联盟华中MBA联合会副主席、武汉大学MBA联合会副主席孙呐的邀请，于2015年10月17日在光谷资本大厦参加由中共武汉市委委员会主办、武汉市委组织部承办、光谷创业咖啡协办的"武汉'城市合伙人'计划·天使投资人论坛"。在这次论坛上，美国硅谷投资人劳伦特·勒庞、我国台湾天使投资人陈仁斌、PPTV创始人陶闯博士、复旦大学中国风险投资研究中心詹鹏鹏博士等做了主题演讲，分享投资经验，并对武汉的投融资环境、创业环境做出精要的分析。尤其是光谷创业咖啡总经理李儒雄先生分享的关于美国硅谷和斯坦福大学的各种创业要素的集聚分析，让在座的学习者受益匪浅。也正是从这一天开始，我萌生了一个想法，我要以一个观察者、记录者和研究者的身份，用我的眼、我的手和我的心,去深切体会"双创"在光谷的萌芽与发展,去真实记录"光谷人"在这片土地上成长的故事。

从光谷创业咖啡成立到现在,宣洁女士每天非常繁忙,不是在总店,就是在 20 余个城市的分店跑来跑去。但是在百忙之中,她也会坚持看书,坚持锻炼。优雅创业,背后付出的是超出常人的努力和艰辛。她曾经说过这样一句话,每天忙到说累的时间都没有,依然在马不停蹄地往前奔跑。李儒雄先生是宣洁女士的丈夫,"二人同心,其利断金"。现在的她没有生存压力,家庭也很幸福,但是她依然在努力奔跑,这就是企业家精神的责任与担当。

5.3.4　创业红娘公益服务中心的刘玉:从创新到创业,生生不息

创始人简介

刘玉,生于 1957 年 5 月,山西省平陆县人。华中科技大学电信学院教授,Dian 团队创始人,创业红娘公益服务中心理事长,点石创校校长,武汉点石创新创业项目评估有限公司董事长,武汉史前创业服务合伙企业(有限合伙)董事长。曾荣登"中国好人榜",先后获得"武汉市三八红旗手标兵""荆楚楷模""感动江城年度人物""长江日报年度人物",以及湖北省高教系统"三育人奖"、湖北省"五一劳动奖章""全国师德先进个人"等荣誉。

公司地址

华中科技大学东校区启明学院。

1. 中心概述

2015 年 3 月,刘玉老师成立了"创业红娘工作室"。2016 年 1 月,在武汉市民政局正式注册为"武汉市洪山区创业红娘公益服务中心",义务为创业项目与投资机构牵线搭桥。

2. 行业背景

2014 年 9 月,李克强总理在夏季达沃斯论坛上发出"大众创业、万众创新"的号召。《关于大力推进大众创业万众创新若干政策措施的意见》(国发

〔2015〕32号文件）进一步提出要改革完善相关体制机制，构建普惠性政策扶持体系，推动资金链引导创业创新链、创业创新链支持产业链、产业链带动就业链。

3. 平台背景

华中科技大学是国家教育部直属重点综合性大学，是国家"211工程"重点建设和"985工程"建设高校之一，是首批"双一流"建设高校。拥有哲学、经济学、法学、教育学、文学、理学、工学、医学、管理学、艺术学10大学科门类，其中机械工程、光学工程、生物医学工程、公共卫生与预防医学等学科进入教育部第四轮学科评估中的A+类学科行列。

4. 创业过程

（1）Dian团队

Dian团队全称是"基于导师制的本科人才孵化站"，由刘玉教授于2002年3月创建，旨在通过真实项目实践培养学生的创新能力、实践精神和综合素质。经过17年的发展，Dian团队制定了一系列管理指南并予以实施，尤其是对已经毕业离校的队员也持续跟踪培养，先后成立了北京分站、长三角分站、华中分站、珠三角分站、海外分站、西南分站和杭州分站等网络性区域组织。2012年，Dian团队举行10周年团庆，《点亮未来——一个学生团队的十年》一书由华中科技大学出版社出版。截至2019年，团队正式队员665人，毕业以后大多进入腾讯、华为、阿里巴巴、百度等公司，团队成员累计创立了50多家创业公司，其中，已出现2家独角兽，有4人荣登福布斯中国"30位新锐创业者"榜单。

（2）创业红娘相亲会

2014年年底，随着"创新创业"浪潮的迅速涌起，刘玉老师和Dian团队也越来越被投资人和其他创业者关注。为了让创业者和投资者能够更快速地配对，刘玉老师觉得应当有组织、有计划地处理好这类需求，因此"创业红娘相亲会"应运而生。

2015年3月开始启动"创业红娘相亲会"，义务为优秀创业项目与投资机构牵线搭桥，创业项目的甄选范围不限于华中科技大学的在校大学生，还囊括了全社会的创新创业者，不分地域、不分年龄、不分学校、不分学历，每期创业相亲会都由刘玉老师亲自遴选10个以上的项目参会，与此同时，邀请至少10家以上的投资机构（其中至少有5家外地投资机构），这样对于创投双方都是1∶10的高效对接❶。活动每月举办一次，通常安排在最后一周的周六。上午安排投资人与创业者在不同房间进行车轮战私密会谈，下午是项目路演和往期项目签约等公开内容（一般分为红娘说、大咖谈、姻缘签、三甲秀和对对碰等版块）。

2015年3月到2019年3月，"创业红娘相亲会"共推荐了450个项目。刘玉老师指出，这450个项目的四年期死亡率仅为21%。美国《财富》周刊指出，世界500强企业的寿命多为40~50年。欧洲和日本的公司的平均生命周期为12.5年（Arie de Geus, 1997），中国企业平均寿命为6~8年（国家统计局"中国企业寿命测算方法及实证研究"课题组，2008），中国民营企业平均寿命仅为3年半（慧聪国际资讯小组，2005）。可见，红娘会遴选项目的存活率明显高于中国民营企业的平均寿命。

(3) 点石创校

点石创校的起源是刘玉老师在华中科技大学开设的一门公选课"创业素养及能力提升"，但课程目标定位较高，为未来创业之星提供"微量元素"；课程特色明显：①三优师资，100位投资家、100位企业家、100位创业家；②三零接触，零距离接触创业者、投资人、企业家；③招生广泛，不仅全校在读本硕博学生，不分专业、不分年级、不分性别都可以报名，甚至武汉市各高校的学子都可以报名，但要经过笔试、面试和压力测试等多轮选拔，最终只录取30人左右。这已经远远超过一门校内公选课的范围，因此刘玉老师起名为"点石创校"。

点石创校从2017年3月第一期招生，每年授课2期，至今已经举办5期，有150名学员结业。学员们反映，点石创校与一般课程或培训班最大的不同是，配有大量的实践环节，每个月都要为来自全国各地的创业者一对一服务，陪同创业者见多家投资机构，还要帮助创业者打磨商业计划书，修改宣传视频，每位学员还有至少一次去北上广深等一线城市协办创业相亲会的机会。这些鲜活的经历是任何课本知识无法替代的。对于他们正确理解创业的商业

---

❶ 人民网专访"创业红娘"刘玉：如何做到人靠谱、事落实、有情怀，http://hb.people.com.cn/n2/2016/0115/c337099-27552249.html。

本质、认清自己的特点和差距，具有极大的帮助作用。刘玉老师的愿景是把点石创校办成培养十年后 CEO 的"黄埔军校"。

5. 后记

2016 年 1 月 31 日，我第一次参加 Dian 团队的年终茶话会。还未走近启明学院的门口，就已经感受到浓郁的热情洋溢的欢乐气氛，一楼 LED 显示屏闪耀着红彤彤的"欢迎参加 Dian 团队年终茶话会"。我顺着亮胜楼大门口站位迎宾的 Dian 团队小伙伴的指引来到报告厅，身着 Dian 团队队服的精气神十足的刘玉老师在报告厅微笑着和各位嘉宾老师打招呼。在签到处为每一位到场的嘉宾、朋友和师生准备了旺旺大礼包、节目单以及文化大餐：Dian 团队当年年鉴。走进会场，会务组竟然为每一位到场的老师准备了台签，这让我瞬间想起了火遍朋友圈的"尊重他人的最高境界"，作为一名默默无闻的"青椒"（高校青年教师的简称），我参加过大大小小无数次会议，那时只有在北京大学和清华大学参加学术会议的时候才有带姓名的台签，可见会务组的工作人员多么细致。这也再一次印证了刘玉老师常常告诫 Dian 团队的话："态度决定一切。"

茶话会的节目非常精彩。每一个节目都是 Dian 团队的"技术男"自编自导自演创造的奇迹，每一句歌词、每一个台词、每一个舞蹈后面的屏幕以及演员们举手投足之间，都融入了 Dian 团队的文化气息。诚如每一位华科学子把对学校的热爱融入数字 1037（华中科技大学位于珞喻路 1037 号）里面一样，每一个来自 Dian 团队的小伙伴都痴心于 Dian 这个集体。这既是 Dian 团队的凝聚力所在，也是刘玉老师的魅力和领导力所在。

从 Dian 团队到创业红娘公益服务，"人靠谱、事落实、有情怀"是每一位接触过刘玉老师的人对她的真实评价。和刘玉老师在一起，以她为原点画圆，只要她的声音能到达的地方，你就会忘记年龄，忘记身份，忘记性别，忘我地投入，追寻梦想。

5.4 教育服务

5.4.1 红砖文化传播的刘冬梅：剑桥教育与深圳发展的链接者

创始人简介

刘冬梅，深圳红砖文化传播有限公司创始人。1984年12月出生，深圳人，硕士研究生毕业。2013年创办"红砖海外英语"。

公司地址

广东省深圳市蛇口海上世界A区3栋。

1. 行业背景

（1）现行市场需求

随着时代的发展进步，以及我国迈向国际化步伐的加快，英语作为一门国际通用语言已经越来越受到人们的重视。我国的英语培训市场前景广阔、市场潜力巨大。我国目前的英语培训机构参差不齐，数量众多，但形成品牌和连锁经营的并不多，缺乏品牌优势。

（2）替代品的威胁

英语培训的替代品是人们能够选择的替代培训机构的新的英语学习方式。在目前条件下，这些新的学习方式主要有多媒体学习软件和在线英语培训。这两种学习方式以其价廉、方便等特点吸引了大批的学习者。互联网的迅速普及和网民的增加促进了多媒体学习软件和在线英语学习的产生。这两种培训形式可以让用户直接通过网络随时随地学习英语，学习时间的灵活性以及低廉的价格满足了不同群体的需求。在线英语学习的迅速发展在一定程度上冲击了线下英语培训机构的发展。

2. 创业平台

深圳是中国四大一线城市之一，总面积1997.47平方千米，常住人口1302.66万人。《粤港澳大湾区发展规划纲要》提出发挥深圳作为经济特区、全国性经济中心城市和国家创新型城市的引领作用,加快建成现代化国际化城市。深圳市政府工作报告提出,深入落实"营商环境改革20条",2019年力争营商环境达到全球前30强水平。

3. 创业过程

(1) 创业动机

刘冬梅女士最早于2013年开始创业,创办了"红砖海外英语",并成为英国剑桥教育集团在中国内地的官方合作机构,同时成为新华社英文小记者选拔单位。红砖海外英语是公司制企业,主要业务是为7~17岁的中小学生提供英文原著阅读和学术英语的教育工作。

刘冬梅女士在2013年创业之前,主要是在大学任职老师,在某知名的英语培训连锁机构担任教学部主管。刘冬梅女士本身就热衷于英语教学,加上自己之前在大学任教以及在英语培训机构教学主管的从业经历,再加上培训业市场发展混乱,发展不规范,进入门槛很低,刘冬梅女士对于市面上大多数重营销轻原创的培训机构不是很认可,于是就有了创办一家专业的高品质的英语培训机构的想法。

(2) 创业困难

在这一点上,刘冬梅女士特别强调了在创业初期没有遇到很大的困难,深圳的整体营商环境很好,对政府政策很满意。创业初期,公司有4名员工,投入了50万元资金,已经持续经营6年,公司规模扩大,目前有全职员工14人、兼职人员35人,经营状况良好。第一笔启动资金是父母资助的,第一笔业务是朋友介绍的,当时创业得到了家人和朋友的大力支持。

刘冬梅女士谈到在创业中期遇到的最大的困难是内部合作伙伴没有信心坚持下去;在最困难的时候,联合创始人退出。当时刘冬梅女士处在怀孕期间,处境很困难,后来她咬牙坚持,克服困难,解决难题,最终让红砖文化传播有限公司走上了正轨。

(3) 公司未来发展

关于公司未来发展,刘冬梅女士谈到,创新是第一驱动力,发展是第一要务,企业要发展就要有创新。红砖海外英语要在未来发展得更好,就必须创新,找到新的企业发展模式,拓宽企业发展业务,与时俱进。在课程体系上联合了剑桥大学合作研发课程体系,打造更加专业、优质的课程。

（4）家庭责任

对于家庭，刘冬梅女士坦言，女企业家是能够平衡好事业和家庭的关系的，拥有成功的事业是为了让家庭更好。刘冬梅女士也提到，自己每周会有家庭日，全家一起聚餐出游，全家人聚在一起。创业并不会影响到家庭关系，反而更有利于促进家庭关系的和睦，使家庭关系更有保障。

4. 后记

刘冬梅女士坦言，自己是一个率性而为的人，对女性而言，任何时候，学习力都是女人最好的化妆品，终生学习是一件浪漫的事，只有学习才使自己的人生更加深刻，使自己对这个世界看得更加完整，正所谓腹有诗书气自华。

刘冬梅女士是一位独立、智慧而又有魅力的现代知识女性，对于浙商、楚商和粤商的认识，刘冬梅女士也有她独特的见解，她谈到浙商做事扎实，特别能吃苦，能够从基层做起。楚商十分精明。粤商放眼世界，海外经历丰富，这也许跟粤商所处的生活环境有很大的关系，地处沿海，思想文化更加开放，文化塑造人性。刘冬梅女士去过世界各地很多城市，她印象最深的三个城市分别是深圳、伦敦、桐城。她坦言，深圳是她长大的地方，在深圳居住超过了20年，非常喜欢这座城市，开放、包容、创新是深圳最大的特点。而伦敦是她成长、成熟的地方，对她的人生有重大意义。桐城是培养她先生的地方，她的丈夫就是她的偶像，她的丈夫出身贫寒，经历坎坷，但是靠着自己不屈的意志，实现了人生的逆袭，所以她对桐城有很深的情结。

5.4.2 鱼与渔托管中心的赵莉莉：从上海到银川的梦想追随者

创始人简介

赵莉莉，鱼与渔校外托管中心创始人。1984年6月出生，宁夏银川人，现居住在宁夏银川。2002—2006年在上海读大学，大学期间多次参加社会实践。大学毕业以后，留在上海工作6年，期间主要从事银行业工作，后两年时间里尝试过创业，未果。2010年末回银川，进入一家国企工作。2016年末辞职照顾孩子。2017年在亲戚的协助下，开办静伊小饭桌，招生规模约为30人。随后，在宁夏银川注册创立了鱼与渔校外托管中心。

公司地址

宁夏回族自治区银川市金凤凰区凤台路 620 号。

1. 企业概述

鱼与渔托管中心的注册资本为 40 万元人民币，目前的场地面积是 300 平方米，招生规模为 40 名，合伙人及员工 7 人，计划未来两年内招生人数达到 80 余名，未来四年进一步扩展业务与门店规模。

2. 行业背景

校外托管中心属于教育服务业，此行业近些年的蓬勃发展和我国长期、持续增长的经济有直接的关系。2010 年我国人均收入为 2800 美元，而到 2018 年我国人均收入迈向了 5000 美元的关口，有望在未来十年步入 1 万美元大关。那么在国内人均收入的逐步增高，侧面反映了我国人均消费能力的提升与追求高质量生活的需要。而这些消费与质量的提升率最先体现在家庭子女的教育上，因为孩子的未来对于任何一个家庭而言都是头等大事，只要孩子能受到良好的教育，获得各方面的提升，家长是舍得投资的。截至 2017 年 12 月底，我国教育市场总规模超过 9 万亿元人民币，并且以每年双位数的增长率持续增加。在体量如此之大、增长率如此之高的背景下，教育行业的周边延伸配套产品可获得较好的经济效益。

3. 创业平台

随着社会的快速发展，我国双职工家庭所占比例不断增大，且工作时间长，加班次数多，已经成为我国诸多家庭面临的普遍问题。往往是父母的上班时间和孩子上学同时，比孩子放学时间晚几个小时下班，那么如何接送孩子上下学便成为困扰现代年轻父母的关键难题。鱼与渔校外托管中心的设立便是为了解决这一社会核心痛点，旨在为广大父母提供一个延迟接孩子放学回家的时间，为其提供安全放心的空间，更是为孩子们提供一个校外的家，能够有更多时间和同龄孩子一起玩耍，度过一个完整、完美的金色童年。

4. 创业过程

(1) 创业动机

赵莉莉女士的父亲是一名退伍军人，且受到下海创业浪潮的影响成为一名草根创业者。母亲是一位下岗工人,从小陪伴她成长。从小生活在创业家庭中的她,长期受到身为企业家父亲的影响,她从儿时便知道创业的艰辛与处理人际关系的复杂。由于银川属于三线城市,发展机遇较小,营商环境较差,如同井底之蛙的她渴望去探求这个世界的繁华与机遇,期望有一天能成为和父亲一样优秀的企业家。终于在2002年,她通过自己的努力考上了上海的学校,也正是在这一年踏上了离开家、独自一人去繁华都市闯荡之路。大学毕业之时,她毅然决然地选择留在上海,留在这个充满梦的地方,因为她认为这个地方充满了活力与机遇,只有在这里才能创造出属于自己的一片天,这一待便是6年。

有一腔热情是好的,但过程是艰辛、残酷的,更何况是一个在大城市没有任何依靠的女性。在现实面前她选择了妥协,放下所有的一切返回家乡,进入了一家国企,开始了平淡的生活。2011年的一天,一个小生命的出现,为这个家庭增加了新的生机活力,和所有新生儿母亲一样,她希望把这个世界上最好的东西全部赋予自己的孩子,陪着孩子一天天长大,从幼儿园到小学。家庭的一些原因使得每天接送孩子上下学成了让全家人烦恼的问题,看着孩子每天要和自己一样早起晚归,身为母亲的她心里很不是滋味。日复一日干着同样工作的她,一直在思考一个问题:"这就是我要的生活吗?一直这么平庸下去,孩子还不能受到良好的照顾,我到底是为了什么呢?"这样的问题一次次使她陷入思想的旋涡不能自拔。看着家庭因为孩子忙得团团转,她想势必该有人做出牺牲了,她毅然决然地提出辞职,在家庭的鼓励下她选择创业。由于事物具有普遍性,自己家发生的问题一定也是诸多家庭所面临的问题,在上海的长期生活使她率先看到了教育业未来的发展,从照顾孩子的角度出发,她选择了教育服务业中的校外托管培训中心,一方面能更多地陪伴孩子,让孩子能够更好、更轻松地学习,另一方面也能施展自己的拳脚,在这片领域实现儿时成为企业家、为这个社会创造更多价值的梦。鱼与渔校外托管中心就这样诞生了。

(2) 持续学习

鱼与渔校外托管中心命名的灵感来源于"授人以鱼不如授人以渔",赵莉莉女士认为,应该形成会方法的传授,而不是机械地以寻求输入为目的的学习。要达到自己有能力去追求学习,而不是外界家长的填鸭式教育。不应该传授简单的知识，更应该教会孩子如何去思考学习，从"学会"到"会学"，孩子们只有掌握学习方法之后才能进步。托管中心的发展也是如此。面对一个未知的行业与领域，她甚至不知道该如何下手做起，面对迷茫的明天，她心中那份企业家所特有的破釜沉舟、终生学习的精神逐渐发挥出来了。她知道光靠想是想不出来的，只有跳入"深海"里才能学会游泳，于是她一方面使用自己先前储存的资金，到此行业发展较为先进的广州、深圳、北京等地走访调研，深入学习先进的发展思想与管理模式，有时为了见一面某机构的创始人她不惜站几个小时等候，只为更深入地了解这个行业最新的发展模式；而另一方面她也着手在准备、办理一些企业发展所必要的流程手续与房屋租赁、装修，在多方面的共同努力下，鱼与渔校外托管中心逐渐"破土而出"。

新生创业如同在夹缝中生存，可是不管怎么样，路总是要走的，即使有再多的困难，解决掉继续前进就好了。虽然她也明白这个道理，但在创业刚开始的时候，源源不断的资金投入和与政府各部门之间的关系往来等都是以前没有经历过的，也不知道如何处理，这些困难压着她喘不过气。好在有家庭和朋友的大力支持，困难反而变成了大家同舟共济、团结向前的纽带。在这个过程中，为了降低总成本，亲戚帮忙接送孩子、做饭，朋友帮忙提供创意、融通资源，慢慢地，一切都走入了正轨。

当托管中心的运营进入正轨以后，赵莉莉女士开始申请培训机构的资质，以备在未来给有需要的孩子进行小班式的培训辅导。

(3) 激励机制与容错空间

在管理员工方面，赵莉莉女士总认为容错机制的建立与内部体系的合理性是企业发展的关键核心要义，如果只是依靠死条例去管理员工，那么必然造成企业的固执化，不能灵活多变，但也不能用机械的方式惩戒员工，这样员工就会怕这怕那，不会全身心投入，要给员工一个合理的空间去施展拳脚，这样企业才会有推动力。此外，她认为员工的任何行为都有一定的合理性，他们做出的抉择也是理性的，也就是说他们的行为完全是依体制的不同而不同，任何的行动也是基于体制而进行的，所以她认为建立良好的体制是企业发展最为核心的内涵。

(4) 责任与担当

虽然表面看着顺风顺水，可谁又知道其背后的艰辛苦辣。在调研学习过后，她每天早晨很早便起来给一家人准备早饭，送孩子上学，看见孩子高兴地走入校园后，她便开始处理各方面的人际关系，不断学习、思考如何能让这个企业更好地服务大众。按照她的话来讲，虽然是企业家，但是女性永远在心里有着较为柔软的一面，为响应国家号召并站在给孩子找一个玩伴的角度，正在打拼的她孕育了一个新的生命，虽然每日艰辛，又要照顾出生的孩子，还要陪伴上小学的女儿，更要兼顾家庭平稳的内在关系，她还是四处奔波为初创的企业做准备。还有一次，在接孩子放学的途中，天降大雨，有一把伞突然坏了，为了不让孩子淋湿，她把自己的伞给了孩子们，一路淋雨没有任何防备，虽然这是人之常情，但身为一名女性谁又不会感到无助呢？但是想想家庭，再看看可爱的孩子们，她一次次默默扛了下来。

(5) 致良知

在托管行业里存在着很多灰色地带，比如，多数托管机构的经营者为降低成本，雇用的员工、辅导"老师"都是附近大学的学生，一心只想着如何降低成本，而不管服务教育质量；有些托管机构多为无照经营，或利用政策上的空缺，打着教育咨询公司的幌子经营；为了谋求利益的最大化，诸多托管机构的卫生不达标，饭菜质量不达标。

身为企业家而非谋利者的她，深知这不仅是一次创业，更多的是要承担起一份社会的责任与义务。在企业创办之初，她便以最高标准要求自己以及自身企业，首先她按照国家相关规定把所有的证件证明一个不差地全部办理好；其次，面对所招募的人员，她认为孩子的父母把孩子委托给他们便是一种信任，一种责任的给予，所以她把每一个孩子都当作自己的孩子去对待，所聘用的人员必须足够爱孩子，喜欢和孩子待在一起，还必须有相关的证件，如教师资格证、健康证、营养师资格证等，而且还会就其对学生后期的服务态度、质量等定期考评，不达标者及时更换；最后，对于孩子和家长来说，孩子的安全是第一位的，而安全除了出行安全以外最重要的便是食品安全，心细如发的她自然把安全看得非常重要，她认为只有当天的食物才能提供给孩子们食用，哪怕食用只过一夜的生蔬菜都不能保证孩子的健康，所以她每天的第一件事便是早起去市场采购仅够当天食用的食材，而且必须是亲自购买检验。

5. 后记

与赵莉莉女士的结缘是 2017 年 10 月 15 日我以论文作者的身份出席在宁夏银川举办的第十七届中国经济学年会上，有幸结识了赵莉莉女士的父亲，他是一位雷厉风行、守时守信的卓越的企业家。

对于未来的发展，赵莉莉女士坦言，刚开始只是想为了孩子的生活与上学才从国企辞职开始创业，也没有想到会发展到今天这个地步，今后不会停下来，也没有理由停下来。她说，她一直认为人不管走多远都不能距离初心太远。所以未来她还是以服务好每一个孩子，给每一个孩子一个金色童年，给每一个家长一个安全、放心的空间为宗旨，继续从事教育服务业。赵莉莉女士正在申请培训机构的资质，准备在未来给有需要的孩子进行小班式的培训辅导，让孩子不仅学到东西，更学会学习的方法，并且帮助他们寻求到自己真正喜欢的事物，让每一个鱼与渔的孩子在生活中自主学习，既成为更好的自我，也成为社会栋梁之材❶。

5.4.3 彩蘑菇科技的马晋云：青少年儿童科学探究的启迪人

创始人简介

彩蘑菇科技创始人马晋云，创业前在企业做 JIT❷ 管理，与日资企业和台资企业的来往较多；做过金融保险方面的工作，以及金融质量保险方式的推进工作，后来在企业里做管理经济师方面的工作。2015 年注册成立了彩蘑菇科技公司。

公司地址

湖北省武汉市东湖开发区武大科技园慧园楼。

1. 企业概述

彩蘑菇科技公司旨在通过以计算机编程为核心的课程体系，培养 2.5~16 岁青少年儿童的专注能力、团队合作能力、图形化编程能力，以及利用科学

---

❶ 感谢文华学院学生马鑫对本案例做出的贡献。
❷ JIT，Just In Time，准时制生产方式。

知识综合解决问题的能力。

2. 行业背景

彩蘑菇聚焦与计算机编程相关的青少年儿童科学探究的启蒙，这与国家大力发展人工智能产业是一脉相承的。随着《中国制造2025》《新一代人工智能发展规划》《促进新一代人工智能产业发展三年行动计划（2018—2020）》等文件的出台，基于人工智能的计算机编程教育也将迎来蓬勃发展。

3. 创业过程

（1）彩蘑菇的发展

马晋云从对自己女儿的培养过程中，深刻理解到思维训练在基础教育中的重要性，虽然幼年的思维训练在短期内看不出显著的成果，但是对孩子后期的成长有很大的作用。通过探索，她发现了美国的STEM（Science、Technology、Engineering、Mathematics，科学、技术、工程、数学）教育领域课程研究和创新值得借鉴。自此，她开始了创业之路。

经过4年多的发展，彩蘑菇形成了比较成熟的基于科学探索为主线的课程体系，分别是：针对2.5~16岁青少年的机器人课程，针对6~16岁青少年的少儿编程课程（Scratch），针对5~12岁青少年的科学实验课（Experiment）以及寒暑假的3D打印、无人机、航模等课程。

机器人课程主要通过乐高教具，依托大学的科研及教学资源，配合国际先进的拼插式教具，开设了小小设计师、小小建筑师、小小工程师、小小机械师等课程，也接轨国际大型赛事。通过学习，增强了学生的综合运用和逻辑思维能力、创新意识、科学探究能力，提升了团队合作精神。

少儿编程课程是麻省理工学院开发的图形化编程语言，孩子们像搭积木一样进行图形化、拖拽式编程，旨在培养孩子基础编程的动手能力，加深对相关科学原理的理解。

科学实验课程通过日本原装进口的高品质教具和学具盒，开发了物理、生物、能源等多个主流科学领域，包括36个主题、360个科学实验。旨在帮助孩子构建完整的科学知识体系，锻炼自然认知能力、观察能力、探索能力、动手能力、合作能力等。课程涵盖的内容以及开放的研究方式，培养了孩子的复合型能力。

(2) 企业家精神

关于初心。马晋云女士认为,做企业,最重要的就是要坚守本心,做好自我。马晋云女士说:"人最重要的是做自己,首先认清自己,做自己。如果这件事情不是自己本心想要的东西,再怎么向别人学也没有用。每个人都不一样,每个成功的人,都有独特的理念,坚持做自己,把自己的优势发挥到极致,我认为这是根本之道。做这个项目我觉得我尽力了,努力了,做了我自己想要做的事情。可能会在众多的孩子中发现一个特别优异的孩子,然后影响了他,让他把自己的优势发挥到极致。"世界上没有相同的两片叶子,更没有相同的两个人。马晋云女士提到自己做事的宗旨是踏实做事,认真做好一件事。她不会开很多店,而是认真做好一家店,努力做到极致。

关于创新发展。关于企业未来的发展展望,创新是企业发展的动力。马晋云女士讲到,她未来想做一个项目,关于机器人和自然科学的,比如,周围环境水质污染的调查。未来一定会推出适合更多年龄段孩子的课程。通过这些课程创新,推动企业自身的发展,在优胜劣汰的市场竞争大潮中立于不败之地。

(3) 关于女性创业

关于性别歧视。马晋云女士认为,以她之前在公司上班的同事大部分都是男士的经历看,她认为:"只要你自己不看轻自己,只要你自己不分性别,别人就不会分性别;女性没有男性依然可以独立生活,这个社会已经摆脱了女性依靠男性的状态了,愿意成家就成家,不愿意成家也可以独自生活,只要自己过得舒心就好了。"当今社会男女平等的观念已经深入人心,她觉得不管是男性还是女性,在工作方面没有太大的差别。男性和女性之间应该互相融入,互相学习,共同进步,共同成长。

关于工作减压。马晋云女士认为,在企业运行过程中,总会遇到各种各样的困难,女企业家创业,遇到的困难可能会更多,一定要通过学习时刻调整自己的心态,乐观面对挫败,降低消极情绪对工作效率及工作能力的影响。

(4) 创业与家庭的平衡

马晋云女士最初做这个项目是为了她的女儿,她谈道:"我家姑娘的个性,生而谨慎,对安全感要求特别高,对任何事都追求完美,我后来带她去学各种课外技能或外出游玩,给她构建一个圈子,我发现她跟其他孩子接触多了,这些东西就慢慢地弱化了一些,孩子不再对自己那么苛刻了。她非常喜欢动手做一些东西,所以我在选择创业项目时也选了与手工技能有关的。在从事这个行业之后,我发现自己完全背离了最初的想法,陪自己孩子的时间越来越短,陪别人孩子的时间越来越长,有时回到家已经是晚上十一二点,孩子已经入睡,我会有很深的愧疚感,说实话,在这过程中,孩子变得更加独立自主了。"如何平衡事业与家庭的关系,尤其是如何平衡事业发展与陪伴子女的关系,是大部分女企业家都会面临的选择问题。

任何事情都有两面性,马晋云女士提到,虽然创业减少了她对女儿的陪伴,但是培养了女儿独立自主的生活能力。创业的艰辛会一直存在,她会把家庭的这份支持当作自己前进的动力,对家庭怀有愧疚的同时,也非常感激家人的支持和鼓励。

4. 后记

2018年6月初,我对马晋云女士进行了采访。一个伟大的事业都有一个勇敢的开始,马晋云女士为了孩子的成长,勇敢地跨出了这一步,但理想与现实之间有着巨大的鸿沟,创业之初困难重重,在艰苦的环境下,她仍然排除万难,坚守本心,坚持努力。创业是一种选择,是一个过程,更是一种精神。马晋云非常清楚自己追求什么,想要什么,也非常清楚企业自身的不足。她说,诚信做人、踏实做事是她的制胜法宝。她从事的行业跨度非常大,但因为她待人真诚,得到了很多朋友、同事的支持。她的丈夫也非常支持她,未来可能与她一起投身于机器人领域的研究。

她是一位智慧而又幸福的女性。

5.5 个人消费服务

5.5.1 众筹民宿的周蓓:专注抱一,浙商的湖北故事

创 始 人 简 介

周蓓,武汉众筹创业咨询有限公司合伙人。

公司地址

湖北省武汉市东湖新技术开发区珞喻路889号武汉光谷中心花园。

1. 公司概述

武汉众筹创业咨询有限公司成立于2013年，早期大量众筹的项目都和高科技有关。2015年，在发现高科技项目的巨大风险后，公司决定转型。在不断学习中，他们发现了民宿与文创的价值，于是决定从高科技项目转向民宿农旅。2016年后，公司主要在做一个关于乡村民宿加农旅的项目。

2. 行业背景

我国的民宿业最早出现在经济发达的沿海地区，处于初级阶段的民宿行业多数是自发形成，提供简单的餐饮娱乐和住宿服务。国内民宿发展正处于起步阶段，目前浙江省民宿发展处于国内领先水平，同时国家旅游局出台相关的支持政策，再加上越来越多的人对生活品质要求的提高，人们不再仅满足于传统的农家乐、农庄、旅游景区所提供的服务，转而投向精致高品位的民宿休闲、旅游，因此各地民宿业逐步发展起来。其中，以Booking、小猪短租、Airbnb等为代表的平台已经在该行业中脱颖而出。

3. 创业过程

（1）创业前的巧合机遇

创业前，周蓓女士主要做产业园区运营管理，一次巧合，她在一个微信群里认识了一位众筹网的负责人，互相认识后，她了解到此人准备在武汉落地一个以众筹为工具的孵化器，在这个孵化器里运用众筹工具为创业者提供创业服务。水瓶座，又是O型血的她，对于这个项目十分感兴趣，凭着自己的直觉和对这位创业者莫名的信任，他们成了合伙人。

经四处考察后，他们发现几乎没有任何公司涉及专业辅导众筹创业，于是他们公司成立时就叫武汉众筹创业咨询有限公司。公司坐落在光谷，所以大量众筹的项目都与高科技有关，他们希望能够帮助敢于拼搏的勇者实现梦想。在对自己的描述中，周蓓女士说了这样一段话，她说对于创业，她是一个非常喜欢一些特立独行的、唯一的、稀缺的、创新的项目的人。如果发现这样的项目，她一定会毫不犹豫地投资。在不影响自己生活的情况下，她愿意把自己的资金投到一个项目,比如自己有两套房,如果因为创业需要卖一套房,她一定会毫不犹豫地选择卖一套房子。作为一位创业者,在创业时,她不会说服很多人掏钱和她一起投资,而是自己先掏钱出来,自己先承担风险,如果失败,所有后果由自己承担。这也是她选择和现在的合伙人创业的原因。

(2) 创业困难与公司转型

对于公司的安排,周蓓女士和她的合伙人负责不同的方面。她的合伙人的精力主要在外围建设,他是一个喜欢出去拓展的人,主要负责链接市场,通俗来说就是找项目。而周蓓女士主要负责公司内部的运营,把项目做好。本科是法律专业的周蓓女士喜欢稀缺与创新,但同时她也非常踏实,在确定项目后,她会静下心来去完成这件事,努力把事情做到最好。她说自己一旦决定要做一件事情,就会运用严密的逻辑,去把事情做到尽可能完美。

在企业的运行中,周蓓女士发现了一些问题。首先,她觉得公司不能单纯做孵化器。从公司往年的项目中来看,公司只是为创业者提供一种房屋的租赁服务,就是把空间提供给创业者,让创业者在一个美观舒适的环境中办公。其次,一旦他们用众筹的概念去做孵化器,那么每一个入驻的企业,不管是创业者本身也好,还是创业者的项目,他们都不能预测。也就是说他们不能够预测创业者本身的好坏,这就大大增加了企业各方面的风险。在考虑过后,他们选择放弃在武汉成立以众筹为工具的孵化器,将公司的重心转到跟随行业协会平台链接一些高质量的资源,然后选择好的资源去做众筹,专注做众筹咨询和顾问。

在2014年和2015年公司以高科技项目为主,在当时"双创"的号召下,由于发现了民宿的价值,周蓓女士和她的合伙人决定不再做高科技项目,于是将公司停运了一段时间。周蓓女士主要以学习为主,而她的合伙人比较擅长讲课,2015年全身心地把精力投入到专家演讲上。2016年后,他们公司专注于民宿加文创项目。

对于公司遇到的困难,周蓓女士是这样说的,她认为公司遇到的最困难的事情就是团队执行。上级把一件事做得很完美,当把任务交给下级员工时就会发现很多问题,员工的执行效率大大减半,再传达给员工的下一级又衰减一大半,等到最后一个人做出来后,完全不是想要的那个样子。周蓓女士说现在自己就像师傅带徒弟一样，一点一点地教给员工要怎么做，但是最终结果还是会不尽如人意。她认为一是要求可能过高，二是整个团队滞后。针对这个问题，她认为，想要做好众筹，对员工各方面的要求必须很高，法律、财务、品牌、市场营销、用户思维、产品思维都非常重要。所以对于员工，她一直高标准要求他们，虽然有时候执行结果会不尽如人意，但是她还是像老师一样，不厌其烦地教他们，并且要求他们学会做思维导图。

(3) 创业途中的支持者

周蓓女士称在创业过程中，给予她最大帮助的就是合伙人和家人。合伙人在各方面都非常支持她，家人从来都不会要求她要做一个什么样的女人，并且会给她力所能及的帮助。作为一位妻子和母亲，她尽力完成自己分内的事情。比如说每天做早饭，尽可能接送孩子上学放学，晚上陪孩子写作业。

(4) 对于浙粤楚商的认识

对于浙商的认识：周蓓女士指出她目前正在与两位浙江朋友进行股权合作。她认为，浙江商人对信息的捕捉特别灵敏。在做事情上绝对是一呼百应，并且非常守时，从不迟到，一旦事情协商完成，立马行动。开会的时候，浙江人比较认真，非常珍惜大家在一起相处的时间，即便是聚会时也是将手机放到一边一起聊天，聊过去有什么经验教训，让大家互相借鉴学习。她说每次去浙江都有这样的体会，只要是有人的地方，浙江人是不看手机的，专注地与别人充分沟通，工作效率十分高，会议结束，合作也就达成了。周蓓女士认为浙商有两个特点：一是喜欢并擅长与人沟通；二是捕捉信息灵敏，特别团结。浙江人非常重诚信，不违约，不占便宜。

对于粤商的认识：周蓓女士认为广东人比较精明，不仅有着敏锐的商业眼光，也有着各种思维去达成他们需要的交易，他们以合作结果为目的，追求利益最大化。和他们进行商业交易，你必须时刻展现自己的价值，前面百分之九十九的努力都是为了后面百分之一的成交，如果没有成交，那只能说明你的价值不够大。

对于楚商的认识：周蓓女士认为楚商非常自信，同时他们具有强大的知识产权保护意识。她参与的项目里的楚商，几乎都会展现自身与竞争者的不同，并要求签保密协议。他们喜欢与竞争者之间互相对比，也相信商业里存在运气成分。

（5）对女性创业者的建议

周蓓女士认为女性创业者要先把专业知识打牢，可以不进一流大学，不去巴结老师或者争取到权位，但如果选择了一个专业，就一定要很坚定地钻研下去，只要坚持下去就一定会有收获。就是说你在一个领域中非常专注地做了一段时间，一定会有收获，只是时间长短的问题。更进一步的，女性那种专注的样子，真的很美。女性对待事业的态度也就决定了她未来对家庭的态度，如果一个女性对事业很专注，那么她对家庭也会很专一。

4. 后记

2018年6月上旬，我完成了对周蓓女士的采访。高智商、精英范儿、一丝不苟的高跟鞋礼服装扮是我对金融人士的初步认识。能说会道，逻辑严谨，外形干净整洁，这几乎是大众对法律行业从业者的一种固定印象。而在见拥有金融与法律双重背景的周蓓女士之前，我已经有了最基本的形象刻画，也对见面隐隐有着期待。抵达约定地点时，时间还比较早，即使没有领导坐镇指挥，公司已经井然有序地运作起来。突然听到一阵滑轮滚动的声音，穿着十分青春的吊带牛仔裤，拖着行李箱，周蓓女士就这样猝不及防地出现在我眼前，与想象的大相径庭，不禁有片刻的愣神，因为时间原因，采访的节奏十分快，而我也终于看到了周蓓女士身上有关金融与律师的气质，她用最简练有力的语言，最顺畅适合的语速回答每一个问题，也因为其早年的见识积累，她的观点十分鲜明独到。圣人抱一为天下式。"十项能做，不如五项做好；五项做好，不如一项做绝。"这或许是对老子"抱一"思想最通俗的解释。与周蓓女士深入接触交谈后，才深刻地感受到真正的美丽在于智慧，而不是外表，专注于学习与工作的女人，真的很美。

5.5.2 婴之谷育儿百货的丁琼：连锁经营，辅助脱贫致富

创始人简介

丁琼，监利县婴之谷公司总经理。1971年1月出生，监利县黄歇口镇人，1989年监利县财贸学校毕业。分配到黄穴供销社工作，两年后，就开始承包自主经营。丁琼当时才19岁，仅凭着年轻人的一股冲劲就签下了承包合同，还接收了2名同事。除了交单位承包费以外，还要给他们发工资，并且还要帮单位把2万多元的残次积压商品接手并原价返还

第 5 章 女企业家精神的案例分析

供销社。就这样，丁琼成了一名个体经营户。由于改革开放，乡镇有很多人都外出务工了，家乡的居民变少，生意难做，所以在 1999 年 4 月，她离开黄穴，一个人来到了县城，创立了"婴之谷婴童店"。

公司地址

湖北省荆州市监利县婴之谷孕婴童百货各门店。

1. 公司概述

1999 年初创监利县婴之谷门店，20 年坚持至今，以总店为中心辐射打造了 26 家分店。

2. 行业背景

近年来，新生儿父母对健康养育越来越重视，随之而来的是对多功能、多样化的产品，高品质的服务及专业指导的渴求。现代父母对孕妇、婴儿健康的要求，已经开始由简单的物质供应和传统的生理呵护，转向更注意心理的调适、心灵的沟通及科学育儿文化的熏陶。这对科学育儿服务行业本身来讲，是一种无形的挑战，更是一种潜在的商机。

3. 创业平台

监利县位于湖北省中南部，江汉平原南端、洞庭湖北面。因公元 222 年吴国"监收鱼稻之利"而得县名，全县面积 3460 平方公里。2018 年，总人口 156.6 万，地区生产总值 282.8 亿元。监利是国家长江经济带、长江中游城市群战略建设区域，地处洞庭湖生态经济区与长江经济带"交汇区"、武汉城市圈与长株潭城市圈"辐射区"，处于全省"一芯两带三区"区域和产业发展战略深度影响区，是长江绿色经济和创新驱动发展带与江汉平原振兴发展示范区的交点❶。

4. 创业过程

(1) 创业初衷

1999 年，在国家进行改制的大背景下，丁琼女士所在的镇供销社被裁撤，

---

❶ 监利县官方网站，http://www.jianli.gov.cn/Category_12/Index.aspx.

从所在单位离职后,丁琼女士开始寻求其他出路,经过市场调研后开了第一家婴之谷门店。

在当时的社会背景下,在小县城开一家全国都少有的母婴产品店,丁琼女士的决定不仅是针对市场的需求问题,更是自身的一个情怀。她生完女儿后的一段时间,身体出现了一些小毛病,虽然后来恢复健康,但是有一个想法极大地影响了丁琼女士,市场上母婴用品和科学且系统的育儿经验非常缺乏,这给和她有一样遭遇的母亲带来了不少苦难。离职后,本来有不少其他的选择,但因这份情怀,她选择了母婴用品店作为人生新的起点。

(2) 各地考察与学习

古语云,活到老学到老。丁琼女士的成功是一个不断挑战与学习的过程,她自述文化程度不高,但是从未停止过学习的脚步。

创业初,她就奔赴各地学习,因为母婴用品行业的特殊性,需要产品销售者具备极强的专业知识,以便为消费者提供最高效的育儿服务,如果专业知识基础储备不足,会给企业直接带来致命伤害,对此毫无基础与经验的丁琼女士,开启了孤身一人的学习之路。

随着事业的扩大,丁琼女士的脚步走向了世界。其中在法国的一段窘迫经历,成了丁琼女士日常激励自己及身边人学习的一个笑话,2017年因为产品的交流学习,丁琼女士前往法国游学,最重要的学习环节,即产品讲解与参观,全程英文,虽然带着翻译人员,但是丁琼女士对其中的大部分意思依旧无法理解,面对提问,她无力回答。这次尴尬的经历,在她口中也成了一段诙谐的幽默。20多年来,她从这样大大小小的幽默中走来,化挫折为前进的动力,不断学习与进步。

(3) 为助力他人贡献自己的一份力量

助脱贫共致富。开展技能培训,连续三年为1000余名城镇下岗失业和农村剩余劳动力提供免费的岗前技能培训,培训辐射监利各乡镇;安排下岗失业人员近700人,有力推进了"巾帼脱贫家政工程的发展";实施"周末爸妈"项目,连续三年陪伴智力发育不完的儿童,提供经济资助和心理陪伴服务,助其健康成长;参与精准扶贫,担任荆州市人大代表期间,为困难家庭及学生提供经济资助、物资帮扶和心理陪伴服务。

凝聚妇女力量。2018年,在监利县妇联的指导下,带领一班人成立了新领域妇联组织——监利县婴之谷妇联。以监利县婴之谷总店为中心，26家分店为辐射，建设婴之谷妇女儿童之家，广泛地凝聚了妇女群众的力量，为区域周边的妇女儿童提供生理、心理等综合服务，进一步推动了妇联区域化改革。

（4）感受国家力量的强大

丁琼女士一直秉承着带动大众致富的初心。在谈及国家政策时，她表示国家对创业的鼓励给了她很大的支持，因为政策的激励，她带动更多人一起致富，看着自己教导的女性们成长起来，她非常欣慰。

丁琼女士表示国家不断强大，令她非常震撼。感触较深的是她的美国印象，她到过纽约、旧金山等城市，美国作为世界上的超级大国，带给她的印象并不是很好，首先是美国地广人稀，显得太多地方都是荒凉的，再加上与国内生活方面便捷程度的差异，令她非常惊奇。经过对比，她认为国人的勤奋值得骄傲，祖国的强大令人振奋。

5. 后记

2019年6月中旬，我完成了对丁琼女士的采访。她坦言自己是一个非常执着的人，她是员工的"麻烦制造者"，会经常抛出各种问题，然后一起解决各种困难，寻求最优方案，努力把事情做到她们能完成的最好程度。她为人谦和，对子女教育非常成功，家庭与事业取得了平衡，一路创业走来，她特别感慨女儿的理解，八九岁的女儿会端着煮好的面条给她，是她非常骄傲的事情，但是对于成长的缺失，她也一直心存遗憾。女性创业艰难的问题，在她看来其实不算什么，这个世界上做任何事情都是困难的，只有坚持和努力才是成功的真谛。

5.5.3 December服装店的陶欢：转型肌肤管理，打造女性美学

创 始 人 简 介

陶欢，一位连续创业者，出生于1990年1月，湖北省黄冈市罗田县December服装店创始人，后来又创立了芯生国际肌肤管理中心。2011年毕业于武汉科技大学城市学院，同年12月就职于上海，2014年回家乡创业，现居湖北黄冈罗田县，经营一家原创服装店，另有一家肌肤管理中心。个性比较外向，喜欢尝试一些新鲜事物，她认为从不熟悉到了解再

到专业是一件非常有意思的事。

公司地址

湖北省黄冈市罗田县城南新区。

1. 企业概述

湖北黄冈市罗田城南新区 December 服装店成立于 2014 年，前期投入约 10 万元人民币，主要销售女性服装、鞋子以及饰品。后来于 2018 年 5 月成立了芯生国际肌肤管理中心，前期投入约 100 万元，主要业务是以管理皮肤为目的，针对顾客的皮肤进行诊断并找到修复对策。

2. 行业背景

中国是世界上最大的服装消费国，同时也是世界上最大的服装生产国，但中国服装产业整体发展不平衡。广东、江苏、浙江、山东、福建、上海等东南沿海省市所生产的产品占据了全国 80% 以上的市场份额。而中西部地区的服装产业还非常落后。各服装企业之间的竞争也还停留在比较低的层面上，主要是价格、款式等方面的竞争，绝大多数服装企业的产品销售还是以批发市场的大流通为主。

3. 创业平台

黄冈，总面积 17453 平方千米，地处鄂豫皖赣四省交界，大别山南麓，是武汉城市圈的重要组成部分。2018 年全市总人口 750 万人，地区生产总值 2035.20 亿元（现价）。先后获得"年度魅力文旅扶贫城市""国家正能量城市"称号。2019 年 6 月，黄冈市出台《黄冈市优化营商环境十大专项行动方案》，以加快打造全省服务最优和营商环境最好的城市，营造有利于集聚更多先进生产力、生产要素的营商环境。

4. 创业过程

（1）创业动机

陶欢女士在武汉读完大学后，便开始投简历找工作，找到了一份在上海的销售工作，由于该公司在北京也有分公司，入职半年后，陶欢女士便被调到了北京的分公司工作。陶欢女士谈到，在北京工作的时候生活节奏很快，每时每刻都在忙碌着，生活压力特别大。当时工作的地方在CBD，为了上班方便，必须在公司附近租房，房租费用特别高，作为一个大学毕业不久的职场新人，陶欢女士承受着各方压力。为了能在北京继续工作，为了承担高额的生活消费，她找了另外一份销售兼职工作，一有休息时间她就去做兼职，特别辛苦。后来由于家人的意愿，希望她可以回到湖北工作，离家近一些，再加上在北京的工作压力之大，她决定回到湖北老家黄冈罗田。

回到黄冈罗田后，家人希望她考公务员，在当地找一份稳定的工作，不用再到处奔波。但是陶欢女士谈道："我本来就不适合那种过于稳定的工作，每天打卡上下班，做自己不喜欢的事。"再加上她爱闯爱做有挑战的事，她决定去创业。一开始家人是反对她创业的，后来她坚持要创业，并且和家人协商开一家门槛比较低、投资风险相对较小的服装店，最后在她的坚持下，得到了家人的支持。

（2）创业困难

一是初次创业，缺乏创业经验。无论是销售渠道还是管理模式等各方面，陶欢女士完全没有经验。服装行业虽然准入门槛比较低，但是由于多家店互相竞争，加上人口流动量较少，陶欢女士开店第一年的形势并不是很好。

二是缺乏合理的营销策略，囤货过多。在开店初期，由于没有经验，缺乏营销策略，到季末，囤货过多，大笔资金都投在了囤货里面，造成资金供应不上。

三是营商环境闭塞。由于地处县城地区，人流量有限制，顾客流动量小，整体营商气氛闭塞。再加上其他同类型店的竞争，使得顾客量有小幅波动，不够稳定。

（3）独特的进货渠道以及定期对门店进行装修造就了服装店的稳步发展

陶欢女士的店铺以女性服装、鞋子以及饰品为主。她的进货渠道主要是广州、深圳等地。广州、深圳等地的服装更加多样，风格独特，服装产业相对比较成熟，更能满足现代女性对服装的追求以及选择。

现在服装店发展相对比较稳定，但她依旧会定期对店铺进行改造再装修。一般再装修周期是两到三年。定期的装修改造，会吸引更多新老顾客的光顾。独特的进货渠道以及定期对门店的装修改造使得她的服装店在同行中脱颖而出，稳步发展。

(4) 二次创业

陶欢女士说她是一个喜欢闯的人,在服装店稳步发展之后,她又创立了一家肌肤管理中心。肌肤管理中心是一家韩式美容院,从韩国引进独特的肌肤管理技术。由于地处县城,比较闭塞,只有传统美容手法。由于陶欢女士自己也属于问题性肌肤,所以她特地跑到武汉做皮肤护理。来回奔波,她觉得过于麻烦,于是就萌生了开一家肌肤管理中心的念头。她说:"我相信有很多女性跟我一样,或多或少存在一些肌肤问题。"作为女性,加上现在经济条件的改善,以及女性爱美的天性,她深刻感受到女性对于该行业的极大需求。皮肤管理对于各个年龄段爱美的女性都适合,消费群体广阔,消费市场潜力大,同时皮肤管理还处于市场初级阶段,未来前景很广阔。

陶欢女士为了学习先进的肌肤管理技术,参与各大城市肌肤交流峰会,赴韩国学习技术。学习他们的产品开发技术,以及如何使用美容仪器和有治疗作用的护肤品,学习专业的技术手法,针对性地治疗、改善、护理皮肤,学习如何有效预防各种皮肤潜在的问题等。同时也经常去北京、成都、广州等地参加肌肤管理交流峰会,带回先进的技术。

但是在第二次创业中,陶欢女士依旧遇到了很多困难。芯生国际肌肤管理中心最开始是由陶欢女士和她的朋友一起合伙创办的,后来中途由于资金和其他问题,合伙人退股,给公司资金运营带来了困难。前期广告宣传投入大,包括通过公共平台和手机软件加大宣传,对当地民间活动进行赞助,人工发传单等广告宣传方式。

(5) 对浙粤楚营商环境的见解

陶欢女士去过很多城市,从中部到东部。北京,给她的感受是生活节奏快,整个城市处于一个忙碌的状态;成都,给她的感受是人民很热情,生活很有情趣;广州,跟北京一样,节奏也特别快,人们几乎一直处于快节奏的生活环境中,她特别谈到,广州的这种快节奏的生活方式也影响了人们的生活态度。人们可能更崇尚可以快速见效的医疗美容,但对于肌肤管理保养型的、长期的美容不是特别崇尚。

对于浙江,陶欢女士谈道,她特别欣赏浙商,江浙一带的营商环境特别好,整个商人圈子都在良性发展,互相扶持,互相发展,共同进步。有一些地区的商业可能会互相打压,互相竞争是正常的,但是互相打压和互相扶持完全是两种结果。浙江有很深厚的人文底蕴和生活底蕴。

对于湖北，相比浙江更靠近中部内陆地区。营商环境居于浙江、广州之间，人民的生活节奏相对没有那么快，但是整体营商氛围相对闭塞。

5. 后记

2019年6月中旬，我先后两次完成了对陶欢女士的采访，第一次重点谈了她的肌肤管理中心的创业历程，第二次重点回顾了她的服装店的创业历程。陶欢女士坦言，她是一个喜欢冒险的人，她说："一辈子很长，有时候又很短，尽力做自己想做的，要尽全力去做，活在当下。创业的过程不可能是一帆风顺的，一定要坚持自我，永怀善意，不要拘泥于眼前，长远利益比较重要。要热爱这个行业，要坚持到底。"两次创业的经历让她明白，无论做什么都不是一蹴而就的，靠的是对生活、工作的热爱与坚持，一定要做自我，目光长远。

5.6 生活性服务

5.6.1 风韵出行的杜玲芳：军嫂创业，坚守月明

创始人简介

杜玲芳，武汉风韵出行信息科技有限公司法人代表兼执行董事。1982年1月出生，湖北通城人，大专学历。毕业后曾在计算机教育培训、幼儿教育、汽车租赁等行业创业。2009年在家乡湖北省通城县注册通城风韵汽车租赁公司，从事传统汽车租赁业务。2011年在武汉注册武汉风韵汽车租赁有限公司，2014年与滴滴出行平台合作，开始接触共享经济，是武汉最早一批与滴滴出行合作的企业之一，也是最早一批共享经济的参与者和实践者之一。2016年6月注册武汉风韵出行信息科技有限公司，正式筹备建设风韵出行网约车平台，2017年9月，湖北省交通厅等七厅（局、办）全部通过风韵出行线上服务能力认定；2017年11月获得网约车线上运营资格，同年12月获得武汉市网约车经营许可证，自此开始了全国合法网约车版图的扩张。目前风韵出行已在全国85个城市设立分公司，获得全国36个城市的网约车牌照。未来，杜玲芳将带领公司加快发

展速度，为社会创造更多的经济效益与社会价值。

公司地址

湖北省武汉市洪山区珞喻路邮科院内烽火创新谷3号楼6楼。

1. 公司概述

风韵出行是湖北省首批全国性网约车平台，隶属于武汉风韵出行信息科技有限公司。风韵出行紧扣城际拼车，打造细分市场核心优势，同时大力推行城内打车、接送机（站）、顺风车，以及公务用车、旅游专线、出租车、租车等业务，并与携程、美团等大型OTA平台广泛合作，加快平台的多元化发展和各业务之间的有效联动，全力打造"安全、舒适、便捷、规范、尊享"的出行服务产品，为司机创造"高收入、高保障、高地位"的从业环境。

风韵出行秉承"诚信融合，务实共赢"的理念，依托10年来积累的线下运营经验，打造出"统一车型、专职司机、标准服务"的城际拼车品牌，同时借助各大OTA平台的流量，快速布局全国市场。

公司前身为武汉市风韵汽车租赁有限责任公司，主要从事电话约车业务，2014年开始与各大网约车平台深入合作，2016年经湖北省政府批准建立96799网约车呼叫中心，2017年11月获全国网约车平台线上许可。截至2019年7月，已获得全国36个城市网约车经营许可，现正厚积薄发，快速构建完善的全国网约车版图。

2. 行业背景

未来网约车行业能够拓展的市场空间，与中国城镇化的发展速度相关，按照"十三五"规划，到2020年将有1亿左右农村人口和其他人口在城镇落户。由此带来的出行市场可谓空间巨大。数据显示，网约车的交易额及用户量从2014年的50亿美元、3000万用户增长到2017年的300亿美元、21700万用户。据权威机构预测，从2015年到2020年，网约车的交易量将增长11倍，达到720亿美元；中国80%的消费者装了网约车App，普及率非常高。

现阶段中国网约车产品覆盖地域基本集中在一、二线城市或经济较发达地区，网约车产品在三、四线城市存在较大的发展空间。短期内，网约车在发达地区的用户增量不会有太大突破，盈利模式探索和产品功能丰富也需要一定时间，因此未来可加大在三、四线城市发展。此外，人民生活水平提高，城乡差异化在缩小，在出行消费升级趋势下，其需求量也较为充足。在供需两方面推动下，网约车在三、四线城市存在发展空间。而风韵出行的战略就是以城际拼车为切入点，从三、四线城市开始突破。

3. 创业平台

烽火创新谷是华中地区首个聚焦智慧城市的双创生态基地，是烽火科技集团与地方政府依托国家重点实验室、大型央企、中央级科研院所，联合国家级创新中心，吸纳周边20多所高校广泛参与，合力打造的国家级专业化、生态型的具有央企背景的科技创新孵化平台，是国家级专业化众创空间。烽火创新谷旨在构建一套"三五三"生态型双创体系，"三个主体"，即政府、龙头企业、高校，三大主体分别发挥不同作用；"双创五大要素"，即安全边界、双创激励、双创资本、双创人才、市场需求；五大要素主要通过三大创新主体借助三大平台（公共服务平台、投融资平台、创客中心）进行整合（夏存海，2017）。

4. 创业过程

（1）创业需要条理和规划

2011年，杜玲芳女士以汽车租赁的模式创办了风韵汽车租赁公司，彼时，网约车出行还未被合法化。风韵公司的目标客户很明确，服务于400公里以内的武汉城际拼车用户。网络数据显示，我国营运性城际级出行每年约190亿人次、市县级出行约60亿人次，但400公里以内的城际网约车出行服务仍处于基本空白阶段，尤其在三、四、五线城市和县区。基于对市场的准确把握，以及想为跨城出行用户提供便捷的出行服务，才有了今天的风韵出行。

（2）创业中最重要的是坚持

公司发展之初，合法性不明确，很多人并不看好。在不易推广的8年里，杜玲芳女士却一直坚定着网约车出行的方向。"这是老百姓出行的刚需，一定会被合法化。"凭着这样的信念，杜玲芳女士独自带领3000多司机坚持了下来，2017年，杜玲芳女士守到了武汉市网约车新政。杜玲芳女士的魅力便体现于此：事情不被认同，身边相继有人放弃，但只要是自己所认定的，便会一往无前地朝前努力，无问西东。

风韵出行拿到了网约车平台线上运营资格和线下服务资格许可后，杜玲芳女士为了严格按照网约车法规的规定来运营，进行彻底整改，2017年公司没有增加一辆车，把重点工作放在驾驶员以及车辆的合法合规上。目前，风韵出行原有的 3000 辆加盟车已全部转化为手续齐全的运营车辆，通过风韵出行平台接单，真正实现了合法合规。目前风韵出行城际拼车的司机，每个月的收入扣除油钱和高速费平均约为 12000 元。

"在互联化的今天，许多人劝我换一个更容易推广的名字，公司也曾申请新名字的商标，但是最终，我还是没有改。"杜玲芳女士说，她守了风韵 9 年，这已经不再是一个名字，而是一份情感和传承。

(3) 创业需要平衡与取舍

创业不易，自创业以来，杜玲芳女士一天 24 小时几乎没有属于自己的时间。上班期间，需要面对里里外外各种困难。而下班之后的她也无法闲下来，由于自己两个孩子年龄相差了一轮，在照顾老二的同时也要照顾老大的感受。事业不能放松，孩子的教育更是不能松懈。在面临企业解散的情况下，种种压力让她不堪重负，但好在有老公一直以来的陪伴与支持，老公无条件的支持无疑是一剂强心剂，让她疲惫的身心得到舒缓。

凡事都有两面性，杜玲芳女士目前的工作状况良好，家庭也幸福美满，但长时间的高强度工作也让她的身体落了些毛病，肩椎颈椎渐感不适，去医院拍了 CT 却没有多余的时间来治疗，只得暂时搁置一边。选择得到一些，就意味着要放弃一些。对于处在迷茫期的人来讲，要懂得取舍，想要把每件事情都考虑周全是十分不容易的，所以在任何时期，一定要清楚每件事在自己心中的主次，然后合理分配自己的时间，这样最后才不会失望。

5. 后记

截至 2019 年 6 月，风韵出行总部已发展成为有 50 多人的团队，在全国有 85 家分公司。自风韵出行 2017 年试运营以来，平台专职司机超过 5000 人，司机每月平均收入超 12000 元，平台月订单超 60000 单。谈到近期计划，杜玲芳女士表示，在国庆前将实现全国获牌 70 张，为新中国成立 70 周年献礼，开通武汉周边 400 公里内所有县市的城际拼车线路。未来，杜玲芳女士希望通过"农村包围城市"，扎根三、四线城市和县城，逐步向一、二线城市渗透,打造湖北网约车新名片。

5.6.2 博雅丽缘的王雅芬:勇于选择,助力幸福事业

创始人简介

王雅芬,博雅丽缘文化传播有限公司创始人,红酋长商贸有限公司创始人。

公司地址

湖北省武汉市硚口区硚口路160号武汉城市广场。

1. 公司概述

博雅丽缘文化传播有限公司于2015年正式注册成立,主营文化艺术交流、会展服务、婚礼及商业庆典等。目前有在职员工35人,固定周末兼职50人,合作摄影摄像40人。平均每年举办近百场婚礼、数十场商业活动,发稿数十篇。

2. 行业背景

在近年GDP整体增速下滑的背景下,文化传媒行业总值增速长期保持在GDP增速之上。随着国家"十三五"规划进一步明确文化产业的支柱性,文化传媒行业已经进入新的整合、变革的阶段。经历过2015年的并购热潮、2016年的政策收紧之后,2017年文化传媒市场投融资更加趋于理性。

3. 创业平台

武汉市是长江中游特大城市,土地面积8494平方公里,人口1200万,高校数量居全国第三,大学生人数居于世界第一,为118万。《武汉市人民政府关于进一步优化营商环境的意见》《武汉市优化营商环境工作推进方案》等政策文件的相继出台,彰显出"追求卓越,敢为人先"的武汉市正在大力推进优化营商环境的相关工作,为创新创业提供良好的平台环境。

4. 创业过程

（1）创业前的机遇和巧合

王雅芬女士出生于汉川，创业之前在珠海做过幼师、酒店经理、婚品市场营销工作及婚礼策划等工作。24岁时，她从珠海回到武汉，在某家婚庆公司上班。后应邀到朋友的婚庆公司主持大局，期间她尽心服务客户，努力拓展人脉，陆续接到了许多新客户的订单。因某些原因，朋友决定把店转让出去。出于对部分新人客户的负责和想要挑战一下自己能力的想法，王雅芬女士在2012年接手了朋友的店。

（2）创业中的友人帮助，家人反对

创业时王雅芬女士的家人和亲戚都不支持她，家人觉得外地女人在武汉创业压力太大，难有成绩，不如上班。但幸运的是，王雅芬女士得到了她的朋友、贵人和新人客户们的大力支持。第一次创业，员工只有她和她的助理两个人，在朋友的帮助下，她成功筹集创业资金18万元。最初，为了购买一台笔记本电脑，王雅芬女士找到一位朋友筹资借钱，承诺在3个月内便把钱还给他，这位朋友二话不说便给王雅芬女士转了4500元，后来她才得知这位友人的钱是刷信用卡得来的。这台电脑帮王雅芬女士接了很多订单，大概一个半月的时间，王雅芬女士就把钱还给了这位贵人。与此同时，王雅芬女士的两名摄像朋友在她创业初期给她推荐了很多客户，并且精心制作每一场婚礼，为提升婚礼整体效果起到了非常重要的作用；武汉广电的主播朋友也大力为她宣传，称赞她的店品质好，值得信赖，给她带来了很多新人客户。在婚庆摄影方面，开影楼的杜总夫妇给了她很多好的意见和建议，也推荐了很多客户给她；一些准新人客户们给了她很多鼓励和肯定，有些人与王雅芬女士至今仍是朋友，有的甚至一个家族的婚礼都承包给了她，有的几乎带来了班上一半的同学，还有的把自己公司的商业活动全权委托与她。正是这些人无条件地支持与信任，才让她走到了今天。

（3）创业后经营状况

王雅芬女士创业后的第一个业务是之前办过婚礼的新人的同学，拿到这份订单，她非常开心，这也为她接下来的公司经营开了一个好头。她对创业之后的状况非常有自信，她一直觉得只要用心付出，一定能得到延绵不断的客户支持。任何广告，都不及为客户考虑效果更好，把事情做好，讲究诚信才是最重要的。她不后悔创业，她认为虽然创业过程很艰辛，但是她觉得自己活得更有活力、更充实，花钱的感觉踏实，有安全感才最重要。得到一个又一个的感谢，那种幸福和成就感是无法表达的。

2018年，王雅芬女士成立了第二家公司，红酉长商贸有限公司，主营各类红酒及礼品代售。

（4）家庭和事业的权衡

王雅芬女士认为家庭成员之间需要相互理解，家人也许不能每日三餐都在一起吃饭，但可以尽量做到早晨一起迎接新的一天，为各自加油打气一起出门。家人一个月聚会一次，平时在微信交流。她觉得只要家人相互支持鼓励，感知心在一起，就没有不平衡，现代的社会家庭也更注重尊重和独立。

5. 后记

对于创业合伙人，王雅芬女士认为最重要的在于"人"，人才（有特殊才能）、人品（讲诚信）、人缘（也叫个人资源）。创业过程中，需要坚持，不忘初心，她认为自己创业成功得益于自己敢闯敢拼舍得吃亏舍得付出的性格。谈到对各地商人的评价，王雅芬女士认为，浙商是儒商，粤商很低调，楚商很精明。谈到自己印象最深的城市，王雅芬说自己最喜欢上海、深圳、香港。原因是经济繁荣，繁荣的城市让她觉得富有生命力，这样的城市一切皆有可能，会遇到许多神奇的人和事。

5.6.3 京楚物业研究院的李霞：从北京到武汉，工科女生的创业之路

创始人简介

李霞，物业"黄埔军校"探索者，致力于物业高端经营管理和实操技术人员的培养。1978年7月出生，黄冈人，硕士，副教授（物业管理）、高级工程师、注册物业师。

京楚物业研究院创始人，武汉市物业协会设施专委会副主任兼秘书长，湖北省物协高校专家委员会秘书长、省协会人力资源和培训首席专家，国家结构健康安全监测委员会理事。

北京交通大学机电专业毕业后，2006年在北京市环保局任副主任科员，目前定居武汉，高校任教物业管理本科专业，同时创办了京楚物业研究院，是较早深耕物业人才培训和培养的企业家。

公司地址

湖北省武汉市东湖新技术开发区武大园路5-2号国家地球空间信息产业基地二期北主楼。

培训基地：武汉市东湖高新区光谷大道308号环保动力产业园3A栋。

1. 企业概述

京楚物业研究院（隶属于绿工洁能物业服务有限公司），致力于物业工程实操技能培训、物业经营管理高端人才培养、物业领域前沿技术研究、绿色建筑认证咨询。

2. 行业背景

随着"互联网+"等新技术的发展和社区经济的兴起，物业服务企业不断整合社区物业资源，拓展和丰富社区服务，提升服务质量和价值，在发展社区经济中的价值凸显。物业管理行业已成为潜力巨大的现代服务业之一，物业服务企业正向现代社区综合服务商发展。物业人才数量的匮乏和高端人才的稀缺已经成为制约行业发展的瓶颈，因此致力于人才培养，打通产业链的人才环节，是京楚物业研究院的使命和价值所在。

3. 创业平台

国家地球空间信息产业化基地新区首期占地644亩，总投资40亿元。集研发区、孵化器、加速器和服务区四大区域，规划地球空间信息及应用服务产业研究院、全球地球空间信息数据中心、全球导航与位置服务中心和地球空间信息应用服务中心四大板块，拟打造中国第一地球空间信息产业聚集区。这里提供了创业有效的视野和信息支持。

京楚物业研究院培训基地坐落在东湖高新区环保动力产业园，紧邻汤逊湖畔，大学环绕，环境清幽。基地集合了物业工程设施的供水、供电、供暖、智能、消防、客服、会务服务、保洁保安、绿植维护等多项完备的实操工具和模拟场景，聚集了一大批湖北省及国内优秀的实战讲师，融合了多行业多领域的骨干精英进行培训交流。

4. 创业过程

(1) 追求自由，她从公务员到研究院再到创业

一身旗袍，一顶华帽，款款而来，绿工洁能物业服务有限公司的创始人李霞女士完全不像大众对一般女企业家的认识，她带着东方女性独有的古典韵味与知性，并将这种特性带入她的企业管理中。

研究生毕业以后，李霞女士考上了公务员，3年后辞职，进入环境保护科学研究院从事研究，制定了多项国家和北京市环保标准。几年过去后，因为一次偶然的机会，与清华大学的朋友一起创业大型结构安全与健康监测，从事云计算物联网在土木力学上的应用。后由于家庭原因迁至武汉，在500强外企从事物业管理工作。至此，李霞女士积攒了一定的知识和经验，开始了一个跨领域和复合型的行业——物业管理，一个虽然目前发展欠佳但她却非常笃定的行业。

95%的人都有创业的想法，但是真正去做的却寥寥无几。李霞女士喜欢自由，不喜欢一成不变的生活，她是一个在精神上非常奢侈的人，做自己想做的事情。年轻时有梦就要去追，因为年轻，一无所有，所以不会失去什么，有想法就一定要去做，不让自己变成那个一成不变、不愿改变生活的人。在追梦的过程中，多争取悦己者（即欣赏自己做事的人）的帮助。

(2) 聚焦物业服务

企业若要长久生存和健康发展，就要不断加强自身建设，培育企业的核心竞争力，这种要求的长久性，必须基于多元化的核心能力。在创业打拼中，她一步步意识到必须聚焦自己和团队的专长，找到自己的核心竞争力，于是，她就从控制众多事无巨细的现场服务中果断转身，利用自身优势转型做物业培训工作。培训中主打其他培训机构避而远之的物业难点——物业工程技术培训，由此延伸客服、案场管理等一系列聚焦物业的培训。

稻盛和夫六项精进管理思想中的一项是付出不亚于任何人的努力，这是企业经营中最重要的一条。每一天都竭尽全力、拼命工作。想拥有美好的人生，想成功地经营企业，前提条件就是要"付出不亚于任何人的努力"。做不到这一点，企业经营的成功、人生的成功，都是空中楼阁。李霞女士做到了。

物业服务这一行业非常具有基层性，在创业之初，李霞女士遇到过许多困难，其一便是寻找复合型管理人才。公司许多员工年龄偏大，既懂管理又

懂现场操作的管理者非常难培养也非常难找，大学毕业生很难胜任，即使是找到一个懂管理的人，沟通能力也有限，很难向客户交出满意甚至超预期的答卷。基于这种情况，许多事情李霞女士必须亲力亲为，比起之前的公务员，其中的辛苦不言自明。创业过程中，总有一些问题自己掌控不了，但李霞女士相信，谋事在人，成事在天，她会用百分之二百的努力，把所有事情做到位，相信结果也不会太差。

人们往往对第一次发生的事情念念不忘，李霞女士亦是如此。创业至今，让她记忆犹新的事情都是第一次，如第一次租办公间，对于一个物业公司来说，许多项目都是现场服务，所以拥有了自己的办公点之后，兴奋之情难以言表。另一件事情则是第一次中标，由于过度紧张而忘记了投标日期，李霞女士在投标的前一天突然想起，在极其有限的时间里写出了标书，这是李霞女士第一次单独正式写标书，从前都是团队分工合作。最后由于标书的高质量，中了标。越是紧急的情况下，人的潜能越能够被激发出来，当然这离不开平时的积累与自身的能力。

从一个技术型人才到一个企业的管理者，跨度非常大，这不仅是思维方式的改变，而且是一个行业的跨越。但李霞女士对自己的要求就是成为一个复合型人才，她把工科有条理的思维和严谨的态度应用到管理上面，管理虽然是一门艺术，但它更多的是一门科学。李霞女士认为具有工科思维的人在管理方面更具有优势。

（3）持续创新，提升核心竞争力

李霞女士非常钦佩李鸿章，认为他在各个方面皆为楷模，无论是治国、治学、"创业"，还是文学，都非常有造诣，睿智且有正能量，坚定而儒雅。所以李霞女士身上所表现出来的企业家精神大有承袭"李中堂"之精髓。

变则新，不变则腐；变则活，不变则板。创新是企业生命的源泉，一个企业若要生存得更久，更有竞争力，就必须有源源不断的创造力。

李霞指出，企业必须培育自己的核心竞争力，一般的企业，商业模式非常容易被模仿，同质化竞争激烈，这时企业领导者就必须思考自己企业的核心竞争力在哪里，如何培育，如何在众多产品服务中脱颖而出，这就要求企业家必须具备敏锐的市场眼光与判断力。

（4）生活态度

遇到困难，要以包容的态度忘却烦恼，在企业的经营中，总有决策失误或者失败的时候，这是常事，覆水难收，不能因为自己的一时失误而毫无意义地悔恨，努力弥补或者进行新的事情，过去的事情要反省，但不能一直让其困扰着自己。理性思考问题，集中注意力到新的思考和新的行动中，朝前看，开创新局面才是最重要的。

在专注于事业的同时，李霞不忘家庭，利用空闲的时间，陪陪父母与孩子，在谈到孩子的教育时，她仿佛有说不完的心得体会，孩子应该有一个很好的家庭，爸爸爱妈妈，妈妈心疼爸爸，尊老爱幼，小孩会成长得很好。父母要以阳光的心态去拥抱生活。首先是去追求自己的事业，让孩子明白做事要努力；作为女人要教孩子发现生活中的美，享受生活中的小情调；最后一个方面是尽量挖掘孩子的潜能，看她自己喜欢做什么，然后尽自身的能力来成全她，尽量给她一种放养、散养的环境，在关键的时候，她适当地进行引导。作为一个企业的领导者和一位妈妈，李霞女士很好地兼顾了这两个角色。

尽量兼顾家庭与事业，许多企业家在事业与家庭的平衡中失去控制，影响了公司正常运营，也失去了家庭。如何适当调配自己手中的工作，这个问题对企业家来说是一个不小的挑战。其实无论是工作还是生活，都要认真细心，不要走马观花，事物之间都是有联系的，可以把生活中的感悟带到工作中，也可以把工作时的管理经验规章制度灵活应用到家庭中。

5. 后记

2017年5月底，意外又惊喜地接到李霞女士的电话，对方体贴地说自己正好在附近，问我是否有空。到达约定地点后，身穿旗袍，带着遮阳帽的优雅的李霞女士已经到了。附近并没有合适的采访地点，距离公司也甚是遥远，李霞女士提议就在车里采访。当时正值盛夏，车内闷热异常，只好打开车门。我很诧异，在如此环境下，李霞女士没有丝毫不耐烦，认真回答每一个问题。许多人觉得成功的画面太过遥远，但人生本来就不是很完美，所以李霞女士一直强调：有梦就要去追，没什么大不了。这样人生才不会浪费。

5.6.4　淘宝创业的肖永芳：深耕社交电商，创造社会价值

创 始 人 简 介

肖永芳，社交电商第一批参与者，斑马会员优秀服务商。1979年出生，湖北天门人，经济学硕士。2007年毕业之后到上海工作，目前定居

上海。2006年进入一家外企工作，做出口认证管理。2008年利用工作之余，摸索经营淘宝店，后来辞职成为一名专职淘宝店主和代购卖家。2015年接触分享经济，是最早一批分享经济的参与者和实践者，目前已经在分享经济和社交电商中深耕4年多，带领上万名普通宝妈和上班族创业，创造了一定的社会价值。

公司地址

驻家办公。

1. 企业概述

斑马会员优秀服务商。

2. 行业背景

分享经济是2015年开始兴起的，随着整个社会的发展，传统的经济模式逐渐改变。最早时，有门店才能做生意，随着科技的发展、电脑的普及，2004年前后，电商开始发展起来，一台电脑就能联通全世界，做全世界的生意。随着智能手机的发展与普及，2012年，微商经济开始崛起。在经历了最初几年的野蛮生长之后，单一微商形态逐渐没落。2015年开始，平台化、规模化的社交分享经济开始兴起。

3. 创业平台

斑马物联网是全球领先专为国际电子商务提供物流解决方案的集团性企业，是为跨境电商、电商平台、外贸进出口商家和广大海淘用户，提供海外仓储、集货转运、保税备货、VMI库存管理、跨境干线运输、进出口通关、全球落地配送、退换货管理、供应链金融、采购、支付物流等一系列综合服务的"跨境物流运营平台"。

4. 创业经历

（1）创业初期

肖永芳女士硕士毕业之后到上海工作。上海是一个国际大都市，各种企业非常多，学国际贸易出身的肖永芳女士，很快就找到了一份专业比较对口的工作。在这家企业工作4年多，一方面学以致用，另一方面也认识了很多同事和客户等。

很偶然的机会,她被一个朋友带进了化妆品行业,利用工作之余找到一些实体化妆品店铺合作,肖永芳女士的小副业很快很顺利地做起来了。当时是2008年年底,淘宝还处于比较早期发展的阶段,肖永芳女士注册了淘宝店,没想到网上的生意出乎意料的好,不到半年的时间,网上的化妆品生意已经越做越大,收入也远远超过当时的工资。

可以想见,肖永芳女士也越来越忙碌,在下班之后回家接单,打包发货,经常忙碌到半夜。时间长了之后,明显感觉精力不够,而且白天上班事情也比较多。考虑了一段时间,肖永芳女士果断辞职,专心做淘宝。

随后,有幸跟着淘宝经历了个体卖家生意最好做的阶段,见证了"双11"的疯狂,以及销售数据的年年新高。

(2)时代变迁,创业转型

2014年,肖永芳女士感觉到形势发生了一些变化,即互联网销售平台形势的变化。当时微信普及,用微信的人越来越多。在此期间,她见识到了微信时代微商的疯狂,以及各种微商代理的爆发和消亡。这个过程,肖永芳女士一直冷眼旁观,并未参与到微商的生意中,继续经营着淘宝店,在微信里面做老客户的生意,但是淘宝已经不再扶持个体商家,不再给予流量倾斜,导致销售量受到冲击。

2015年年底2016年年初,共享经济、分享经济出现,肖永芳女士意识到时代变了,新的机遇又到来了。肖永芳女士表示,微商时代没有参与,是担心产品质量和价格等原因,而分享经济平台的出现,则让她的顾虑全部打消了。

分享经济简单来说,是一种S-B-C(Supply-Business-Supply)的模式,产品通过在分享平台销售,直接由厂家(供应商)发到消费者手中,减少了很多的中间环节和各种供应成本。这样一来,厂家可以根据市场需求定产量,避免大量货品的积压。消费者买到了货真价实的产品,节省开支的同时,还买到了各种源头好货。而平台,也得到了利润。这是一个多方共赢的新模式。对于社会来说,既减少了各种资源浪费和过度生产,也由于每个人都能参与分享推广,给很多闲置劳动力找到了就业的新机会。因此,国家从2016年开始,大力宣传和推广新零售模式,推动社交电商的进一步发展。

到现在，社交电商+会员制电商的发展，进一步促进了经济的发展，新零售模式也越来越完善。这种基于熟人间的互动，把之前的弱关系变得更加紧密、更加持续。

（3）分享经济，人人可为

淘宝时代，大部分电商都是个体行为，靠自己的能力赚钱，是个人英雄主义时代。个人能力+努力，是给自己带来回报，受益的是自己。即使成立公司，带着几十人创业，受惠的人群也是很有限的。

而分享经济时代，则是团队互帮互助，共同进步。同时，也是各行各业跨界合作，资源共享，共同做大市场。在这个过程中，每个人的星星之火可以燃烧起一大片市场，受惠人群可以达到千千万万。

传统企业的坐班制，工作时间和地点不自由。很多有小孩的宝妈们，由于要带娃而不得不离开职场，这样会造成很大的心理落差。同时，对家庭的经济收益也有不小的影响。微商时代，由于囤货压货的模式，以及产品单一，难以销售成交，微商只火爆了很短的时间，就被市场淘汰了。社交电商时代，由大平台提供机会，个人无须垫资囤货发货打包售后等，大大降低了门槛。因此真正做到了分享经济，人人可为。在这个过程中，大量在家带娃的宝妈也能参与进来；大量上班族利用空余时间也可以分享；大量有资源、有能力的实体店主们也跨界整合，在不增加任何投资的情况下，能同时获得多份收益。

肖永芳女士作为最早嗅到分享经济商机的第一批推广者，抓住时代的新机遇，先是把自己多年积累的淘宝和代购客户，引导到平台上面来消费。又带着这些小伙伴看准机会，自用体验，每年节省家庭开支少则几千元，多则几万元。同时，坚持努力培训团队，帮助小伙伴们从平台的消费者变成消费商。不仅可以做到自购省钱，还能做到分享赚钱。

全职宝妈是分享经济的主力军。这类人群由于要带小孩，没有办法出去工作。现在有了斑马会员，每天在家里边带娃边做家务，边分享平台的各种好产品，既能获取收益，还扩大了自己的社交圈子。同时，还能影响到身边的宝妈们，跟着一起来创业。

现在是智能手机高度普及的年代，在斑马会员平台，会员无须坐班，拿着手机就能工作，随时随地就可以分享。会员无须囤货、无须发货、无须售后等,只需要把用过的、喜欢的、觉得超值的好东西分享出去,有订单成交,就可以获得佣金奖励。在这个过程中,厂家节省了大量的广告费和推广成本,客户花最少的钱买到了最新鲜、最实惠的好物,会员通过分享获得了佣金收益,这是一个多方受益的过程。

个体经济时代,能力强,受益的主要是本人。分享经济时代,能力强,可以帮助千千万万的普通人。所以,从发挥个人价值的角度来看,有能力的人,要承担更多的社会责任,帮助更多的人实现自我价值。

感恩这个时代,给了普通人更多的创造财富的机遇。

5. 后记

肖永芳女士是电商行业里的理性者,她一路从"淘宝时代""微商时代"到"分享经济时代",足见她的预见力、执行力与学习力。女性创业成功的一切因素源于对市场环境的敏锐度,就是俗称的目光长远,从选择创业项目到最终创业发展方向,都需要不断创新,适应自身与时代的发展。保持理智,不断学习,跟随时代的脚步,实现自我价值。

5.7 文化和娱乐服务

5.7.1 550 艺术书店的王阳:逆龄生长,活在珍贵的人间

创始人简介

王阳,550 艺术书店创始人。1981 年 3 月出生,武汉人。和丈夫分开时 28 岁,孩子不到 3 岁。带着 100 块钱从深圳回来,两年间,每天只睡 4 小时,兼职 7 份工作。于她,对梦想的热爱和对人生的焦虑让 30 岁十字路口的选择更加艰难。人不逼自己总挖掘不到自己的潜力。30 岁,她开始了创业。30 岁,她获得了重生。

公司地址

湖北省武汉市洪山区珞喻路广埠屯电脑城七楼。

1. 公司概述

550艺术书店创办的灵感来源于广州的一家24小时书店——1200书店，从2017年1月1日着手筹划，到开始运营，只花了21天的时间，经过磨合改善最终被定义为女性书店，用书店这一媒介实现了"温暖一座城"的宗旨。

2. 行业背景

目前我国实体书店仍以销售图书为主，2018年实体书店图书零售额321亿元。在市场需求的牵引下，未来我国实体书店的业态分布将更为丰富。与此同时，中国人均纸质阅读量仍较低，全民阅读战略的发展将长期利好。

3. 创业平台

书店走到最后就是一个平台，不能把赚钱仅理解为现金的收入，平台上的资源会带来新的投资人。另外，公益计划为小学捐赠一吨书，大概3000~5000册，还包括从马拉松参赛者那里募集来的书，以及一些参赛服、跑鞋等体育用品。

4. 创业过程

（1）创业之前高强度的生存压力

由于夫妻双方之间价值理念不统一，王阳女士选择与丈夫分开，从深圳回来全身只剩下200元，花了98元买客车票，然后在武汉独自抚养孩子成长。为了生存，王阳女士开始了一人兼职7份工作、办7张信用卡的生活。现在她回想起那段经历，每天只有三四个小时的睡眠时间，还是有些后怕。工作内容也十分混杂：收银、会计、家教、督导、货车司机，这种高强度的生活大概持续了两三年。

（2）首次接触创业

伙伴提出开一家化妆店的提议，面对创业的未知性，王阳女士选择一边在伙伴的店里帮忙，一边做着4份兼职，因为她深知化妆店的收入并不能维持她和孩子的开支，只能作为一项兴趣爱好。一年后，化妆店面临拆迁，王阳女士和小伙伴等一群人又去了"北上广深"学习技术技能，从单纯的化妆拓宽到了整体形象设计。后来，她与创业伙伴分工合作，伙伴负责技术，她负责公司的管理、创业的方向、战略的把控。

(3) 马拉松是扩张规模的催化剂

王阳女士扩大创业规模的决心来源于马拉松。用她的话来说就是:"在2015年跑完马拉松之后,我们就注册了4家公司,非常快。因为马拉松其实跟创业的每个阶段是一模一样的。因为你跑完马拉松之后就顿悟人生了。"

2015年,马拉松是当时十分流行的运动。公司有位员工经常迟到,大年初八王阳女士便拉着她一起去跑步,并发了朋友圈,王阳女士发现,朋友圈没有人会关注你发的一些课程和工作事宜,但是一条关于跑步的朋友圈却获得了200多个人的点赞,她认为:"我们只要出发了,做了别人不敢做的事情,别人就觉得这个很有意思。"就这样慢慢发展为女子跑团。武汉女子跑团就相当于公司的一个市场部,她们带着客户一起去跑步,在全国跑马拉松。"550书店"就是用王阳女士人生的第一个马拉松成绩"5小时50分钟"命名的,2015年3月19日在重庆花了5小时50分钟,将创业与马拉松的"撞墙期"进行类比,王阳想到,既然自己连马拉松都能跑,就没有其他突破不了的事情了。

2015年2月成立的武汉女子第一跑团,已由当初的10人发展到现在约2000人,管理员也由当初的5个人发展到现在的25人,他们发挥自己的奉献精神,努力维护这个公益团体,让这些工作累了、生活疲惫的人找到了快乐的源泉——跑步。使所有人实实在在体会到"只要出发就能到达"已不是一句简单的口号,它是武汉女子跑团追求健康快乐的体现。

作为一项非营利项目,王阳女士认为马拉松可以锻炼自己团队的策划能力和执行能力,另外还可以增加客户黏度。当时举办的武汉市第一场女子半程马拉松,本意是给一位同事留下一场难忘的婚礼,找99个伴娘陪跑,这件事在网上引起很大的反响,报名的人越来越多,最终人数定在了政府的报备线1000人以下。她充分调动朋友圈的资源和身边同事资源来拉赞助,致力于将这场小而美的赛事做得精致,找酒店赞助商为参赛选手安排住处,举办欢迎晚宴,首约汽车进行接送,比赛奖品也是一家珠宝公司提供的项链。奖牌的设计更是别出心裁,还有仟吉、精武鸭脖等商家提供赞助,正是这些细节的精细处理奠定了王阳在跑团界的地位,也印证了"细节决定成败"的道理。

令王阳女士特别骄傲的是,跑完马拉松后创办的体育公司,花了仅16个月就得到了香港一家上市公司的全资收购,第一是看中了跑团在华东区域的资源整合能力,第二是强大的自信力和资金的团队。就马拉松而言,创新文化元素是成功的要点之一,女子马拉松、乡村马拉松、禅修马拉松,各种有意思的环节都设计了进去。从马拉松中悟到了建立目标,克服焦虑,战胜内心的孤独恐惧,朝着自己的目标一步一个脚印前进。

(4) 公司之间的逻辑关系公司整体形象设计

550 书店:王阳女士回忆道:"开这家书店时,有一念头便是去广州学习,回来开内部会议,从敲定开始装修到运营只用了 21 天的时间。股东众筹入股也是花了一番心思,每个月都要有 12 个小时的指纹打卡记录,过来接待顾客、参加沙龙、看书、和朋友聊天都可以。这样可以让每位股东获得参与感,不以营利为目的,用来作为举办沙龙的场地,用来约见客户。"在王阳看来,总结经验,造福社会。王阳原封不动地将自己多年总结出来的经验进行梳理,再毫无保留地传授出去,进行资源的整合,形成一个搭建资源的平台。

希菲洛:公司从开始的"建造车轮子"到后来的"建造车";从最初为了解决员工的生存问题,到后来发展为帮助女性成长;还有从口号的演变也可以很明显地体会到(专注为美丽 专业为形象—助更多女性找到自信—让中国女性的美影响世界),王阳始终坚信自信才是整体形象设计的核心,为此书店举办艺术沙龙,选定主题,营造出一个良好氛围。

公司的逻辑关系很简单,都是围绕女性服务,让女性成为更好的自己,既是在提升她们的身体素质,也是在培养她们的内在魅力。

5. 后记

2019 年 2 月中旬,来到 550 艺术书店,首先就被书店门口的假山和水流吸引了,在流动的小瀑布前面,"活在这珍贵的人间"几个大字赫赫醒目于一块木头招牌上,这是大诗人海子发出的呐喊。采访王阳女士的过程很顺利,她阳光又自信,坚毅又勇敢,洒脱又自律,生动地诠释了"80 后"创业的酸甜苦辣。

"创业就是熬,熬着找合伙人,熬着培养团队,熬着度过公司和自己成长的每一个阶段……熬着熬着,就熬出一锅岁月的味道!"这是采访结束以后王阳女士送给我的她主编的书《其她》中的一句话。"任何困难也不能妨碍我们去成长!""活在这珍贵的人间",甚好。

5.7.2 寄给未来传媒的杨雪：寄给未来，影像是一种力量

创始人简介

杨雪，武汉寄给未来传媒有限公司创始人、CEO。1990 年 2 月出生，湖北武汉人。

公司地址

湖北省武汉市东湖新技术开发区武大科技园武大园二路宏业楼 2 楼。

1. 公司概述

武汉寄给未来传媒有限公司成立于 2014 年年初，是一家诞生于光谷，成长于光谷，以影视制作为主营业务的内容创作商。业务涉及纪录片制作、剧情片制作、专题片制作、宣传片制作、后期特效制作、多媒体内容制作、微电影制作、音乐 MV 制作等。合作单位有中国光谷、中央电视台纪录片频道、中央电视台科教频道、百度、东方航空、万科地产、浙江大学、武汉理工大学、武汉体育学院、美国 SOM 建筑设计事务所、德国维思平建筑设计事务所、中国二十冶、中建三局、湖北省体育局、星冠联等。截至目前，寄给未来创作影片 30 余部，客户满意度 99%，客户回购率 70%，转介绍率 100%[1]。

2. 行业背景

我国影视行业已实行市场化运作，政府也出台了一系列促进影视发展、创作繁荣和国际合作的优惠政策，这都极大地调动了从业人员和社会力量投入影视事业的积极性和创造性，因此，我国影视行业也呈现了持续快速的增长势头。

随着新媒体、自媒体的蓬勃发展，影视行业从传统的电影电视，过渡到互联网、移动互联网。科技发展日新月异，伴随网络电影、直播、短视频的爆发式增长，影视内容创作已然呈现百舸争流、百花齐放的蓬勃姿态。我国影视行业正处在巨大变革的 10 年。人人都是生活的导演，观众可以选择的荧

---

[1] 信息由武汉寄给未来传媒有限公司提供。

屏从传统的只有大荧幕电视，到现今电脑手机等更丰富的载体。

3. 创业平台

武汉寄给未来传媒有限公司坐落于东科创星国家级创新型孵化器。东科创星是一家以资本为引擎，以服务为支撑，以空间为载体的国家级创新型创业孵化机构。东科创星始创于2013年，公司总部位于中国光谷，在加拿大多伦多、英国利物浦设有控股子公司，秉承着"为有潜质的创业者定制化配置创业要素和资源，并伴随成长，最终实现价值创造"的核心理念，东科创星通过独创的"选、育、投、荐"发展模式，致力于构建完整的创业生态及商业链条，打造全球具有影响力的创新创业服务平台。

4. 创业过程

武汉寄给未来传媒有限公司，用影像，留住爱，寄给未来。

(1) 用文化与情怀打造公司

谈起公司，"90后"创业者杨雪女士有说不完的话，她将公司命名为寄给未来，因为她希望能够通过影像留住爱，使影像具有生命力，具有记忆。如果把时间比作一根长绳，如同古人结绳记事一般，用影像在绳上打一个结，来留住历史，留住当下。家庭影像的留存如同在漫漫历史长河中，为自己的姓氏、家族、群体穿上外衣，包裹成一份真挚的礼物，送给子孙后代。

人类生活在这个世界上，不是只有衣食住行，更需要精神文明，尤其是当中国特色社会主义进入新时代，我国社会主要矛盾已经转化为人民日益增长的美好生活需要和不平衡不充分的发展之间的矛盾，人们对丰富精神的渴求愈加强烈，这就是影像的魅力，这也是寄给未来传媒的潜力所在。

如同杨雪女士所说，她所做的事情不仅是为了当下，更是为了以后。当下，寄给未来传媒通用影像记录一个又一个家庭，通过简单的重复工作，聚焦关注与陪伴。日后，寄给未来传媒希望通过影像，为更多的人点亮心中关于家庭、爱和陪伴的灯塔。寄给未来的团队也可以在日复一日的劳作中，练就手艺，收获匠心。坚持愿景和理想，可以更长久地为社会创造价值，打铁还须自身硬，寄给未来传媒不敢怠慢。为什么活着？是为了每一天可以进步一点，可以成为心里那个更好的自己，这就是寄给未来。

(2) 从就业到创业是找寻自我的过程

杨雪女士在创业前，曾经实习于苏州，在与一个自闭症孩子的相处中，渐渐感受到家庭情感的重要性，意识到人绝对不能只有工作，于是回到了武汉。位于内陆的武汉相比苏州显得较为安逸，职场上的人们更注重怎么去适应现有的生存环境。而杨雪女士更加追求把事情做到完美极致，完全没办法适应为工作而工作的环境。难道自己想要的是这种生活吗？她在心里问着自己。一个人的一生中总会有这种时候，这是一个人内心战争的过程。

得到否定的答案之后，寄给未来便成立了。在杨雪看来，创业是这个世界上最难的事情之一，因为要根据周围的环境做出努力，所有的事情只能靠自己，无法逃避，而家人也并不支持她创业的决定。即使许多阻碍横在创业之路上，但杨雪女士还是去做了，她希望选择一种更为自由并且可以实现自我人生价值的生活方式，每天活出不一样的自己，享受通过自己的努力去换得一种好的结果的过程。她想要去看得更多，去见更多的人，去做更多的事情，去了解更大的世界，去看书本里以及身边的人所看不到的东西，她不想停止前进的步伐，不要太理想地活着也不要没有理想。杨雪女士是一定要自己创造梦想的人，所以才会放弃很多世人看起来很好的机会而选择创业。创业的目的就是培养一个适合的自己，有舒适的维度，并因此创造价值。曾经做不好的，现在努力的，都是为了去实现这样一个理想。为了想要的而活着，这样的奋斗是自发的，不需要任何理由，而且会做得比任何人都要好。有些目标是海市蜃楼，因为那根本不是自己心底真正的声音。人到底该怎样活，世界就会变成什么样子。曾经做不到的，现在需要拼命努力的，为的都是心中的目标。

创业之初，杨雪女士参加了企业家特训班，她知道自己需要学习如何管理企业以及企业的方方面面。人需要和优秀的人在一起，杨雪女士在班里向同学学到了作为企业家雷厉风行处理事情的风格，以及令人向往把事情干好的冲劲。更实在的是，在课程中，她找到了作为一个创业者在创业过程中遇到如何给公司定位、股权如何设置、产品如何定位等问题的答案，她为自己画出了一条创业该走的路。

（3）女权主义与企业发展

杨雪女士认为自己是一个高度的女权主义者，她认为在社会上女性发挥能力的空间极大，相较于男性，女性的心思更为细腻，更会把握人际关系，只是由于现在的社会并不是高度文明的，所以女性会被家庭环境和下一代影响，若是打破这些枷锁，女性与男性同样适合在这个世界中打拼。成功的女企业家，共同的特质是有思想，知道自己想要的到底是什么。杨雪女士努力培养自己的逻辑思维能力，像女性一样处理关系，像男性一样思考问题解决问题。

一家创业企业要经历优胜劣汰的自然生存周期，然后进入良性生长阶段，至少需要3年；经历市场的淘洗走向成熟，又需要5~10年的沉淀，科技型企业前期技术研发与后期市场开拓的时间成本更高。如今许多创业者都是草根创业起家，没有显赫的政治背景与资本资源支持，都经历过艰难的原始积累的创业历程。创业做产品需要情怀，想做出好产品，意味着需要花费更多的精力、时间与成本，这与创业者的初衷并不相符。所以创业更需要一种工匠精神，工匠精神的内涵首先是保证质量，慢工出细活。遇到问题解决问题，把产品做好比什么都重要。这其实是一条孤独、艰难而漫长的道路。

(4) 企业家精神

青年创业者杨雪女士坚持做好每一个作品，做好产品是她的信仰。

一是追求卓越，证明自己，并在努力的结果中享受乐趣，这是一种人生态度，更是一种境界，在可以放松时仍然一如既往地坚持产品质量为先，这是一种高度的责任感和敬业精神。当其他公司放弃的时候，她找寻下一位顾客；当顾客拒绝她的时候，她总是在寻找自我改进的方法，她对工作有一种非做不可的使命感，并为之孜孜不倦、乐此不疲。

二是信任相信的力量，也理解不相信带来的结果。这个精神在创业和企业管理中非常重要，信念决定了力量与高度。在创业过程中，每天都会遇到困难，杨雪女士将所有困难当成需要闯关的任务，用最乐观的态度面对，相信自己的选择，相信自己的作品，相信自己的努力。

三是宽容失败，鼓励创新。创造一项新的存在体，远比任何事情都困难，因为没有经验可循，走前人没有走过的路，所以她更加努力，更加强大，善待挫折、宽容失败，鼓励探索、激励成功，她从中感受到了快乐。这就像走出沙漠一样，每一步，都是在疼痛中离旗帜越来越近。

5. 后记

首次与杨雪女士取得联系时，已是傍晚，考虑到去公司不太方便，杨雪女士竟在晚高峰中驱车来到我的学校，我内心是受宠若惊与敬佩不已的。杨雪女士到达后，就近找了一家奶茶店开始了采访。访谈中得知杨雪女士是一位"90后"的年轻企业家，她的气质精神，与所谓的"浮躁一代""浮夸"相去甚远，她有着不甘平庸的理想和顽强果敢的性格。她有着雷厉风行的处理方式，不爱拖延，所以会自己驾车来接受采访。杨雪女士与我想象的大为不同，随意扎起来的头发，虽称不上邋遢，但明显并不平整的衣服，粉黛不施的脸上有着大大的黑眼圈。在访谈结束后的聊天中得知，她已有两天没合眼了，日夜不休工作了两天，一直等到访谈结束后才买了面包充饥。对于初创企业来说，创始人永远奔赴在第一线，处理各种突发状况，正如杨雪女士所说："万事只能尽最大的努力，无法逃避。"创业是创造一项新的生命体，而这就是她的世界，袒露自我的地方。

5.7.3 做自己科技的夏利：纸板造物，助力城市文化创意与创造活力

创始人简介

夏利，武汉做自己科技有限公司创始人，纸板创意品牌项目"趣造吧"创始人，国家级众创空间武汉去创吧合伙人，湖北省发明协会会员，睿问武汉事业合伙人，武汉工程大学黑苹果社团创始人，2018年湖北省大创赛10强。

公司地址

湖北省武汉市东湖新技术开发区大学园路长城园路8号海容基孵化园。

1. 公司概述

武汉做自己科技有限公司于2016年4月成立于武汉，是湖北省首个纸艺文化创意机构，2018年湖北省大创赛10强企业，品牌项目为"趣造吧"——以环保瓦楞纸板为载体，打造纸艺与文化、科技、创客教育融合品牌。

趣造吧专注于将纸艺与文化、科技、创客教育相结合，以环保瓦楞纸板为载体，运用3D快速成型技术和原理、立体组装黏合工艺创作各类纸艺产品，并由此延伸出纸艺美陈展览展示、纸艺儿童乐园、纸艺创意活动、纸艺

主题空间建设、纸艺创客课程、个性化定制6个产品系列，具有互动趣味、经济实用、绿色环保、创意设计的特性，广泛应用于学校、商场、地产、酒店、文创空间、展览展示、DIY亲子互动等，致力于为用户提供一种新颖、健康、环保、有趣的创作方式及文化体验，用纸艺助力城市文化创意新活力。

2. 行业背景

创客运动与文化创意产业的悄然兴起，为新时代工匠提供了传承与创新的机遇，传统手艺向现代文化创新产业转型发展，手工艺品慢慢渗透到文创产品设计领域，二者结合，既是传统文化的新发展，也是现代创意创业的发展。

3. 创业平台

公司于2016年在华工科技园注册成立，2018年搬至新地址。夏利女士坦言，华工科技园对公司的成长起到了较好的帮助作用。华工科技园由华中科技大产业集团有限公司、华工科技产业股份有限公司与武汉高科国有控股集团有限公司于1999年共同发起成立，是东湖高新区国家大学科技园首期启动的重点工程，也是"武汉·中国光谷"的重要组成部分。

4. 创业过程

（1）历经实践后开启创业

夏利女士在大学时，曾创办过大学生公益创业社团，在大学社团里她更多的是创新创业实践，因为这两年的实践，她有机会接触了武汉的很多企业和光谷的创新创业氛围，并在毕业时选择参与光谷一个创新创业服务平台——武汉"去造吧"的共建，负责平台的创新创业主题活动的策划和组织。在"去造吧"的两年时间里，她策划和组织了大小创新创业主题活动200多场，联合策划了众筹时代、光谷火星趴等品牌活动，并参与统筹策划组织了武汉的第一届创客嘉年华。在此之前，她特意去北京、上海、深圳学习国内领先的创客运动形态，感受北上深的创客文化与氛围。

她发现，在这些城市，只要有想法就有机会在一些创客空间里做出实物型的东西，并拿到市面上互相交流甚至产生收益，这种形式深深吸引了夏利女士。在武汉首届创客嘉年华的现场，团队邀请的两个项目分别用纸板搭建了一个2米的大象和一个5米高的创字塔，利用纸板这种材质呈现出了他们的创意,而夏利女士参与了整个项目从创意到拆解的过程,纸板的材质引起了对动手造物敏感的夏利的注意与好奇心。她开始与朋友们探讨是否可以用纸板在推动城市的造物文化方面有所作为,比如用纸板做家具,如桌子、凳子,有了想法就去尝试,一步步落地。

2016年,武汉马拉松举办在即,夏利女士的团队被邀请制作一个1∶1的纸板汉马来助力本次马拉松。当时的夏利与团队面临着结构设计问题、原材料采购、场地、机器、制作等多重挑战,并没有十足的把握做出体型如此大的模型,许多难关困扰着团队。但他们选择迎难而上,一个星期的加班加点,在团队成员的齐心协力下,他们向客户做出了满意的交付,实现了突破升级,至今这匹纸板汉马仍然陈列在武汉科技馆,展现了团队的努力与心血。这时的夏利并没有注册公司,但随着汉马订单不断收获好评,她发现市场是可深入的,于是开始着手注册公司,并以自己聆听内心声音开启创业之路的初心给公司取名"做自己",正式开始了创业之路。

(2)渡过创业危机的艰辛

公司成立后,夏利女士面临的挑战越来越多。2016年圣诞节来临之际,客户邀请夏利为五星级酒店万达嘉华制作圣诞节造景,高达5米,占地面积近30平方米。在此之前,夏利团队并没有做过彩色模型,更没有加过灯光效果,如此大的整体视觉对团队而言是一个不小的挑战。但是既然接受了订单,就一定要努力去做,当时的公司没有设备,场地是租借的,这样的硬件条件似乎并未给团队带来信心。但在创客文化深入人心的团队,从来都是迎难而上的,短暂的讨论后,成员各自分工,采购木材,设计制作拼装,最后的3天,团队成员都自发选择了吃住在公司,在这样的争分夺秒下,仅仅9天时间,团队再次向客户交出了满意的答卷,交付安装完成的那一刻,他们脸上都露出了无比灿烂的笑容。

公司成立之初主打定制,当时的团队只知道纸板材质在哪些方面可以做一些尝试,但并没有案例可寻,在湖北也没有人做,"做自己"是唯一一家,没有直接的竞争对手,也没有直接的同行,一切都要从头摸索。夏利女士认为没有直接的同行就没有参考,一旦进入这个市场就必须让市场相信你可以做到,凸显你的优势。经常会有客户发来一张图,要求某个时间做完,如果预期相似度可达90%,就会选择去做,将成品交给客户。所以初期可能会有周期很紧的情况出现，经过两年，形态成熟了许多，现在的夏利会用自己的案例去引导客户，告诉他们如何做会缩短周期，降低成本，提出组合的方案供客户选择。随着实战案例的积累，公司也逐步推出了纸艺美陈展览展示、纸艺儿童乐园、纸艺创意活动、纸艺主题空间建设、纸艺创客课程、个性化定制6个产品系列。

2016年，起步没多久就遇到纸板成本问题，由于国家的环保政策，纸板成本大幅度上涨，尤其有的月份甚至在以天为单位上涨，在原纸采购非常紧张的情况下，甚至出现了有钱也买不到的问题。那时的夏利每天都和供货商了解行情，做足准备。有时候即使价格很高，仍然要采购一大批回来。靠着这种方法，又渡过了一次危机。

(3) 创业与就业的区别

夏利女士是非科班出身，做纸艺项目之前，对其中的门道并不清楚。在大学时，图片、宣传、设计等很多事情也并不是亲力亲为，而是交给伙伴去做，但真正创业后，她发现很多东西都要自己去做，尤其是一些短板和现阶段遇到的问题都要去克服，这是作为创始人必须承受的压力，需要自己去突破，或者在特定的时刻需要知道有谁可以帮你。

夏利坦言她并不是团队里最擅长设计的，但她可以做设计翻译，把市场需求与设计师联结起来，如果不去学设计，不了解软件和设计流程，那么翻译给设计师，他们如何听得懂？在很多时候她起的是桥梁的作用，这便是创业与就业的不同，就业常常是被动地去面对一些问题，往往可以寻求背后技术或团队的支持，但是创业者必须在遇到问题时第一时间自己主动去探索，去寻找解决问题的方案。所以从2016年开始做项目，夏利女士从头开始学起了平面设计，2017年又开始学立体设计，如今夏利接到客户需求，已经能够知道最基本的设计构成。她认为作为一个管理者，不一定要样样精通，但必须略知一二，做好公司的架构师和团队之间的桥梁。

(4) 创业成长心路是顺从内心做自己的过程

3年过去了，"做自己"公司已经由亏损过渡到持平的经营状态，如今正是事业的拐点，如果能继续坚持，那么就能度过3年的生死期。回想起3年来的创业经历，夏利女士颇有感慨，前3年的创业如同打仗一般，每天都有无尽的挫败感，但是每当清晨的第一缕阳光洒向大地时，繁忙的生活仍然在继续，而她也依旧努力。

夏利女士的创业成长心路也是聆听心语做自己的过程，这应该是对公司名字最好的解释，自我成长才是最好的礼物。对于夏利没有什么比看到自己竭尽全力做出成果的那一刻更为开心。她不断地与时间赛跑，即使是给自己放个小假，出去旅游，也是一件十分奢侈的事情。创业之后，夏利几乎没有特别轻松的时光，看到朋友常常在群里讨论周末去哪里玩，而她只有加班。即使是玩也是为了学习一些东西，夏利的朋友圈中有一张定位在昙华林的照片，朋友们都认为她去休息了，而她其实是带着任务去看建筑外在形态了。或许会有不理解的声音出现，但这是夏利的一种选择，创业不是童话，不可能过着少女般的生活。尤其在创业初期，每一步都至关重要，所有人都可以休息，唯独创始人需要加班，没有办法避免，文化是慢慢孕育的过程，所以夏利要走得更稳、更缓。

5. 后记

2018年6月底，我完成了对夏利女士的采访。到达约定地点的时候，夏利女士身着工作服已经在门外等候。为了使访谈环境保持安静，她关闭了正在运作的机器。在夏利女士的带领下，我参观了公司的纸艺作品，寻常的纸板经过创意设计、数字化加工和立体黏合，变成了各种造型的物品，甚至做访谈的桌子也是由纸板做成的，看似不够坚硬的纸板竟十分结实，令人十分惊讶。当她看着这些作品时，眼神中的自豪与自信是什么也遮挡不住的，如同对待自己的孩子一般。正如她对公司名字的解释：作为匠人后代的我们，选择纸艺这个方向更多的是选择了做自己，我们也深信做好自己就是一种幸运；另一方面源于把"做自己"换个顺序对应"自己做"，与项目动手造物、用手思考的倡导刚好相呼应。"纸创造了文明，但我们用纸创造了新的世界，纸世界、纸乐园，趣造纸艺，做不一样的自己。"

她仰望北上广凌晨3点的灯光，即使是在他乡，也不会感到孤独，因为那是为了梦想而努力的模样。

5.7.4 探星电商的费丹丹：事事磨砺，心路成长

创始人简介

费丹丹，武汉探星电子商务有限公司创始人，1995年9月出生，湖

北黄石人，大学本科。早在大二期间接触直播以及电商行业，并在2017年创办了武汉探星电子商务有限公司，到广东佛山十号文化传播有限公司学习进修一年有余，目前定居武汉。2018年年底返回武汉，跟朋友一起创办了影鹿奇风文化传媒有限公司，担任股东并参与运营。2019年创办了武汉鲸鱼三号影视文化传媒有限公司，摸索经营游戏直播和娱乐直播，短短一个月时间，公司主播就发展到150余人。同年8月发展电商泛直播平台，将手上的直播资源和电商渠道进行资源整合，打造出一个多元化平台。

公司地址

湖北省武汉市武昌区光谷万科中心30层。

1. 公司概述

武汉探星电子商务有限公司成立于2017年11月20日，注册资本3万元，主营服装、鞋帽、箱包、针纺织品、家居用品、办公用品、皮革制品、日用品的网上批发兼零售；以及计算机领域内的技术服务、技术咨询、技术开发。

武汉影鹿奇风文化传媒有限公司创立于2018年10月，注册资本100万元，主营文化艺术咨询服务、礼仪服务、互联网技术研发、计算机技术咨询、电子商务技术服务、影视制作、企业咨询服务、广告设计、网站与网页设计。

2. 行业背景

传媒产业是指各类信息、知识的传媒实体部分所构成的产业群，它是生产、传播各种以文字、图形、艺术、语言、影像、声音、数码、符号等形式存在的信息产品以及提供各种增值服务的特殊产业。

3. 创业平台

2017年11月，经联合国教科文组织严格遴选，武汉成功当选全球创意城市"设计之都"，由此成为继深圳、上海、北京之后的中国第四个"设计之都"。

4. 创业过程

（1）明确目标与努力学习实践都是创业的基础

对于当代大学生而言，明确的职业规划是很重要的，而坚定地朝这些目标前进十分难得。在问道为什么想在这个行业试水时，费丹丹女士回答说，家里是开建筑公司的，她从小就被父母安排到大，大学专业也是父母选的，家里希望她读完大学后回家里的公司上班，但是她却认为她先要自立，学会安排自己，去做自己想做的，她也想证明给父母看，在别的行业她同样可以做得很好。从土木到电商，之间的跨度很大，初期作为一名"小白"，虽说有一个做电商的朋友带领入行，但大部分的工作还是要自己去摸索。当说到创业初期的感受时，她直言那段时间差点挺不过去了。她中间有一段时间休学，去传媒公司进行学习，下半年才开了一家属于自己的公司，而这次的学习也为后两次创业打下了基础。

（2）创业的成长与心路历程的变化

当问起创业过程中既艰辛又难忘的事时，费丹丹女士想起了自己的第一桶金，相对于她以前兼职所得高出不止 10 倍，用靠着自己双手赚来的钱买想要的东西，这次经历收获的满足感，使她看到了生机。

随着公司发展，遇到的困难也不少。最近的问题是公司人员流动大和股东挪用公款，虽说得到了及时解决，但损失也不小，使得创业受阻。再者是在创业中遇到的形形色色的人，在创业期间遇到了一些诚信度极低的顾客，在所有的内容都安排完成后，对方却没有了回音，这对她的自信心打击很大，通过一次次的教训，她知道了每次准备一个项目时，都要做好两手计划。

经历过创业初期的种种后，如今也算到了她的沉淀时期。费丹丹女士说，她也算是了解了套路，对于一件事它终有成败，但没有绝对的界限，不知道如何算是一定的成功或者失败，有人最后赚到了钱，但却得了抑郁症，有些事情是强求不了的。但有些事情如果她可以做，不到最后一秒，她就会去争取，既然做了就不能白做，不管是从前辈那儿学到什么知识也好，甚至得到比较好的人生观，让她活得更积极也好，都是收获，都是财富，都是金钱。她说："你现在所经历所做的每一件事都是有意义且有价值的。不管坏事、好事，都是有价值的，都是你人生的财富。"

5. 后记

2019 年 2 月底，初次见面，费丹丹女士很大方，性格直率，平易近人，原本以为采访时长可能不够，但她的热情，使得这次采访进行得很顺利，每一个问题，她都耐心地回答。费丹丹女士敢于追求自己所想的勇气，同时又能抛下身边的小利益，不断扩大自身格局，这种精神值得学习。

5.7.5 DIY手作生活的游帅：童心未泯，追随本我

创始人简介

游帅，"90后"大学毕业生，理工类本科，武汉本地人。从大学毕业到创业期间，在事业单位（图书馆）工作两年。她本身性格开朗，不太喜欢过于安稳、内敛的工作。她创业的想法得到了家人的支持。

公司地址

湖北省武汉市光谷步行街尚都公寓一栋。

1. 公司概述

武汉光谷豆豆DIY手作生活馆成立于2018年10月，前后投入注册资本10万元。主要业务：以手工坊提供的五彩空心珠子为原材料，顾客手工DIY，顾客可自选图案、花式、样品，拼出自己喜欢的图案。

2. 行业背景

当今市场上的工业产品虽然各式各样，但依旧无法完全满足个性化的市场需求，很多消费者都追求独一无二、有纪念意义的产品，千篇一律的产品无法满足个人的特殊需求，因此DIY的理念便产生出来。在DIY过程中，给予人们满足感是最重要的；工业化的生产已经日臻完美，充斥着人们的生活，生产和生活速度迅猛提升，人们在快节奏中奔波，内心的疲惫驱使人们对慢节奏的追求，以及对产品精湛、精致的追求。同时DIY精神与当代工匠精神正在有机融合。

3. 创业平台

近年来，光谷不断致力于体制创新，从"黄金十条""新黄金十条""创业十条"到"开放十条"，科技金融改革创新试验、高校职务科技成果"三权"改革均走在全国前列，实施"城市合伙人计划""创谷计划"等，武汉以光谷为中心的政策创新不断跑在湖北省乃至全国的前列，为创新创业提供优质的政策环境。在这样的市场及政策氛围的影响下，越来越多在武汉求学

的大学生选择留下，越来越多从这里走出去的青年人选择回来，不断为光谷"创新创业"注入新的力量和血液，从而吸引了更多的企业落户光谷。

4. 创业过程

（1）一次做客带来的创业灵感

游帅的创业灵感主要来源于一次去朋友家做客，当时有很多小朋友在做手工，很多成年人也参与了进来，一起度过了难忘的时光。她发现小孩子的思想特别有意思，极具创新性，而做手工不仅培养了人们的动手能力，也锻炼了思维。此外，大人们在闲暇之余互相陪伴，在快节奏的生活中体味慢节奏的生活过程，既体验了情怀，彼此之间也增进了感情。由于她对自己当时的工作不满意，恰巧也成了她创业的契机。2018年10月她开始了创业之旅，起初仅仅是让客户过来做手工，手工坊提供场所、原材料，以及对作品的后期制作，例如烘烤、加手环等。她自己也会设计图案，或者在网上找资源，找一些当下很流行的东西，为客户提供图样。

（2）多维度的创业困难

一是缺乏创业经验：创业前期，审批开店就面临着很大的困难。因为是第一次创业，对开始注册、审批、盖章等一些具体的流程不是特别了解，中间走了些弯路；而审批过后，由于对行情了解不够深刻，实际价格与自己预期存在差距，经过了不少时间的协调才解决。

二是资金预算有限：一切手续就位后，在开店选址问题上又遇到了麻烦。在前期预算中考虑到，本身的资金数额存在限制，而该店前期发展的利润是极不固定的，投入过多资金风险过大，所以不得不放弃本来考量好的地址。后来，经过综合考虑，决定在一家酒店的高层开店。这样在门店房租方面就节省了开支。

三是前期宣传难度大：因为选址原因，门店在酒店高层，广告宣传需求投入大。对此，她充分利用自己的关系网进行宣传，找亲戚、同学、朋友到处宣传；在各大高校新生群、社团群大力宣传，发放宣传单；后来发现力度不够，就利用网络平台，上美团、大众点评等做宣传。

四是收入波动性大：店里的人流量受多种因素影响，自然因素、人为因素都有。从武汉的地理位置考虑，雨季一年持续时间比较长，而且在"梅雨"季节，连续下雨，人们出行次数就比较少，人流量明显减少。从消费者市场考虑，主要是面向年轻人、小孩子等，消费群体比较单调；而年轻人中，大学生是一个很大的团体，但是大学生资金普遍有限。这些因素都会对 DIY 手工坊的利润产生不利影响。

（3）基于现实困难转变对未来的展望

变则新，不变则腐；变则活，不变则板。创新是企业发展的灵魂，手工坊创始人对于未来如何发展手工坊，如何使自己的商业模式从市场中脱颖而出，也有很多想法。在现有的店铺经营情况下，游帅要让店铺活下去。

在未来，游帅将会拓展业务。扩大消费人群，从年轻人这一年龄段，推向全年龄段；服务业务随之拓展，原材料会越来越丰富，不再局限于一种，而是多元、多样化的；对同学、朋友之间的礼品市场开发，让手工 DIY 逐步成为维系现代人际关系的重要纽带。她期冀更深层次的发展，将手工与民族精神、工匠精神、民族文化相结合，赋予手工品活的灵魂。

5. 后记

2019 年 2 月底，在游帅女士的门店里，完成了对她的采访。跳出安逸的生活圈子，挑战自我，去做冒险而有价值的事；正确认识自我，与时俱进，乐观面对困难，这些精神都可以从 DIY 手工创始人的身上很好地展现出来。目光长远，做好当下，寻求商机，继承发展，推陈出新，与时俱进，创新是企业长远发展的活的灵魂。创业成功与否，绝对不是一蹴而就的，而是一个漫长而曲折的过程，不断吸取经验，总结教训，所有经历都将会成为人生道路中的财富。

5.7.6 哒呤科技的李洁：持续创业，服务学生平台

创 始 人 简 介

李洁，哒呤科技创始人，企业人力资源管理师一级。1988 年 3 月生，湖北武汉人，硕士研究生学历。拥有两项个人发明专利。2014 年 9 月在武汉大学经济管理学院攻读工商管理硕士。2015 年 2 月创办武汉哒呤科技有限公司并担任 CEO。2016 年 11 月被武汉市洪山区提名为洪山区人大代表候选人。个人被评选为 2015 武汉市大学生创业先锋、2015 洪山区大学生创业先锋、洪山区首届"巾帼创业创新之星"、2016 洪山区人大代表候选人、2016 全国企业管理挑战赛冠军、武汉大学 MBA"十大风云人

物"、武汉生物工程学院创业讲师。

公司地址

湖北省武汉市洪山区珞珈创意园一期大学生创业基地。

1. 企业概述

武汉哒呤科技有限公司创立于 2015 年 2 月 11 日，注册资本 200 万元，主要进行移动互联网软件的研发和运营，旗下产品哒呤 App 是一款基于 LBS 地理位置的移动社交软件，目前公司已被评为"湖北省第五批科技型中小企业成长路线图计划重点培育企业"，公司以"信任、合作"为企业文化，以"专注、服务"为核心价值，一切以用户需求为中心，力求通过专业的水平和不懈的努力创造出好的产品。

2. 行业背景

在网络通信发达的时代里，手机成了大众与世界沟通的桥梁，人们希望虚拟世界与现实世界能够被连接，于是各种社交软件应运而生，分布年龄层广，在巨大的市场竞争力之下，行业发展不断完善。

3. 创业平台背景

以促进大学生创业带动就业、促进产业振兴、促进创新人才成长为指导思想，坚持大学生创业与招商引资相结合、与促进现代服务业发展相结合、与科技成果转化相结合、与人才引进相结合，努力建成功能齐全、环境优越、全国一流的大学生创业孵化、创业就业综合服务平台。

4. 创业过程

天将降大任于斯人也，必先苦其心志，劳其筋骨，饿其体肤，空乏其身，行拂乱其所为，所以动心忍性，曾益其所不能。

2000 多年前的孟子就指明了成功的先决条件，没有任何事是一蹴而就的。这其中往往经历了常人无法想象的艰辛和困苦，更何况是在竞争如此激烈的当代。哒呤科技在当代竞争的磨砺中出落得尤为清香，创业也更是经历了常人难以想象的艰难。

(1) 自大学开始的创业尝试

李洁女士刚考上武汉大学时，年轻自信且充满活力。抱着对大学社团活动的憧憬，刚进入大学，她便急忙报名参加学部学生会外联部的面试，但是面试结果却未能如愿。那时的她不服输，凭着一股冲劲硬着头皮参加了院学生会的面试，所幸，最后通过。最初她想通过这种方法让别人对她刮目相看，可后来或许是对外联工作的兴趣，在学生会工作中，她积极争取到了外联工作机会。对于来之不易的工作，她不敢有所放松，充分地将兴趣投入工作中，努力寻求工作转机。无论是与同学交流还是与外联成员交际，她都能很好地应对，随机应变，在与他人的合作中进步并且成绩斐然，做得风生水起。就这样，她在大二就被推选当上了部长。在一次偶然的聊天中，她得知，大部分的部长以及协会的会长都想利用暑假时间做一点事情，于是，几个年轻的大学生一拍即合，说干就干，创业之火就这样慢慢点燃。

在大学的前几年里，李洁女士做过好多事：和几个同学合作开餐馆、开过移动营业厅、开过茶吧……但都没取得像样的成绩，甚至经营惨淡。

(2) 从中小学培优项目到教育咨询网站

连续的失败并没打倒这群意气风发的创业者，他们坚信付出总会有收获。在他们毕业的那个暑假，转机出现了，她们在初高中生培优的项目中取得了优异成果，在众多项目中脱颖而出。

中小学培优的利润颇丰，让李洁女士收获到了真正的第一桶金，在清算员工工资之后，还有一部分盈余。尝到了甜头的她仿佛看到了光明，她觉得他们这些年轻人和初高生相比，并没有太大的差距，也容易交流沟通；更为重要的是，他们还会给那些正在经历着中高考的考生们带来对未来大学生活的憧憬和向往，也会跟他们分享一些进入大学的正确的生活方式，让他们在乏味的考试中，仍旧保持积极乐观的心态以及对未来美好生活的向往。这些想法激发了她的雄心壮志，于是产生了一个大胆的想法：开自己的公司！在与其他合伙人商榷后，他们拿出一部分资金，以及各自的奖学金，凑足 3 万元成功开起了自己的公司。

随着对市场环境的逐步熟悉，他们慢慢意识到在这个行业立足并没有想象中的简单，市场上同类型的公司很多，比自身优秀的公司更多，竞争极其激烈。公司要想立于不败之地，必须转型，这个念头一直深埋于他们心中。

立足于前瞻性也顺应市场日新月异的变化，他们下定决心，转型做互联网，一个关于教育行业的网络平台，将课程与老师放在网络平台上，进行网络授课，学生可按自身需求进行快进快退点播，如有疑难问题，老师可以实时与学生互动，活跃于网络的教育咨询模式就此展开。

起初做这样一个平台，就是想将武汉所有的教育机构挂牌于他们这个平台上，将名气做大。消费者可以通过李洁女士的平台，获得他们所需要的信息。为了丰富网站平台的内容以及扩大规模，李洁女士带领团队去跑一些培优培训班、学历资格类培训班、语言类培训机构等，希望征得教育机构同意，将它们挂在李洁的网络平台上。这段时间也许是她壮大公司进程中最有意义的一段时间，对于她来说，虽然每天都是夜以继日地和团队奔波劳碌，但她认为这是非常有意义的。

在父母眼里，女孩子就应该找个安分的工作，找个爱她的男人，舒舒服服地过日子。对于女儿坚持创业，父母一直持反对态度。但是，当父母看到女儿对梦想的执着与对创业的坚持时，他们也选择了默许。

也许正是因为这份执着，她与团队一起，将公司做得越来越好。公司的网站在百度分类排名里位列第一，他们的平台网站取得了优异的业绩，但是，初出茅庐的他们还只是满足于网站平台的访问量，并没有想过盈利，以至于当时的利润甚微。也正是在这时，他们因利润不足错过了一个发展的绝佳时机，将公司置于不利地位。百度多次通过电话询问他们是否要推广平台，李洁却苦于没有钱投资，不得不选择婉拒，也正是多次拒绝，他们的网站平台在接下来的运营中，被加入了黑名单，在百度上面很难被找到。

（3）市场压迫下选择做社交 App 的转型

从还未毕业就有创业的想法并开张的小型店铺经营失败，到公司还未开始经营资金筹集困难以及父母阻挠创业，公司奔波寻找代理商还不得不面临转型然而利润极低的种种状况，都可以看出，李洁女士和团队为了创业付出了艰辛的汗水。李洁女士带领自己的团队将一个普通的教育机构转型成一个大的互联网教育咨询类平台，她将主要发展方向放在三大业务上：第一块是学历提升，第二块是资格证培训，第三块是针对高校生进行营销培训。在此期间，他们80%的客户来源于高校的在校生，20%来自于在职的社会人士。由于政策的影响，他们改变了客户来源比例，即80%都是在职社会人士，

20%都是高校生。改变策略经营一段时间后，他们发现这一块的市场其实并不是自己团队所擅长的，于是又被迫寻找新的出路。

2013年到2015年互联网行业高速发展，从2016年起互联网转向下半场，在互联网发展期间，无数互联网公司从一无所有到身价万贯，无不刺激着当代所有的创业者，这其中当然也包括李洁及其团队，是自己组建团队还是外包做一个App，困扰着李洁和她的团队。这期间，他们一直在寻求权衡人力、物力、财力等方面的理想办法。通过调查发现：我国社交软件发展非常迅猛，市场上诞生了很多的App，在经历过激烈的市场竞争后，留下来的只有几款熟悉的App。而国内居然都没有一款针对自由职业者的生活服务供需平台，哒呤科技创始人及CEO共同看到了这个市场空白点，2015年创立并研发哒呤App，Darling科技在团队的探索中应运而生。"Darling"中文解释为心爱的、迷人的，而女性化的"darling"提示音让人感到格外亲切，这就是李洁女士创立哒呤科技公司用此名的寓意。

哒呤不只是一个单纯的聊天社交平台，它的最终目的是为在校大学生提供最便捷最可信的兼职平台，是一个自由职业者的生活服务供需平台。

哒呤App具有专属身份、线下活动、连锁经营等特色功能，能够让网络交友变得更加有趣。因为它是一款基于LBS地理位置的移动社交类软件，用户可以通过其认识附近的人，免费发送定位、文字消息、语音和图片，精准辨别用户身份，建立专属场景进行交友活动，组织各种新颖的线下活动和私密约会。并且，用户可以根据自己的需要雇用其他用户帮助自己，也可以把自己的闲暇时间进行出租，有困难只需"滴滴"其他用户，便可马上解决，还可以使用活动评价、活动维权、邂逅功能、地点漫游、积分娱乐等一系列活动交友的配套功能。

(4) 公司的殊荣

公司在研发运营旗下产品的同时，通过各项比赛拿到了多项殊荣：2016创青春全国大学生创业大赛金奖、2015武汉市大学生创业先锋、2015/2016洪山区大学生创业先锋、2016洪山工匠、2015洪山区大学生技术创新项目、2016湖北省第五批科技型中小企业成长路线图计划重点培育企业、2015首届全国大学生"互联网+"创新创业大赛银奖、2017国际企业挑战赛中国总决赛一等奖等。这些都是与公司集体的努力密不可分的。

5. 后记

通过不懈的努力，李洁女士和她的团队从一个教育培训机构转变为一个教育咨询机构网络平台再到一个网络交友及发布招聘信息的网络平台，这种转型不断顺应市场变化与公司的需求，也为公司的后续发展不断添砖加瓦。创业是艰苦的，往往只有亲自去尝试才懂得这其中的辛酸，而即使成功了，也要不断地总结经验教训，不断适应变化，方可不断获得成功。

初见李洁女士，只觉得她是一位刚出学校的青涩大学生，一张娃娃脸显得十分年轻。细聊之后发现她竟是一位连续创业者，已创立过几家公司，履历十分丰富。因为年轻的长相，李洁女士也遭遇过"歧视"，但她认为作为一个创业者，要敢闯敢拼。与男性相比，女性的家庭责任更重，如果不迈出异于常人的第一步，就很难成功，要换一种角度、换一种思维，不墨守成规，不顾及他人眼光，这正是女性企业家所应有的拼搏精神。在说到创业是为了证明自己与众不同时，李洁女士的眼睛里闪着光，那是属于创业者的光。在问到如今的女企业家的情感问题时，她转过头与未婚夫（如今已成婚）相视一笑，这个笑容里包含了许多，总归是轻松的。女性创业者群体相对特殊，家庭问题困扰着她们，但总能听到她们常说的一句话：在事业之外也要有生活。

5.7.7　红枫咖啡的柴婷婷：寻找自己，做喜欢的事

创始人简介

柴婷婷，红枫咖啡店长兼合伙人。1995 年 11 月出生，湖北武汉人。2018 年进入一家新媒体公司工作，做内容运营工作。利用业余时间学习咖啡知识与管理，之后辞职，全身心投入店铺事业中。

公司地址

创新创业平台，华中科技大学文华学院创新创业基地。

1. 企业概述

红枫咖啡成立于 2018 年 5 月，注册资本为 30 万元人民币，目前主要经营

咖啡面包。

2. 行业背景

随着人们生活水平的提高，咖啡走进了大众的日常生活，随着品牌多元化，人们的选择空间也日益广阔，出于便捷与品质生活的追求，具有特色的私营小咖啡店广泛受到关注。

3. 创业平台

文华学院探索"懂得尊重、承担责任、提升境界"的个性化教育办学。2012年3月21日，"文华学院大学生创新创业基地"揭牌。2018年9月28日，文华学院获批"湖北省省级众创空间"。2018年10月15日，文华学院获批"湖北省大学生创业示范基地"。目前，创新创业基地内已经有了不少企业、商家入驻其中，有些才刚刚起步，有些已经初具规模。也有更多有想法、有目标、敢实践的学子进行自主创业，在创业基地中找到自己的位置。这是学校为学子们提供的免费创业场地，减少了因启动资金带来的压力。

4. 创业过程

(1) 兴趣就是创业动机

2017年毕业后，工作一年多的柴婷婷女士对目前的工作不是很满意，一年中她也尝试了一些工作，但都不是很理想。在与同学商量了很久后，她们决定在本科院校开一家咖啡店，专业为视觉传达的她，对经营咖啡店很感兴趣，她的专业也对现在的工作有非常大的帮助，比如说宣传、海报设计等，包括店面设计，都用到了专业知识。这让她对工作非常有热情，也让她感受到了自己的价值。

(2) 创业需要勇气与成长

万事开头难，创业是一件需要勇气的事情，有人说有想法想要创业的人是勇敢的，但柴婷婷女士则认为那些真正拿出实际行动创业的人才是勇者。在创业初期，她们就遇到了难题，因为刚毕业不久，资金不足、专业技术缺失和不了解购买器材途径都是她们面临的难题，在父母和亲戚朋友的支持下，她们才艰难地迈出了第一步。开店不久，她们便遇到了竞争对手，与她们同期在学校开业的还有两家饮品店。这让她们压力很大，但并没有乱了阵脚，红枫咖啡追求的是高品质，精益求精。她们知道，只有自己做到更好,才不会被别人打倒。开业初期遇到的这些困难让她们快速成长,遇到困难时更加沉着冷静。

(3) 如何经营红枫咖啡店

在员工管理层面,红枫咖啡店开在学校,店员基本上都是学生,如何安排好工作时间是一个问题,她与在店里兼职的学生相处得非常好,不是老板和员工的关系,每周都会开会,开会时大家自由讨论,气氛非常活跃。关于工作时间,她们会提前在工作群把事情安排好。这种经营策略,在柴婷婷女士的实践应用中是非常不错的。

在业务推广层面,对于饮品店,推广是非常主要的环节,她们会在学校一些比较流行的QQ表白墙里做推广,在店内的微信群里做宣传。关于发传单,她们认为没有必要,质量决定一切,用事实说话。

(4) 红枫咖啡的优势与日后发展

红枫咖啡店的最大优势是咖啡的品质,她们一直以高标准要求自己,无论是原料选材还是咖啡技术,都是经她们精心挑选和潜心学习的,把质量放在第一位,这也是红枫咖啡价位比一般咖啡高一些的原因。同时她们希望红枫咖啡成为学生们的常聚地,学生们在空闲的时候,或者想要在学校聚一下的时候能想到这里。后期她们也会提供一些桌游还有书籍等,让红枫咖啡不只是一个喝咖啡的地方。

咖啡店开业时间不长,还处于初期阶段,很多资源都没有利用起来。比如店铺后面还有一块地,以后她们也会把那块地利用起来,增加一些娱乐设施,或者一些书籍之类的,让红枫咖啡成为学生们休闲娱乐的聚集地。

5. 后记

2019年2月底,柴婷婷娴熟地冲泡咖啡,认真清理吧台和冲泡器材,我们等了大约10分钟,她就请我们来到咖啡店后的休闲区开始了采访。她看起来气质很好,是那种很干净的气质,说话的语气也非常优雅。从她的语气中可以看出她对这份工作的喜欢。看到红枫咖啡的制作台和吧台,我也看出了她对这份工作的态度是非常认真的。整个访谈下来,大家都非常愉快。在最后她还非常谦虚地问我们对红枫咖啡店的看法,有哪些我们觉得不是很好的地方。喝了店里的咖啡,我感受到了红枫咖啡的品质,同时也感受到了大学生创业的精神,做一件事就要不断精益求精,把事情做到更好。

5.8 软件和信息技术服务

5.8.1 浙江改进咨询的丁岳枫：学霸创业，极简生活

创始人简介

丁岳枫，博士，浙江改进企业管理咨询有限公司总经理。1977年4月出生，湖北人。浙江大学毕业之后留杭工作，目前定居杭州。2006年进入杭州市企业高级经营管理人才评荐中心工作，负责高级人才引进和评价，2015年离职。同年，入职浙江工商大学杭州商学院，同时创建浙江改进企业管理咨询有限公司。

公司地址

浙江省杭州市下城区沈家路108号。

1. 企业概述

浙江改进企业管理咨询有限公司于2016年5月25日在杭州工商局注册成立，其主要经营的服务有：企业管理咨询，商务信息咨询（除中介），计算机软硬件、数据处理技术、网络技术、信息技术的技术开发、技术咨询、技术服务及成果转让，计算机系统集成，市场营销策划，企业形象策划，承办会展，文化艺术交流活动组织策划（除演出中介），公关活动策划，成年人的非文化教育培训（涉及前置审批的项目除外），成年人的非证书劳动职业技能培训（涉及前置审批的项目除外），批发、零售计算机软硬件。

2. 行业背景

咨询业是对第三产业中以咨询服务为主要特点的行业的总称。经过多年的发展，国外的管理咨询业已经成为一个发展迅速的知识型产业，被列为高层次知识产权中的重要领域之一，并成立了很多具有高水平和威望的咨询公司。由于咨询公司在信息系统、专业人才和技术分析等方面具有独特优势，所以越来越多的企业日益依赖咨询业。咨询业的需求迅速增长，成为发展前

景较好的产业。目前我国正处在经济转轨时期，全球化、信息化更是加剧了这种趋势。作为知识密集型产业的咨询业，在经济生活中的作用越来越大。

3．创业平台

作为浙江省中小企业协会产学研促进工作委员会的秘书长以及科技创新产业专业委员会执行秘书长，丁岳枫女士的日常工作并不轻松，但这些也是改进咨询的平台资源之一。

4．创业过程

（1）针对我国咨询业的不足进行创业规划

丁岳枫女士是湖北鄂州人，浙江大学博士，1977 年出生，高中就读于湖北鄂州，大学直博就读于浙江杭州。后于杭州成家创业。在浙江地域文化和浙商精神的熏陶、影响下，她成为一名优秀的女性企业家。

结合目前国情及企业的实际情况，我国企业正在着手开展企业管理咨询，但是相较于完全成熟的外国咨询业而言还十分不完善。当前我国的咨询业市场还不成熟，部分咨询公司收集信息的手段和方式落后，再加上我国咨询业人才匮乏，缺乏专门的培训机构和熟悉企业运作的复合型人才；收集信息的准确率不高，时效性不强，很难为企业提供系统、准确、及时的决策信息。目前中国的管理咨询还缺乏准确的市场定位，导致整个行业管理薄弱，大多咨询公司小而散，形成不了规模。

创业后前期业务的获得，主要是一些原有客户资源。一方面是原有客户对创始人比较信任；另一方面是对项目感兴趣，想要尝试。对于客户来讲，本身的资金投入不大，培训和咨询都是小项目，因此比较容易，所以第一个业务的获得难度不大，就是在原有客户资源的基础上，去做开发和拓展。主要是以给客户提供项目资源、提供课程的培训机会，客户自己上课为主的一种商业模式。

服务的行业主要是生产制造业，包括高科技制造、连锁经营类等。例如，一个体量较大的集团，旗下会有几百家连锁门店，其中超市、4S 店、母婴店等居多。主要是不断地梳理商业模式，提升企业的经营效率，研究具体的流程问题，加大人才的培育力度。客户端主要集中于长三角地区，其中浙江杭州客户数量最多；内陆地区，在重庆有设点，在武汉与华立集团旗下的健民达成了客户关系。加盟上海改进管理咨询公司，达成合伙关系。

（2）在创业路途中遇到的困难

创业过程中主要有两方面的困难：一方面是拓展产品的市场，另一方面是团队的不稳定性。

由于目前国内企业咨询行业发展欠缺，客户市场涉及地域小，主要集中在长三角地区。我国中部地区的企业咨询市场没有得到完全开发。国内目前整体的企业咨询行业处于初期阶段，管理咨询还缺乏准确的市场定位，行业管理薄弱，多数位于内陆地区的企业对于企业改善、企业信息获得的发展意识缺乏，使得产品市场拓展十分困难。客户线索以及客户信息的获得也比较困难，这要求广泛拓展对信息点十分敏感的人力资源。

目前想要拓展到内陆市场难度比较大，首先必须在当地找到一个同时拥有政府资源和客户资源的人。没有政府资源或客户资源，业务是非常难以推进的。需要政府资源很重要的原因是，政府在这方面有很多的改进经费，如对培训咨询的经费。

做咨询和培训项目的关键是人才，特别是核心人才，主要包括咨询团队和咨询师。整个行业有两种制度：一种是合伙人制，另一种是外部合作。整个行业大部分采取合伙人制，外部合作模式主要是聘用自由顾问，运作市场资源。自由顾问有自己的产品和服务，是个人经营者。因此在外部合作的模式下，对于人才的把控上很困难，容易使团队不稳定。

（3）对地域文化的见解

在丁岳枫女士看来，城市文化的差异，让每个城市的精神以及人们的生活态度不同。日本各城市环境干净整洁，各个行业做事认真，其中服务行业的人热情，员工敬业。另外，深圳的创新创业精神、创新竞争意识很强，深圳市容美观，深圳人民很开放、爱创新、爱学习、勤奋，也是值得学习的城市之一。

5. 后记

2019年4月底，对丁岳枫女士的采访很顺利，短短半个小时，言简意赅，逻辑清晰。我看到的一个细节是，丁岳枫女士随身用的是一个A4大小泥色封面笔记本，我对这款笔记本非常熟悉，因为我也经常使用这一款，它最大的特点是，内页没有任何底色或者花纹，非常简洁。这个朴素的笔记本，也正是丁岳枫女士的真实写照。她喜欢极简的生活、极简的逻辑。创业是一种选择，是一个过程，更是一种精神。坚守本心，踏实做事，敬业精神、创新精神等是企业家在创业过程中必不可少的。

5.8.2 史蒂芬凯的肖岚：中德合资，技术引领未来

创始人简介

肖岚，1974年生于湖北武汉，自小学习成绩优异，获得数学、化学、物理、作文等各种比赛的奖项，保送同济大学。后考入武汉大学攻读硕士研究生，专业为计算机软件。2000年毕业后先后在朗讯公司的贝尔实验室和SUN中国工程研究院工作。2004年获得德国杜伊斯堡大学博士攻读资格，自此侨居德国。2012年回国创业，致力于用先进的技术和不一样的教育产品推动教育的人性化、个性化和现代化。

公司地址

湖北省武汉市东湖新技术开发区关山大道1号软件产业园。

1．企业概述

武汉史蒂芬凯科技有限责任公司成立于2012年1月12日，是一家快速成长的德资高科技软件公司，拥有一支年轻的、专业的、富有激情的研发团队。以教育软件研发为核心业务，专注于研发新一代的教育软件，它和传统教育软件的核心区别是以学习者为中心，更好地满足个性化知识建构的过程，更好地营造自我驱动的学习环境。

2．行业背景

伴随着互联网与生活的关联度逐渐升高，人们对于高科技软件的需求也日益增加，该行业有良好的市场发展空间。但行业竞争激烈，对各个企业自身科技核心竞争力的提升和创新有很高的要求。

3．创业平台

东湖高新区，又称"中国光谷"，陆续被批准为首批国家高新区、第二个国家自主创新示范区、中国（湖北）自由贸易试验区武汉片区、湖北海峡两

岸产业合作区核心区,并获批国家光电子信息产业基地、国家生物产业基地、央企集中建设人才基地、国家首批双创示范基地、国家存储器基地,是全国10家重点建设的"世界一流高科技园区"之一。

4. 创业过程

(1) 勇敢创业,消除男女偏见

渴求更高层次提升的肖岚女士,于2004年选择暂别熟悉的国内生活,远赴德国,学习计算机专业。一个人的眼界决定了一个人的远见。在德国生活了13年的肖岚女士,通过丈夫了解到一个非常有前景的项目。当时,丈夫的领导研发了一个教育软件平台,后来由于公司被收购,导致项目被停。肖岚女士了解到,这个项目是由脑科学、教育学和心理学三方面的专家一起设计研发的,并且曾到德国、瑞士和奥地利等地的12所学校中,针对校内1000多名教师和学生进行了为期3年的跟踪调查。一个拥有专业团队且调查研究深入彻底的项目如此不了了之,让肖岚女士觉得非常惋惜。这件事也让肖岚女士一直介怀于心。那时肖岚女士已经是孩子的母亲了,不再是独自一人,要放下一切去闯,需要顾虑的方面自然也就多了。家庭与事业对于中国女性来说一直都是很难平衡的两方面。肖岚女士也开始纠结,她被社会舆论和中国式思维所羁绊,而此时,她丈夫的一句话让肖岚女士顿悟了。"如果你到80岁,回想这段时光,创业失败和不创业,你不知道自己会不会成功或是失败,哪一种选择更后悔?"在丈夫的支持下,充满理想与抱负的肖岚女士去了解东湖高新人才办的相关信息,得知国内的行业氛围良好,而后便选择了回国。"用心去做一件事,坚持下去,而且这件事是你自己真心想做的事情,不随波逐流,这样才会感到快乐。"肖岚女士一直以来以这样的心态面对每一件事。在德国的安逸生活是令他人向往的,而肖岚女士面对家人的不理解,孩子的不适应,毅然放下这份来之不易的安逸,回到国内。明知山有虎,偏向虎山行。创业也十分不易,当面对现实与理想的落差时,肖岚女士也会倍感失落。创业的艰辛是99%的压力与挑战,剩下的只有1%的喜悦。身边朋友在自己经历了欺骗与失望时的帮助和支持让自己十分感动。"女强人"不是字面上的三个字,那是用实力证明了自己、征服了别人的成果。女性与男性相比,男性的视野可能更开阔一些,他们可能会看得很远、很广,而且特别有战斗性。这种战斗性会建立一种权威的形象,而女性却不太容易建立这种形象。中国的传统是男主外、女主内,包括中国的企业,具有权威性会更方便管理,所以导致了权威等级森严。在这种情况下,男老板的权威可能会更适应中国的环境;而女性大多会更沉稳一些,一定会在全盘考虑后再做决定,而不会贸然地去做一件事情。往往女性处事方式温和,会导致许多员工将其当作一个大姐姐,而并非领导。有时候这种亲和的形象会让员工不那么认真,会给他们有沟通的余地的想法,于是在做事方面也会有各种推诿。在中国,一个女性一旦偏事业化,人们便会认为这是一个女强人。男性主导社会的想法在国人的认知里可谓根深蒂固,社会对女性的歧视也是无处不在,无法以客观的态度去判定一个女性,由此导致一个女性一旦被认定为女强人,便会去掩饰自己的女性弱点,来寻求自我保护。即便女强人是如此的艰难,但肖岚女士依旧坚定自己的立场。肖岚女士的价值观是"人要保持独立,而且不要停止成长"。也许是受到德国文化的影响,肖岚女士的平等意识十分强烈。在肖岚女士眼里,自己与丈夫的婚姻属于伙伴关系,因为喜欢而结合,不掺杂任何物质因素,更没有谁想去主导婚姻。

(2) 在家庭与事业中寻找平衡

创业,尤其是女性创业,在中国一直以来都是一件困难的事。"男主外、女主内"的思想贯穿了中国人的思想,相夫教子的理念也同样深深烙印在中国人的脑海中。同样,肖岚女士也在顾虑这个问题。当肖岚女士提出回国创业的时候,丈夫的支持成了她的动力。但是在德国上学的孩子一直以来是肖岚女士的心结。有过带孩子回国上学的想法,但考虑到国内外教育的差异对孩子的影响,肖岚女士还是放弃了。为了创业,肖岚女士和丈夫最终决定让孩子留在德国上学,两人轮流回德国照顾他。肖岚女士深知"创业是一个往前走一步,后退两步,往前跳一步,又后退两步的重复的过程",并且为了这个过程需要让步的事情也有很多,所以对于肖岚女士而言,创业是一个艰难的决定。肖岚女士也一直在思考,一直在权衡,思考项目的进程,也在思考如何平衡家庭与事业。在回国创业后,肖岚女士便给自己立了个规矩,回国后的大部分时间和精力用在工作上,在德国的时候便用心陪伴孩子,将时间全部留给孩子。做不到完美的平衡,也只能做到尽量在时间上倾斜。在肖岚女士的教育理念中,孩子在小的时候需要家长的拥抱和呵护,但当他们长大了,也需要人生道路上的指引。因为创业对自己来说是一个很大的挑战,拥有这段经历，她可以给孩子更多的指导；对孩子来说，父母的模范作用比说教更重要，让孩子明白人要努力地去工作。随着孩子们逐渐长大，变得更加独立，也都越来越理解父母，习惯了父母的忙碌。在肖岚女士看来，为了回国创业而在家庭方面做出的让步是值得的。项目的推进不仅是自身的成功，更重要的是把这个项目做成功从而给世界带来变化和价值。

（3）做自己喜欢的事情，保持快乐与激情

在创业的路上肖岚女士不断给自己创造激情与不同。年龄对于肖岚女士来说从来都不是障碍，在创业的道路上，每一天都是挑战，每一个挑战都是未知数。在年轻的时候享受青春，到了中年，累积一些智慧和经验，只要在每一个年龄段都努力过，就不会有遗憾。肖岚女士的目标很明确，就是"完成项目，享受当下，和家人生活在一起"。她用过来人的经验讲道："用心去做一件事，坚持下去，而且这件事是你自己真心想做的，不随波逐流，这样才会感到快乐。任何事情都不是那么容易的，认定了一件事，是需要付出努力的，很多事情也是需要相互沟通、相互理解、相互支持的，这样才有可能把一件事情做好。很多事情很简单，但是不容易，所以还是要努力。"简单，但是不容易。当你没有用心去做一件事的时候，再简单的事情都会变得不那么容易。在自己快要放弃的时候，告诉自己再坚持三秒，或许你就成功了。当你内心的使命感沸腾的时候，你会坚持下来，因为这件事情是有价值的，而自己的付出会给世界带来不同。

（4）在自我思考中不断前行

肖岚女士评价自己是一个有时有点较真的人。一旦认定一件事，就要一定做到，而且在做的过程中不断平衡、不断思考，在不断平衡的过程中前进。

创业是艰辛的，即使一路筚路蓝缕，但还是要排除万难。肖岚女士根据自己的经验对想要创业的大学生给出了意见："如果是技术型的项目，而且自己的技术能力比较强，年轻一点可以，如果一个项目需要很多的人脉和社会资源，还是要慎重，有了一定的积累后再创业比较好。"

思考，是一辈子都要学习的事情。在肖岚女士眼里，思考是人最重要的事情，因为思考能让人去认识自己，对自己有很好的定位，帮助自己找到方向。因为缺乏思考，大多数人对真善美的认识都是很混沌的。做这个项目最主要的目的是让人们成为最好的自己，那这个自己一定是对社会有贡献的人。

勇敢地走出舒适区，去做那些有价值的事情，虽然有风险，但是值得。这是肖岚女士的人生价值。也是告诉每一个年轻人，要从心所欲，在最美的年华追寻内心深处的想法。

5. 后记

2017年5月底，完成对肖岚女士的采访。肖岚女士的气质非常独特，可能是受中国的温和与德国的严谨两种文化影响的缘故，显得十分与众不同。说起话来温柔亲切，但细听内容，逻辑严谨，掷地有声。肖岚女士提到对她而言最大的挑战是理想与现实间的落差，她在不断思考中不断平衡、不断提升。

5.8.3 上谱科技的史晓丽：权力与魅力，提升女性领导力

创始人简介

史晓丽，1982年6月出生，黑龙江齐齐哈尔人，硕士，武汉上谱分析科技有限责任公司总经理。国内首批商业地球化学分析实验室实践者。2000年考入地质院校管理学专业，研究生跨专业学习应用心理学，毕业之后从事三年青少年心理辅导，后有机会接触地质样品微量元素分析前处理工作，了解到商业实验室的潜力，决心整合资源，于2013年创立商业实验室。目前，武汉上谱分析已建成集样品预处理、形貌分析等主流地球化学分析服务为一体的综合实验室。

公司地址

湖北省武汉市东湖开发区北斗路6号武汉国家地球空间信息产业园。

1. 企业概述

武汉上谱分析成立于2013年1月，是国内最早提供地球化学测试专业服务的第三方实验室之一，提供碎样、磨片、单矿物分选、制靶、透反射、阴极发光、微量元素分析、同位素比值分析等实验测试服务，涵盖的样品类型包括岩石、矿物、土壤、水、珠宝、材料、生物样品及高纯物质等。实验室已通过湖北省质量技术监督局组织的计量认证，获得CMA资质证书。每年参加国际盲样测试，检验水平位于全球100多个同类实验室中的前列。

2. 行业背景

我国对地质等基础学科科研和调查投入越来越大，而地球化学分析测试为这些科研项目提供了重要的数据支持，以往地球化学分析类实验室多集中在地质类高校和科研院所，多承担科研任务，为其他单位服务的时间非常有限，导致部分科研工作者要经历长时间的排队才能获取实验资源，大大影响了科研和调查项目的进度。因此，建立专业、快速、高效的分析测试服务的商业实验室，提供高水平分析测试服务，能够助力广大地学科研和地质调查工作者。

3. 创业平台

武汉国家地球空间信息产业园位于武汉光谷未来科技城，是以"地球空间信息产业、北斗产业"为主题的科技产业园区，是地理信息、导航、遥感等产业的集聚地。

4. 创业过程

(1) 初创期的艰难

史晓丽女士选择去创业是出于兴趣与团队的吸引。一群志同道合的朋友，一个专业的团队，加上一个非常有前景的市场，自小就有创业想法的史晓丽女士，即使是非本专业的创业，也毅然地选择了放手去做。

在创业的道路上，能学到的东西很多，包括协调复杂的人际关系，累积经验，都是很宝贵的经历。这些都能改变一个人，让自己变得更加成熟。史晓丽女士的选择是通过创业实现自我价值。

创业初期是史晓丽女士最为艰难的一段时期。家庭与事业的平衡，是个亘古不变的话题。她付出更多的时间与精力在公司上，让公司走向正轨，而花在家庭上的时间一度被压缩。在创业的过程中，两者之间必定会有一些失衡。但是值得庆幸的是，她拥有一个思想开放的家庭，她的家庭对于她的创业没有表示反对，相反，给予了她不少的理解与支持。

(2) 创业中的成长

一直以来都流行这么一句话"年轻就是资本"，而史晓丽女士指出"岁月也是资本"。在史晓丽女士眼里，创业并不受限于年龄。年轻的时候"一无所有"，所以敢拼；而年纪越大，懂得越多，经验同样是资本。对于那些因创业而单身的青年来说,创业并不是耽误了他们,而是创业在造就一个更优秀的自己。有人选择与另一半一同成长,有人会选择成长之后将优秀的自己带给对方。既然选择了创业就应该将职业道德带给员工。作为领导者,不能以女性为由给自己设限,展示给员工的应该是严于律己的标准,以及独当一面的能力,避免情绪化管理,让员工信服自己。

(3) 女性领导力:对自我的自律与自立

自古以来,女性的代名词是柔,但是女性却有"以柔克刚"的本领。女性创业的门槛实际上比男性高得多,因为在多数人潜意识里男性主导社会才是理所当然的。当一个女性表示要领导众人时,大家自然会表示出不信任、不服气。

女性创业必须得有临危不乱的气魄与独当一面的能力,在大局上能做到有决策力。在危急关头能顶得住风险,让员工感受到领导者的庇护。

女性创业选择的标准要高,不能只将标准定在追赶男性上,而应该择居其上。因为女性的身份会被更加苛刻地要求,想要员工信服自己,只有做到比男性还优秀,让众人心服口服。

(4) 女性领导力:对外界的包容与平衡

女性创业要懂得平衡的艺术,时间的分配与倾斜显得格外重要。"家不平何以平天下",减少家庭与事业之间的冲突,是创业女性必须具备的能力之一。当家庭方面的阻碍转化为支持的时候,对于女性的创业必然有意想不到的效果。这是因为:家庭是一个人的动力,如果工作影响到家庭的话,一定要通过合理的方法调整工作与家庭之间的平衡。创业的初衷是为了让自己的生活变得更好,而生活中最重要的是家庭生活。所以无论如何都不要忘了自己的初衷。当你走到倦怠期的时候,诸多不顺砸到你头上的时候,不要轻易地放弃。努力调整好自己的状态,认真思考到底是因为不适合这件事还是只是一时的倦怠。如此,即使放弃了也不后悔。

(5) 创业应当尊重女性

史晓丽女士坦言,在这个对女性充满偏见的社会中,女性选择创业,首先需要自身充满勇气。无论是女强人还是女汉子,史晓丽女士认为这都是褒义词,是积极的词语。在大环境的影响下,女性与男性相比,有先天的不足。为了使女性更具有权威性,女性也许会选择男性化的打扮,这也是一种自我保护的方法。但无论是怎样的环境，都不应该歧视女性。因为如今的社会并不是男性拥有主导权，女性也在逐渐进入领导层。社会应该给予女性更多的施展空间，让女性创业成为常态，受到尊重，这是社会进步的表现。

5. 后记

到公司时，史晓丽女士正在吃午饭，为了不耽误她的工作时间，她选择在休息时间接受我们的采访。她的房间里摆满了各种仪器，两把椅子成了我们访谈的主要场所。无论谈及什么话题，史晓丽女士都十分平静，脸上是一种见过大风大浪后的淡定自如。不把情绪带到工作中是她的行为准则。她毫不避讳地说，自己创业是为了创造更好的经济条件。这份坦诚实为不易，同时她也坦言，在特别焦头烂额的时候也有想过放弃，但自己是个十分理智的人，会思考这只是一时的倦怠期还是创业的确不适合自己，最后还是坚持下来了。

史晓丽女士一方面在呼吁社会舆论给女性创业更大的空间，另一方面也在积极鼓励女性创业者尽力平衡事业与家庭的关系，与此同时，她在极致地努力提升自我的过程中以一颗极其平静的心包容世界。有一句话说，这个世界拥有你，也许不是奇迹；但你的心里拥有这个世界，才是奇迹。在我看来，史晓丽就是这样一个智慧又美丽的女性企业家。

"竹杖芒鞋轻胜马，谁怕？一蓑烟雨任平生。""回首向来萧瑟处，归去，也无风雨也无晴。"这就是对史晓丽女士创业过程的最真实的写照。

5.8.4 摩索科技的闵赛花：心气平和，执着努力

创始人简介

闵赛花，湖北孝感人，武汉创客空间（现武汉光谷创客空间，湖北省第一家众创空间）第一任管理员。2013年至2017年担任武汉创客空间信息管理有限公司财务总监，2017年至今担任武汉摩索科技有限公司执行总经理。

公司地址

湖北省武汉市洪山区民族大道一号光谷资本大厦。

1. 企业概述

武汉摩索科技有限公司是中国创客空间联盟和中国光谷创客联盟共同全力孵化的众包项目。旗下的 MSUO 平台旨在聚集大量的技术开发工作者及服务商为中小微企业提供技术开发支持，通过协同开发的方式完成技术众包交易和项目管理。企业经营范围包括：计算机软硬件技术开发、技术咨询、技术服务；企业管理咨询；商务信息咨询（不含商务调查）；电子产品的批发兼零售。在知识产权方面，企业一共拥有九项专利。创客空间属于科技创新领域，社区化运营的工作空间，更多情况下是一群拥有共同兴趣爱好的人社交工作的场所。创客（maker）是指出于兴趣与爱好，努力把各种创意转变为现实的人。在互联网的背景下，创客又有了新的定义，他们可以利用开源硬件和互联网，把更多的创意转变为产品。

2. 行业背景

软件和信息技术服务业是关系国民经济和社会发展全局的基础性、战略性、先导性产业，"十二五"时期，伴随信息通信技术的迅速发展和应用的不断深化，软件和信息技术服务业加快向网络化、服务化、体系化和融合化方向演进。

3. 创业平台

2015 年 7 月 26 日，武汉在东湖高新区揭牌成立"光谷创客街区"，在为创业者提供免费创业环境的同时，计划未来两年孵化 2000 个创业项目。"光谷创客街区"将提供 17 万平方米的空间给服务初创期的创业者，其中近 3 万平方米用于创业企业 3~6 个月的免费孵化，同时提供工商行政税务对接、法律指导等服务。

4. 创业过程

(1) 坚定追随"大众创业、万众创新"的创业观点

2014 年李克强总理提出"双创"后，首批国家级众创空间如雨后春笋般涌现出来，武汉光谷创客空间荣获首批"国家创新型孵化器"称号。在武汉光谷创客空间创始人创客老晏的指导下，一批批大学生走上了创业的道路。给小微企业做技术众包是一个较好的创业点子，依托光谷创客联盟也可以给会员单位提供技术众包服务，2016 年 3 月武汉光谷创客空间投资成立了"武

汉摩索科技有限公司",但2017年,摩索科技出现经营困难,闵赛花女士毅然接手经营,从此走上了创业之路。

闵赛花女士在大学所学的专业是财务,这类毕业生如果没有相关工作经历,很难找到工作。他们从事的工作和大学所学专业的关联性较弱,但是习惯了城市的生活,并没有回家乡就业的打算。之所以选择创客空间,是因为"大众创业、万众创新"思潮的盛行,几个创始人受"租八戒"这一平台的启发,有了做类似平台的想法。但在筹备过程中,由于和"租八戒"观念上的不一致,二者之间的合作受到影响,因为股权方面的问题,融资失败,一些合伙人选择了离开。没有足够的资金来支撑,公司面临着巨大的困难,在这时,总经理并没有放弃,这个时候公司重新洗牌,闵赛花女士迎来了事业的拐点。

闵赛花女士的早期经历与大学生创业息息相关,对此她给出了自己的看法。刚毕业选择创业,一定是困难重重的,资金、人脉、团队、经验,每一项都是必须考虑的要素,这时最重要的就是进行学习,沉淀自己,把基础打牢,少一点盲目。对于创业者来说,她给出了三个关键词:诚信、坚持、情怀。的确,商之根本在于诚信,这对于顾客和自身来说,都是极为重要的。顾客从中可以获得信任感和安全感,企业则能打造一个更好的形象,实现双向收益。坚持,在于面对困难,迎难而上,勇于突破瓶颈。坚持就是胜利,坚持是一个创业者重要的品质。

在采访中我们了解到,当面临利益与情怀冲突时,闵赛花女士会果断地选择后者,她认为在创业过程中,需要激情和情怀来支撑。在闵赛花女士看来,女性创业者在管理方面的优势是相比男性少了点强势多了点温柔,女性会比较细心,男性会比较大意,在细节处理上女性会做得更好;同时,闵赛花女士也十分赞同女性创业者增多是社会进步的表现,经济能力决定了家庭地位,家里的事情全由女性完成是很不公平的。

创业过程中不可避免地会遇到一些问题,比如性别歧视。闵赛花女士同样如此,遇到这种情况时,很容易受到冷眼和歧视,在谈生意的过程中,闵赛花女士选择花更多的时间和精力,反复尝试,取得客户的信任,用事实来说话。另外,她在与合作方会面之前,会先对对方做一个初步的了解,知己知彼。她的随和以及遇事比较冷静的性格,使她在面对不公正的待遇时,没有选择抱怨和放弃,而是想办法找突破口,努力克服困难,她认为做生意最重要的还是和睦。

（2）充实的生活方式与积极的生活态度

闵赛花女士是一个很有想法的人，她认为凡事靠自己才是最好的，也是最踏实的。独立自主的生活态度，使她在面临决策时，选择顺从本心，聆听内心的想法，做自己想做的人。由于工作原因，长时间面对电脑，她的颈椎不太好。她一周休息一天，下班时间大概是晚上七八点，忙碌的时候甚至会到晚上十点。闲暇之余，她会选择锻炼身体，或是在家里放松，做一些喜欢的事情。家里人并不清楚她的处境，不反对她的创业行为，但是会催婚。一直以事业为重的她暂时忘却了情感的空白，选择相信缘分这种说法。闵赛花女士谈到关于压力的话题时，她坦言，无论是工作上还是生活上，都有很大压力。在管理方面，国学经典带给了她许多启示，比如《西游记》里面的唐僧团队：唐僧是信念，孙悟空是人脉，猪八戒是团队，沙僧是服从，所以他们能一路向西，取得真经，完成任务。

（3）对于武汉发展的看法

武汉的交通很方便，大学生很多，人才也多，政府也颁布了人才留汉的政策，武汉的未来将会有很好的发展。对于不同地方的商人，她也有自己的看法：楚商很精明，但相比浙商没有那么开阔；浙商勇于冒险，在经商方面很有自己的一套；粤商比较诚实、认真。当被问到湖北人有没有契约精神的时候，闵赛花女士很笃定地回答道："有。"

5. 后记

2017年6月中旬，完成了对闵赛花女士的采访。她身着粉色长裙，长发披肩，宛如江南水乡中走出来的女子。在交谈中，她语气温柔，语言温和，不带丝毫攻击性；在利益与情怀的矛盾中，她毫不犹豫地选择了情怀；遇到问题与困难，她习惯性地依靠自己，觉得这样更踏实。坚强又知性的闵赛花女士，让我感受到了一位企业家难得的大爱与情怀，希望在商界的厮杀中，她能够保持初心，愈战愈勇。

5.8.5 德语同声传译樊祎：自由职业，追随本我

创始人简介

樊祎，自由职业，德语同声传译。1991年出生于湖北武汉，是土生

土长的武汉人。大学时离开武汉到北京就读，之后又到英国就读研究生。现已婚，长期在外地工作，每年的工作时间有明显的淡旺季，9~11月工作最忙，7月、8月一般在国外休假。

1. 企业概述

同声传译，简称"同传"，又称"同声翻译""同步口译"，是指译员在不打断讲话者讲话的情况下，不间断地将内容口译给听众的一种翻译方式。同声传译员通过专用的设备提供即时的翻译，这种方式适用于大型的研讨会和国际会议，通常由两名到三名译员轮换进行。自由职业者是指自己雇用自己，是脑力劳动者或服务提供者，不隶属于任何组织的人，不向任何雇主做长期承诺而从事某种职业的人，他们在自己的指导下找工作做。本次采访的主人公即为提供翻译服务的自由职业者。

2. 行业背景

同声传译对翻译要求极高，常被称为外语专业的最高境界，达到同声传译水平的翻译者相对缺乏。在全球化不断深入的背景之下，对同声传译需求不断增加，值得关注的是，中外同声传译一直处于人员匮乏的状态。

3. 创业过程

兴趣是最好的老师，是人们对一件事情保持活力的根本，让人们热衷于自己的事业而乐此不疲。人对自然产生兴趣，就能引发出对事物的体验，对问题的思索；人对生活产生兴趣，就能因好奇而实践，因验证而发现。古往今来，许多成功人士，他们的事业往往萌生于青少年时代的兴趣中，沿着兴趣开拓的道路走下去，找到了自己事业成功的路径。本次采访的主人公也是由于偶然机会，发现了自己对小语种的兴趣，并且继续深造学习，最后选择了自己喜欢的职业，虽然过程艰辛，但对本心的坚守一直支撑着她。

(1) 游览经历

樊祎女士游览过大江南北，她印象最深刻的是云南。在中国的一端，山高险阻，住在当地人家里，会融入当地人的生活，感受到独特的地域文化。不仅是旅游，对于中国，她提到最有感情的便是云南，因为姥爷在云南当兵，自己也多次去丽江周边游玩。

(2) 对于商帮文化的看法

因为在云南经营客栈的大多不是本地人，来自北京、上海等城市的经商者居多，很少看到云南本地人经商。而提到浙粤楚商时，她谈到自己接触的经商人群并不多，但从和她打交道的人中，可以看出每个地区不一样的特质，比如武汉人讲究变通，没有太多条条框框的束缚。至于上海的商人，更加有计划，重视合同，会明显地用明文规定去约束每一个人的行为，浙江和上海的杰出商人有一些共同之处，他们有一种走出家乡的文化，敢想敢拼，鼓励年轻人自主创业，在外地会以事业为重。

作为一个武汉人，樊祎女士对武汉的人和事也有自己独特的见解。

从在武汉做一个自由职业角度看，在家乡工作更有归属感。现在交通比较发达，地域上的限制减少了，她留在武汉的时间较少，其他时间可能都在各地出差，而武汉这边的客户也大多不是本地人。虽然自己是武汉人，但是有的时候会有一种挫折感，因为会觉得在武汉非常重视人际关系，讲究情谊，这可能是在当地创业存在的极大阻碍，但是很好地运用这种关系，也可以是一种激励。

(3) 因为兴趣选择翻译职业

在谈到为什么会选择翻译这个职业时，樊祎女士表示自己从小就对这方面很感兴趣。初中时遇到了一个非常好的机遇，有一个去英国的交换项目，小学时学校没有开设英语课程，英语是从初中开始学习的，那次经历之后她就对英语有了一种独特的感受，触发了对外语学习的兴趣。大学开始接触同声传译这一专业，从兴趣出发。简单来说，樊祎女士的就业动机是出于个人兴趣。

在众多语种之间，选择德语完全是因为巧合，在高考之前学校可以自己组织考小语种，也就是从学校提供的几个小语种中选择，出于对德国人严谨的思维特点的欣赏，凭借直觉指引选择了德语。在提到学习德语对自己性格的影响时，樊祎女士认为语言可以决定日后同何种类型的人打交道，比如学习德语之后接触了很多外国人，德国人确实非常严谨，而且在德国非常热门的都是有关商务活动、教育之类的交流，德国人处事严谨，很尊重对方，在会议前提前做足功课。从一定程度上讲，语言对人的思维有一定影响，像德语，它的语法非常复杂，从侧面体现了德国人严谨的思维态度，对个人思维习惯有潜移默化的改变。在学习德语过程中，自己也慢慢形成了严谨的思维方式，这对她之后的帮助也很大。刚开始学德语时很难，但是越过这个门槛后就会轻松很多。和学习英语比起来，德语的挑战更大，在学习的过程中会遇到各种困难，但是也正是这些困难使自己慢慢成长。虽然工作比较忙碌，但因为还没有孩子，不会觉得家庭和事业顾不过来，平时读书一般是以工作为导向，有针对性地做一些准备，为自己接下来的工作能够顺利进行打好基础。

在提到对自由职业的看法时，樊祎女士表示有一些自由职业者是不务正业，不是所有专业都适合自由职业，翻译行业自由职业比例很高。很多人对自己没有办公室，特别是在工作淡季的时候没有固定的上班时间而产生误解，对于这种看法，她表示别人怎么看没关系，重要的是自己身边亲近的人都很理解自己，这样就足够了。

提到第一次做同传时的感受，她表示第一次会议进行得很艰难，她明显感觉到在学校学习到的知识和真正的市场上的实战完全不同，学校老师有一套明确的评判标准，而和顾客交流时，主要以顾客的感受为主。第一次同传虽然只进行了 2 个小时，但是自己准备了很久，依旧感觉忐忑，不知道客户是否满意。但她觉得自己属于比较幸运的人，做翻译两年，做自由职业五年，会有顾客不太理解并不配合自由职业的工作，甚至有的人会故意刁难。在这些人当中，国内国外的客户都有，但国内的客户更难应对，其实更多取决于客户翻译经验，对于有这些经验的人来讲会比较容易交流。在接待外国代表团时，她也会介绍中国的有关传统文化，这对自身的文化功底也是一种考验和历练。

对于孩子的教育，她不太赞同从小就把孩子送到国外。她希望从中国的传统文化抓起，等到一定年龄再让孩子到国外接受不同的教育。

(4) 服务不同的客户，体会多重人生

对于工作过程中印象最深刻的事情，她回顾过去五年翻译经历，有很多特别的体验。比如第一次工作是对脑瘫儿童做一个康复训练，第二次工作就是为时尚品牌发布会做口译，然后从翻译这个视角可以看到不一样的事情，这样的冲击力很大，可能每个人不是生来都有健康的身体，这让她也从中体验到别样的感受。在接触新工作时压力也会很大，但当经验积累到一定程度时就会很享受这种状态,不会感到有压力。当自己感觉无法承受压力时,她通常通过旅游来放松自己,以便达到更好的工作状态。

如果能重新来一次,她表示还是会选择翻译这一职业,她也思考过除了翻译还对什么感兴趣,但还是觉得翻译最适合自己,是最直观地体验不同经历的工作。由于工作的特殊性,熬夜比较多,和大多数工作者相同,她的身体也处于亚健康状态,但会选择合理调节。

对于女强人这一词,樊祎女士认为站在女性角度来看是贬义,因为它剥夺了女性成功的看法而变成了一种异类的看法。在翻译中可能女性比较有优势,有的时候明确要求男翻译,可能说不上歧视,更多的是这份工作不适合女性,为了照顾女性才出现这种要求。所以她认为自己并没有在工作中受到针对性别的歧视。对于正在奋斗中的女性,她想说,尊重内心的选择,做自己想做的事情,不要太在意周围的看法,从自己内心的兴趣出发,多给自己体会的机会。她不会把工作当全部,工作与生活冲突时,反而可能会让生活优先于工作。

一直以来,樊祎女士都坚定着自己的初心,本着对语言类知识的喜爱,一路走来,有困难,有坎坷,有异国他乡的无奈,也有学习语法的彷徨,但她始终坚守着自己的选择,从自身兴趣出发,做自己喜欢的事,她的职业选择更多地跟随自己的内心,这是一份难得的天性。

4. 后记

樊祎女士是所采访的企业家中,十分与众不同的一位受访者,她是一名自由职业者。"我叫樊祎,是名翻译",短短的介绍充满了神秘感。凌晨下飞机,早上便赶来接受采访,我不禁佩服樊祎女士的体力状态与敬业精神,可能对于经常出国工作和倒时差的樊祎女士来说,这是再普通不过的一种状态了。语言是一种文化,受多种文化的影响,樊祎女士的思想十分开阔,丝毫不会在意他人的看法,一切从自己内心出发,但在教育孩子上,她仍然希望孩子能够从学习中国传统文化开始,她认为传统文化仍然是最好的启蒙教育。

5.9 慈善

5.9.1 浙江中小企业协会的陈潇：肩挑社会责任，浙商文化典范

创始人简介

陈潇，1962年7月出生，浙江大学MBA学历。浙江省巾帼企业分会会长、天台县慈善总会义工分会会长、天台县慈善总会副会长、台州市慈善总会义工分会副会长、天台县赤城街道县前居党支部书记、浙江爱成圆食品股份有限公司董事长、浙江会圣文化发展有限公司董事长。陈潇女士曾经担任天台三合中学教师，1986年开始，先后担任天台永发标准件厂厂长、台州市兴旺车业制造有限公司总经理、浙江健龙车业有限公司总经理。先后担任天台县城关东联村妇女主任、天台赤城街道县前居党支部书记兼妇代会主任、天台慈善总会副会长、天台慈善总会义工分会会长、台州慈善总会义工分会副会长。浙江省天台县第六届、第八届、第九届政协委员，浙江省天台县第十三届人大代表，连任天台县妇女联合会第十一届、第十二届、第十三届、第十四届执行委员会委员。先后获得浙江省首届"十大杰出义工"荣誉称号、台州市"道德模范"称号、浙江省首届"五星级"义工称号，入选"全国岗位学雷锋标兵"。

2018年10月，陈潇女士当选为"全球企业家论坛大使"及百名论坛大使总指挥。

公司地址

浙江省台州市浙江天台始丰街道天台山西路261号。

1. 企业概述

台州市兴旺车间有限公司注册于1999年，2012年更名为浙江健龙车业有限公司，主要运营欧洲市场，享有很高的知名度，是一家专业生产各类自行车的企业。其中表演车因其性能卓越、款式新颖及价格合理而具有很强的竞

争力。公司的经营范围：自行车、儿童玩具车制造、购销；橡塑制品、金属制品、健身器材制造。主要经营本企业自产产品及技术的出口业务和本企业所需的机械设备、零配件、原辅料及技术的进口业务。主营车间为主架和前插喷漆车间。

2. 行业背景

在激烈的竞争中，自行车行业的生产和市场流向更适应市场经济的发展，并形成了天津、上海、江苏、浙江和广东五大生产基地。国际视野中，中国是"自行车王国"，是自行车消费大国和自行车生产强国。中国是一个巨大的自行车销售市场，市场环境对自行车的销售影响重大。

3. 创业平台

浙江省是中小企业大省，400多万家中小企业、3300万创业大军是浙江经济的主体力量。浙江省中小企业协会的主要任务在于厘清工作总体观，抓住企业发展需要，进行自身优化。在服务方面，进行资源整合，加强意识建设，有效成为政府的助手、企业的帮手、产业的推手。

4. 创业过程

（1）抛开偏见走创业之路

为了响应改革开放初期"让少数人先富起来"的号召，1983年陈潇女士辞去了稳定的中学语文教师工作，面对周围的人甚至是父母的不解与反对，她毅然决然地选择了创业，在她25岁时创立了第一家公司，生产五金机件销往东北三省。陈潇女士回忆，在一次出差中她带着6岁的儿子坐了四五十个小时的火车到达东北后，坐出租车去一家企业，原本15元的行程司机要收60元，才理论了几句，司机不仅不更改价钱，还差点大打出手，随后拉着他们的行李箱绝尘而去，好在她及时记下车牌号，最后将行李追了回来，这次经历让陈潇女士意识到女性的弱势，也意识到女性要学会保护自己，在必要的时候，要舍得吃亏。

淘到第一桶金后，公司从20多人不断发展到300多位员工，从生产螺丝帽发展到生产自行车，陈潇女士渐渐在当地打出了知名度。创业并不容易，尤其是在那个女性创业会遭受非议的年代，但陈潇女士面对困难时一一挺过。随着时代的发展，创业的女性越来越多，女性越来越独立，社会越来越包容，与陈潇女士创业初期相比，现在的女性勇于追求独立，那些最先敢于站出来接受挑战的女性创业者功不可没。无论是相对保守的社会，还是如今极具包容性的社会，陈潇女士从未被外围因素所干扰，始终保持着前进的步伐，按照自己的规划不断前进。

（2）慈善事业

在 2012 年陈潇女士被评为浙江省首届十大杰出义工，浙江省的品牌主持人奔赴天台采访她时问了她这样一个问题："您作为一个女性企业家，完全可以花更多的时间管理好企业，挣更多的钱，为什么这么多年您却选择慈善义工事业而且还是无薪职务？身兼如此多的职务，每一样都干得不比别人差，您到底靠的是什么？"对于这些尖锐而实际的问题，陈潇女士是这样回答的："我靠的是坚定的信念，群众所想就是我所要干的。关于钱和公益的问题，当今社会很多人觉得自己拥有多少财富，就代表自己的人生价值，我不认同这个观点，钱固然是好东西，但很多东西是用钱买不来的，比如，钱可以买到金表，却买不到时间，时间、温暖、健康恰恰都是免费的。当你拥有这些免费项目的时候，你已经是世界上最幸福的人了。当你在这么富有的情况下再去做一些有意义的事情，你的人生就会更有价值。"

陈潇女士在经营好自己企业的同时，还担任了数个社会职务，而这些职务几乎都是公益事业里的无薪职务，主要分为妇女线和政协线。陈潇女士连任近 30 年妇女联合会执行委员，在 1997 年 5 月，香港妇女联合会关于中国女性的人权问题进行会谈，要在 56 个民族选出 56 名妇女代表，当时的选拔条件有三个，分别是：连续三年被台州市评为"双学双评女能手"；担任基层妇女工作五年以上；具备法人资格的女企业家。陈潇女士三条都符合，因此作为台州的代表随同全国妇联主席到香港，对中国女性人权问题有了初步的理解，并在之后逐渐融入这些工作中。1999 年陈潇女士在台州市创立了第一个妇女儿童权益工作站，得到了妇女组织的高度评价。

陈潇女士在当地连任了 20 年的党支部书记，连任五届政协委员，承担了很多社会责任，2001 年中国加入 WTO，陈潇女士专门写了一篇关于中国加入 WTO 后中小企业所面临的机遇与挑战的论文，这篇论文在两会的时候被评为优秀参政议政发言稿，同时也为中小企业的发展给出了一些提示。2008 年陈潇女士组建了天台慈善义工，经历了十年的风雨彩虹，在全省 100 多个慈善机构中荣获第一名。2012年被评为浙江省首届十大杰出义工。2018年在浙江省中小企业协会举办的杭州全球企业家论坛中，陈潇女士被全球企业家组委会授权为"论坛大使"，虽然内心忐忑，但她还是做了充分准备，随后得到领导的高度认同，又被授权为"论坛大使总指挥"，经过努力，2018年10月底在G20峰会主会场的论坛大会非常圆满地举行，陈潇女士得到了各级领导的高度评价，并被任命组建浙江省中小企业协会巾帼企业分会。当下最热议的行业，领导都会让陈潇女士来监督，因为领导认为她人无私、正能量、对党的事业忠诚、对工作执着，交给陈潇女士去做的事情领导放心。

（3）平衡处理各项工作

陈潇女士从事慈善事业已经坚持了30多年。在企业经营与慈善事业中，她完全可以投入更多精力在企业经营管理方面，但她的做法却不太一样，她不仅两头都抓，而且都兼顾得很好。她用五个字解释了原因——坚定的信念。个人事业与慈善事业反映出了个人利益与公共利益相互之间的关系，陈潇女士完美地避开了侥幸心理，她做自己认为对的事情，自始至终坚持下去，这才是她能把每一件事情高质量完成的秘诀。陈潇女士认为，做一些有意义的事情比赚钱更能让人满足，世上珍贵的东西都是用金钱买不到的，有些人却选择性地忽略掉这些免费但宝贵的东西。虽然陈潇女士在杭州的慈善工作任务量很大，但台州的工作她一点也没有落下。在做好本职工作的基础上，巾帼企业分会的工作也在有序推进。在巾帼企业分会成立后的几个月里她已经做了十几场活动，每月都有一场非常有载体的大活动，小活动不断，这些活动在增加影响力的同时，可以帮助中小企业真正地做一些事情。

陈潇女士不仅能够平衡企业与慈善事业之间的关系，而且她的家庭关系也处理得很好，她与丈夫两人都创业，不同的是丈夫在国企，她在民营企业，两个人都很理解对方的工作。在与一些女性创业者进行面谈，或者是从问卷调查反馈的结果来看，她们的身体多多少少都会存在一些健康问题。当问到陈潇女士时，这个问题却迎刃而解，陈潇女士十分重视自己与家人的身体健康，家里的《健康报》订了20年，从未间断，她还自考了国家一级健康管理师证书，平时出行急救药品等也都是必备之品。

既要承担家庭主体的管理，又要承担企业的法律风险，甚至还要挑起社会责任，女性创业实属不易。好在坚韧如陈潇女士，不把困难看作困难，始终坚持初心，不断学习、充实自己，在家庭、企业与慈善事业兼顾方面堪称楷模。

（4）永远让学习推动自己前行

"学如才识，不日进，则日退。"陈潇女士对于学习这个话题格外关注。她认为在平时团队建设中，学习是一个不可省略的部分。企业家也好，家庭妇女也好，各行各业的女性如果离开了学习，意味着她的人生就失去了光芒。学习这件事情与所处行业没有关系，与性别更加无关，我们只有通过学习这一途径才能充实自己，做一个有思想、有内涵的人。虽然学历、证书这类东西并不能代表一切，但知识经验都是要靠脚踏实地、努力付出才能换来的，越是知识面广的人越是觉得自己懂得少，学无止境。

5. 后记

2019年4月22日，在浙江杭州完成了对陈潇女士的采访。陈潇女士是一位典型的深受浙商文化影响的女企业家，当被问及成功要素的时候，陈潇女士笑着坦言，这就是一种浙江精神，大部分浙江商人潜移默化地都在这样努力地做。她很守时，甚至比约定的采访时间提前一个小时到达。她说，她已经养成了守时的习惯。而这种守时守信的习惯，正是浙商精神的完美体现。

过去的20年，陈潇女士全心全意为人民服务。

过去的30年，陈潇女士全心全意为弱势群体服务。

未来的若干年，陈潇女士又增加了一项新的任务，"全心全意为企业家服务"。

一件平凡的事，只要坚持做，也能做到不平凡。

5.9.2 湖北阳光慈善物资中心的董玉霞：人人做慈善，人人享慈善

创始人背景

董玉霞，湖北省阳光慈善物资中心理事长、主席。出生于1961年11月，籍贯安徽，现居住湖北武汉。毕业于华中科技大学管理学院。于1991年1月参加工作，2004年至今，荣获中央统战部授予全面建设小康社会做贡献先进个人，中华人民共和国民政部授予全国先进社会组织；

荣获民建中央授予"全国社会组织先进个人"等荣誉，荣获中华慈善奖"最具爱心慈善楷模"提名奖，湖北省阳光慈善物资中心荣获AAAAA级社会组织，荣获中华慈善事业突出贡献奖，中国第二届中华慈善人物，中华慈善总会评为"中华慈善事业突出贡献奖"，获得"慈善中华行杰出形象大使"，2009年被列为中国大陆慈善家排行榜189位，民建中央授予抗震救灾优秀会员，荣获湖北省政府授予"爱心慈善家"称号，荣获"湖北省优秀政协委员"荣誉称号，荣获湖北省三八红旗手称号，荣获湖北首届最具爱心奖，荣获十大杰出徽商称号，荣获武汉市十大慈善家称号，武汉市政协授予优秀政协委员，荣获武汉慈善优秀公益机构奖，武汉市授予"三个文明建设先进个人"和"三八红旗手"等荣誉。1999年创立湖北阳光科贸有限公司，随后转型煤炭矿山物流服务业，2008年创立湖北省阳光慈善物资中心。

公司地址

湖北省武汉市东湖新技术开发区光谷国际广场A座1601号。

1. 行业背景

在慈善业蓬勃发展的同时，传统慈善业由于在物资周转管理上没有完善的制度体系，导致了慈善家人人都是搬运工的局面，因此慈善物资中心的产生是一种必然。慈善物资中心是为社会各界爱心人士搭建的爱心捐赠平台，将募集捐赠的慈善物资进行整理、消毒、包装、储存、管理，并按慈善法的规定和捐赠人的意愿进行分配和捐赠，完成了慈善业物资管理的体系化构建，把慈善工作的流程化、规范化落到实处。例如，慈善物资中心可以将慈善物品用于助困、助学、助孤、赈灾救助、扶贫济困等慈善捐赠项目，发挥慈善物资扶贫济困的特殊作用，更好地帮助社会弱势群体，从而更好地配合党和国家的"脱贫攻坚战"。在慈善业欣欣向荣的同时，慈善物资中心也会更好地发挥其应有的作用，服务于社会大众。

2. 创业平台

《国务院关于促进慈善事业健康发展的指导意见》和《湖北省人民政府办

公厅关于促进慈善事业健康发展的实施意见》等政策文件强调,各地要将发展慈善事业作为社会建设的重要内容,纳入国民经济和社会发展总体规划及相关专项规划,加强慈善与社会救助、社会福利、社会保险等社会保障制度的衔接。要从健全组织协调机制、完善奖惩制度、完善人才培养政策、加大宣传力度等方面建立健全慈善事业发展长效机制,开创全省慈善事业又好又快发展新局面。

3. 创业过程

(1) 两次创业,紧跟政策导向

董玉霞女士和她的丈夫跟随国家为百姓解决菜篮子健康问题的无公害生态农业政策步伐,于1999年创立湖北阳光科贸有限公司,从美国引进不含农药、不生虫、无公害的有机肥料,董玉霞女士扎根农村,不断在农机部门做实验示范,产品效果非常好,但是由于价格水平过高,在21世纪初的农村,村民对无公害有机肥料接受程度较低,国家层面也只是号召,没有充足的政策补贴,企业自身的承担能力有限,董玉霞女士被迫转型。转型后的企业主要做煤炭矿山物流服务,煤炭行业属于国家计划,得到了国家的大力支持,在煤炭矿山产业上的发展欣欣向荣,每年获得的利润一部分向国家积极纳税,另一部分大力投向慈善事业。养老院、福利院、孤儿院,哪里需要她,哪里就有董玉霞女士的身影。

(2) 慈善物资中心成立动机

董玉霞女士生活在一个原本幸福富足的家庭,可由于历史原因,家庭情况日渐窘迫,幼年时候的苦日子让她坚定信念,等她长大了,她一定要去为更多的人服务,一定要去帮助到更多的人,要全心全意为人民服务,坚定的信念在幼年时就在她心底扎根。当时中国的慈善业普遍存在物资管理问题,物资的接收管理到流转成本大,耗费人力资源多,没有一个独立的行业来支撑慈善物资的运作,董玉霞女士找准契机,个人出资50万元,于2008年4月创立了湖北省阳光慈善物资中心。

(3) 一个人的慈善之路:从0到1

公司的创办看似顺风顺水,但事业的起步并不是一帆风顺的,公司没有办公场所,物资运输没有车辆,董玉霞女士就拿出自己的房子和车子用来办公,没有仓库就从一间小小的车库做起,那时还没有社会公信力,慈善也还没有品牌,董玉霞女士充分发挥自己在佛教界做慈善时结识的朋友的力量,甚至拿出自己孩子的压岁钱,来逐步推动慈善业的发展。恰逢四川汶川地震,但当时既没有制度,也没有慈善法,物资管理流程不清晰,董玉霞女士在短短三个月内,带领三个员工,完成了办公室制度、财务管理制度、网站管理等一系列制度的构建。夜以继日的工作让董玉霞女士的身体一天天垮下来,公司的资金运转也出现了问题,这些困难让董玉霞女士背负着很大的压力,但她坚信,正是因为这件事情难她才有机会做,正是因为难她才一定要做。

(4) 慈善平台的构建:从1到N

董玉霞女士20多年在慈善行业身体力行,引领创办湖北省阳光慈善物资中心。在引领慈善物资管理健康发展的问题上,她认为最重要的主要有两点。一是标准化。统一标准,统一管理,统一分配,而标准化的支撑点是信息化,当前慈善事业的瓶颈多半是因为慈善信息不对称、不公开,导致慈善法的推进、实施有一定的难度。标准化的慈善信息化服务平台,让慈善组织提升了公信力。用智能化的方式来推进慈善产业化的发展,通过政府提供闲置的资源场地,建立一个服务中心,不断研发、推进,形成强大的服务体系。二是智能化。通过智能化的技术设备,实现社区养老等功能。

与此同时,董玉霞女士还表示,如何让慈善事业健康发展,是她多年来从事慈善工作思考最多的事,让慈善事业走标准化和规范化建设之路,是慈善人应该要带头做的事。在党和政府的支持下,在社会和团队的关心下,始终坚持围绕中心,服务大局,让社会慈善更有尊严,让慈善公益事业更上一个台阶。必须建立标准化、信息化、公开透明的管理体系,让社会慈善更有公信力,才能实现人人做慈善、人人享受慈善的新时代面貌。所以她认为,慈善事业发展,更需要走专业化、智能化的方向,慈善事业不随大溜,一定要有自己的主流。本身要有担当、有尊严地做好慈善,这是董玉霞女士最热爱的事业。

(5) 家庭与慈善的平衡

董玉霞女士认为一个人在做慈善的时候,千万要记住,首先要把家人照顾好,然后再去为社会做贡献,得到家人的支持,是一种大智慧。再去为社会做贡献,尽可能帮助需要帮助的人,并积极引导他们加入慈善行业当中,激发人人做慈善、人人享慈善，营造通过慈善点去对话的社会氛围，有很多的爱都是需要绽放的，一旦把它绽放了，社会的美就体现出来了。

(6) 对20~40岁创业者的寄语

董玉霞女士认为吃苦、韧性和格局观是企业家必不可少的，女企业家可能在格局上远不如男性，但她们韧性强，能吃苦，刚柔并济的力量不断促使着格局的提升，她们骨子里藏着的韧劲和担当让她们以平常心包容身边的一切，在懂政治、懂法律、懂社交的前提下，女企业家的善良本性一旦被激活，她将会力量无边。

董玉霞女士认为20~40岁的女性创业者在创业时有其阶段性，在20岁创业时会全力以赴，但是成家以后，女性更重要的是要顾及家庭。对丈夫的支持也是对国家的一种贡献，对孩子的培养是为国家培养接班人，培养有用的人才。20岁至40岁，是人生黄金的20年，30岁之前，家庭与事业并重，30岁到40岁会承担起一份社会责任，这时不仅仅是把企业做好，还要把家庭经营好，更重要的是担当一份社会责任，更多地去想帮助下一代创造新的财富，要为这个民族和下一代继续奋斗。人最大的快乐是不断地体现价值，不断地发光、发热，这才是价值，才是享受。

4. 后记

2017年3月8日，光谷创客联盟女创专委会挂牌成立，董玉霞女士是女创专委会成立的核心发起人之一。作为光谷创新创业兼职导师，我很荣幸也参与了光谷创客联盟女创专委会筹备成立的部分工作。所以本书的采访计划也是从女创专委会的成立之日开始启动的。从2017年3月到2019年6月，我俩数次约定的采访计划都被搁浅。2019年6月25日，我们竟然在异地他乡见面了。巴东县野三关镇，在湖北省民政厅组织的2019年全省性社会组织助力巴东脱贫攻坚活动现场，我惊喜地遇到了一直想要采访的董玉霞女士。

董玉霞女士的创业之路从农业开始，到煤炭行业，再到慈善业，她从未停止她服务社会的步伐。她对慈善业的发展有自己独特的见解，20多年的坚持努力，致力于慈善物资管理的标准化和智能化发展。湖北省阳光慈善物资中心在她的带领下，以高度的社会责任感和务实的奉献精神服务大局，从点滴做起，从身边做起，把慈善工作落到实处，让阳光普洒大地，温暖千家万户。

董玉霞女士面对困难时坚定的信念、对事务发展的真知灼见以及平和的心态深深震撼了我,她在最短的时间内克服最大的挑战,完成各种资源的整合和各项制度的建立,正是因为这件事情难她才有机会做,正是因为难她才一定要做。这种迎难而上的韧性给正在创业中的青年女性指明了方向。

第 6 章
新时代中国女企业家精神"三原色"模型的质性研究

本章基于"三原色"模型,采用质性研究中的扎根理论的研究方法,结合采访案例,对女企业家精神进行质性分析。

6.1 研究方法与样本介绍

6.1.1 研究方法

"质的研究是以研究者本人作为研究工具,在自然情境下采用多种资料收集方法对社会现象进行整体性探究,使用归纳法分析资料和形成理论,通过与研究对象互动对其行为和意义建构获得解释性理解的一种活动。"扎根理论方法[1]是社会学研究的重要方法,广义上属于质性的研究。扎根理论方法是现代社会文化人类学发生发展的开端,扎根理论研究具有开放性、丰富性的特点,能够获取原始而真实的信息,田野研究注重真实感,不粉饰,也不躲避,从"田野"中获得第一手资料,根据记录、据实研究。所以从"田野"中获得有关企业家精神的真实资料,理解真实的企业家精神,从而使研究更加贴近企业家现实。我们以 34 位女企业家的深度访谈为原始资料对新时代女企业

---

[1] 扎根理论研究法是由哥伦比亚大学的 Anselm Strauss 和 Barney Glaser 两位学者共同发展出来的一种研究方法,是运用系统化的程序,针对某一现象来发展并归纳式地引导出扎根的理论的一种定性研究方法。

第6章 新时代中国女企业家精神"三原色"模型的质性研究

家精神进行定性分析。

6.1.2 资料的获取

"在质的研究中任何东西只要可以为研究目的服务的都可以成为'资料',因此几乎任何方法都可以成为质的研究中收集资料的方法。"本研究资料收集的方法主要是访谈、观察和问卷调查。我们的研究对象是"新时代❶女企业家精神"。下面以访谈为例进行分析。

访谈是研究性交谈,是研究者通过口头谈话的方式从被研究者那里收集(或者说"建构")第一手资料的一种研究方法。由于问卷调查法存在一定的不足,为了弥补其缺陷,本研究还将通过访谈方式对研究对象展开深度采访,并编写《女企业家创业行为访谈提纲》,每轮访谈时间为40~120分钟。

在新时代女企业家精神的案例层面,我们采用扎根理论方法,深度采访了38个样本,经过遴选,重点研究了34个女企业家样本,地域层面主要涵盖了湖北和浙江,行业层面涵盖了餐饮服务业、加工制造业、软件信息服务业、教育业、商业服务业、生活性服务业及文娱产业等。编码采用的是E,代表企业家的英文,阿拉伯数字表示第几个企业家。通过访谈获得她们的创业动机、相关事迹、生活及工作态度以及她们在创业过程中自身发生的改变。访谈采用录音和笔记记录谈话的主要内容、受访者的行为表现以及研究者自己的感受等。访谈的标识方式为"E(entrepreneur)-年月日",作为企业家编号,例如,第一位企业家,于2017年3月15日的访谈标识为"E1-20170315"。

深度访谈的34位女企业家的描述性统计见表6-1。

表6-1 34位女企业家的访谈情况

序号	编码	录音时长/分	字数/万字	受访者职位
1	E1-20190625	44	0.4	主要负责人
2	E2-20170519	41	0.3	创始人

---

❶ 新时代主要是指党的十八大以来,中国经济由高速发展向高质量发展的时代背景。

续表

序号	编码	录音时长/分	字数/万字	受访者职位
3	E3-20170519	33	0.3	总经理
4	E4-20170524	55	0.3	董事长
5	E5-20170531	39	0.3	董事长
6	E6-20170601	60	1	创始人
7	E7-20170612	42	0.4	创始人
8	E8-20170615	105	0.5	创始人
9	E9-20180622	60	0.9	创始人
10	E10-20180607	120	1.5	创始人
11	E11-20180620	60	0.5	主任
12	E12-20190215	85	1.7	创始人
13	E13-20190224	30	0.5	创始人
14	E14-20190706	文本采访	0.3	创始人
15	E15-20190223	32	0.8	创始人
16	E16-20190224	30	0.3	联合创始人
17	E17-20190706	文本采访	0.5	总经理
18	E18-20180608	40	0.6	合伙人
19	E19-20190617	30（电话采访）	0.5	创始人
20	E20-20180606	60	0.3	创始人
21	E21-20190701	文本采访	0.5	总经理
22	E22-20190422	120	0.7	总经理
23	E23-20170812	180	3.4	总经理
24	E24-20190422	30	0.5	总经理
25	E25-20190412	文本采访	0.8	法人
26	E26-20190311	150	2.1	创始人
27	E27-20190619	文本采访	0.3	创始人
28	E28-20190618	30（电话采访）	0.5	创始人
29	E29-20190511	文本采访	0.4	创始人
30	E30-20190527	文本采访	0.3	创始人
31	E31-20190626	文本采访	0.3	创始人
32	E32-20190626	文本采访	0.3	创始人

续表

序号	编码	录音时长/分	字数/万字	受访者职位
33	E33-20190629	文本采访	0.3	创始人
34	E34-20190626	90	1.8	创始人
合计		1506	24.1	

表格来源：作者自绘。

6.2 "红黄青"与企业家精神

根据女企业家精神的"三原色"模型，将创业要素分为三个部分，分别是以红色为主的人才、资本、技术等要素禀赋，代表着女企业家在创业过程中要懂市场，懂得如何整合要素和资源，以实现有效的市场营销；以黄色为主的人才、金融、法律服务政策，代表着女企业家在创业过程中要学会处理与政府的关系，在政府的帮助下，得到企业发展所需的软硬件基础条件的支持；以青色为主的自我关爱、家庭责任、社会担当等文化传承，代表着女企业家在创业过程中要学会处理创业与自我关爱、创业与家庭责任、创业与社会担当之间的关系，这是有情的社区致力解决的问题。

6.2.1 "红"：洞察市场，甄别要素禀赋

市场在资源配置中起决定性作用，企业作为国民经济的主体，对市场经济发展起着重要作用，只有敏锐观察市场信息，根据市场需求指导生产实践，才不至于被市场淘汰，而要拥有敏锐的市场洞察力，离不开不断地学习和提升，开拓创新。熊彼特认为，企业家精神就是企业家身上那种追求市场机遇（创造性破坏市场的均衡性）的近乎天然的执着创新精神（包括冒险）。只有创造性地打破市场原有的均衡，才能获取超额利润，企业才能引领市场，企业家才能展示自己的才华和实现自己的价值。正因为这样，熊彼特把企业家精神的核心本质概括为对市场均衡的"创造性破坏"（创新），而著名管理学家彼得·德鲁克则将创新和企业家精神视为企业成长的核心基因，这个基因被现代企业成长理论奠基人伊迪丝·彭罗斯定义为企业家的"进取心"，也为"野心"，它是一个很不确定的概念，它与个人的性格品质密切联系，它是企

业家在有获利能力的条件下希望尝试的心理倾向,即投入精力和资源在能获利的行动上,这种"野心"的程度是企业成长最重要的因素。对于女企业家,刘鹏程等(2013)这样认为,女性从事机会型创业也往往会选择自己熟悉的行业,而很少去冒险选择高新技术行业,这主要是因为女性风险规避程度较高,加之女性往往缺乏高新技术行业所需的技术和资金,造成了女性创业的低创新率。企业的高速发展离不开实实在在的产业和管理创新,而这种源源不断的创新来源于领导者在企业内部所树立的开拓创新精神理念,这一切都是通过企业家不断学习、磨炼得到的。

原始资料语句E7:那时候没有很明确的商业模式,只是把当时武汉市和湖北省内的教育机构加入我们公司的平台里,这些教育机构包括培优培训班、学历资格证类的培训,还有语言类的培训,都是我们自己一家一家去跑。

原始资料语句E18:这个当时应该是中国首家众筹创业咨询公司,我们后来调研过,几乎没有一家公司是专门为辅导众筹创业而成立的。我是那种喜欢稀缺、喜欢创新的人,当我判定它是新事物的时候,我就会非常沉下心来把它做好。

6.2.2 "黄":善用政策,把握时代机遇

有效市场以有为政府为前提,有为政府以有效市场为依归。要在激烈的市场竞争中生存,在做好企业内部建设的同时,也必须重视政府和市场的作用,合理运用政府相关支持政策机制,在市场中识别营商环境,把握时代机遇,迎接挑战。

原始资料语句E9:这个项目的大前提是光谷的创客氛围和众创平台的发展。

原始资料语句E25:在咨询有关合作社及公司发展的政策后,当地政府都非常鼓励和支持,合作社及公司的注册、办理审批手续都办理得比较顺利。同时,刚刚起步的合作社,作为一种新出现的经营主体,获得了政府及农业技术等部门提供的专业辅导,同时同行企业之间也会分享交流一些经营管理等方面的心得体会。

原始资料语句E10:2014年、2015年大部分就是高科技项目,因为当时国家提出发展众创众包众扶众筹,我们其实也是为了响应双创的号召。

原始资料语句E12：在武汉第一次举办这样的活动，当时去跟政府报备的时候政府部门说，你可能要达到一定的人数规模，如果达到1000人就得跟政府部门报备，我说那我就不办1000人，最后我就刚好办了999人，当时就办好了。E12在短时间内以不违背法律法规为前提，高效地完成了对政策和内部资源的整合。

此外，在善用政策的过程中，女企业家一定要懂得法律，只有在知法懂法的基础上，才能保护企业，才能让企业发展得更顺利。合法性对于女性创业者取得创业所需的关键资源和市场接受度至关重要（李纪珍等，2019）。

原始资料语句E12：我在2015年跑完马拉松之后，就想组织更多的女性跑马拉松。跑马拉松其实跟创业的每个阶段是一模一样的，跑完马拉松之后就顿悟人生了。为了保证女子跑团的合法性，我成立了一家体育公司，然后把它作为一个单独的项目开始孵化，16个月以后就被上市公司全资收购了。

原始资料语句E18：我是学法律专业出身的，所以我做一件事情就一定要有严密的逻辑，然后一步一步地把它做好，我要做最好的那种。

原始资料语句E23：律师团队挺重要的，因为合同上出现的一些纰漏，造成了现在这么多的麻烦，走了很多冤枉路，我们现在做出了数倍的努力，但是前期其实是可以规避的。法律上的规范性很重要。

6.2.3 "青"：敬天爱人，勇担女性责任

以"青色"为主的社群文化的核心要义是敬天爱人，"爱人"不仅体现在对家人、对员工和对社会的"利他"，也体现在对自我的关爱。即自我关爱、家庭责任和社会担当共同构成女性的责任。其中，自我关爱主要体现了女企业家的美学素养。在访谈过程中，我们真切地发现了女企业家的美。

首先体现在女企业家的外在美。E7在采访过程中，一身旗袍，一顶华帽，款款而来，全然不如大众对一般女性企业家的认识，她带着东方女性独有的古典韵味与知性，并将这种特性带入企业管理中来。E2的气质非常独特，可能是结合了中国的温和与德国的严谨两种文化的缘故，她的言谈举止显得十分与众不同。她说起话来温柔亲切，但细听内容，逻辑严谨，掷地有声。

其次体现在女企业家的内在美。这种内在美更体现在她们的善良与博大

的胸怀、家庭责任感和社会担当。女企业家以特有的母性情怀，常常把孩子和家庭放在非常重要的地位，很多女企业家因为孩子而选择创业，也有不少女企业家在创业后积极推进慈善事业，家庭责任和社会担当体现了一个女企业家对责任的坚守，一个优秀的女企业家，可以权衡好事业、家庭和生活的关系，承担起社会责任，不断内化为以服务社会为根本目的的企业经营理念，守住内心的一份纯粹，在权衡中不断提升。

原始资料E27提到：看着家人因为孩子忙得团团转，她想势必应该有人做出牺牲了，她毅然决然地提出辞职，在家庭的鼓励下选择创业，由于事物具有普遍性，自己家发生的问题一定也是诸多家庭所面临的问题，在上海的长期生活使她率先看到了教育业未来蓬勃发展的可能性，从能照顾孩子的角度出发，她选择了教育服务业。

原始资料语句E22：那么关于慈善义工事业，关于金钱和公益的问题。当今社会很多人觉得自己拥有多少财富，就代表自己的人生价值。我不完全认同这个观点，钱固然是个好东西，但很多东西用钱买不来，比如，钱可以买到金表，却买不到时间，买不到亲情，买不到健康。时间、温暖、健康恰恰都是免费的。当你拥有这些免费项目的时候，你已经是世界上最幸福的人了。当你在这么富有的情况下再去做一些有意义的事情，你的人生就会更有价值。

原始资料语句E2：女人心思细腻，更会把握人际关系的处理，但由于社会并不是高度文明的，所以女人会被家庭环境和下一代影响，但是如果可以放下这些枷锁，女人其实更适合在这个世界上打拼。接触了很多成功的女性创业人，觉得她们的特质就是很优秀，有思想，知道自己要什么。

原始资料语句E22：我觉得女性创业非常不容易，既要承担家庭主体的管理，又要承担社会责任，还要承担企业的法律风险，真的是很不容易。

6.3　"橙紫绿"与企业家精神

在第3章构建的"三原色"模型中，红黄青"三原色"相互交织，形成"橙紫绿"三种颜色，分别代表中介效应的橙色激励机制、紫色高质量发展以及绿色舆论导向。相比于男企业家的粗线条思维，女企业家显示出更多"柔"性特征，更加温和细腻，带有人文情怀；女企业家以身作则，以平等的交流方式激发员工积极性，促进企业长足发展。在激烈的市场竞争中，始终将产品品质放在第一位，以产品质量打开市场；受传统性别领域思维的影响，与男企业家相比女企业家在创业道路上仍存在一些短板，不少人对女性创业仍抱有怀疑态度，女性因其独特的生理周期以及怀孕、哺乳等特殊时期，在创业道路上也会遇到更大的来自自身生理原因的阻碍，但女企业家更多地靠不断提升自己来打破种种舆论。

6.3.1 "橙"：激励机制，运营管理之道

激励机制是企业治理中的关键问题。任何一家企业的发展都离不开硬实力的外表，更离不开软实力的内撑，企业家严于律己，不断提升，给员工、团队带来的是一种不断积极向上的动力，在这种动力推动之下，员工、团队为了能够更好地创建企业，他们会不断地寻求产业增长点，而这种增长点即来源于不断的机制创新与高效的服务，并且这种奋斗的激情将充满企业的方方面面，感染到每一位员工和每一个团队，最终这些被感染的群体将会以全新的姿态投入不断发展的企业之中。而女企业家在管理上也有独特的见解，她们经常不以上级自居，而是以朋友的方式与员工沟通交流，以心换心，在共同探索和进步中促进企业长足发展。

原始资料语句E2：在选择的时候会看员工的各个方面，管理的时候有制度规范，个人的话就是以身作则，不能情绪化工作。

原始资料语句E8：留得住人才是因为我们有感情，不光是合伙人，也是朋友。我经历的事情他们也有经历，这些人很多都是我从大学认识的小伙伴，大家都相互认可也很有默契。

原始资料语句E4：创业之初，我参加了企业家特训班，在企业管理以及企业的方方面面我都需要学习。人需要和优秀的人在一起，我向特训班的同学学到了作为一个企业家应具有雷厉风行的处理事情的能力，以及要把事情干好的冲劲。我学到了作为一个创业者应如何给公司定位，股权如何设置，产品如何定位等，以及在创业过程中会遇到的问题，我为自己画出了一条创业之路。

还有企业家提到：我经常和传统企业的老板说，为什么留不住人，因为年轻人都是追求自我价值的，不管你给他多高的工资，他们始终认为自己就

是给别人打工的，你为什么不放出点股权呢？放出去了，员工就觉得公司有我一份，他们的心态就不一样了，而且大家是风险共担的，企业做好了，他就有，企业做不好，他就没有，而且薪资还会降下来。我这里薪资都不高，法定节假日都是按正常休息的，但很少有人休息，这里面很多人都是自己创过业，做过老板的，而且这些人很稳定。一开始我就强调，如果你是为了工作来的，我是不收的，如果是为了自己的创业目标来的，这个平台就适合你。在这里的人，未来都是要当老板的。到这个平台，可以投入他们喜欢的服务项目中去，并且持有公司一定的股权，他们愿意全身心投入这个项目。从公司层面来说，项目的服务周期长，也需要人员稳定，而且行业人才难得，一旦流失了，再培养就很难了，而且对项目的发展影响非常大，所以我通过公司的期权和项目的股权双重赋能。经常有人问我，你究竟发了多少工资，怎么每个员工都像打了鸡血一样，我说我们工资很低，他们不信，我说，做创业服务的靠工资留人，就不用做了。就是通过这种股权激励，不管任何时候都培养员工当老板，而且是能独当一面的老板。

6.3.2 "紫"：持续学习，提升品牌质量

通过学习，能够进一步打破惯性思维，创新商业模式，有利于提升价值创造能力，确立新的竞争优势，立足主业、拓宽思路、创新模式，引领发展新思路。

原始资料E28：为了学习先进的肌肤管理技术，参与各大城市肌肤交流峰会，亲自赴韩国学习技术。学习产品开发技术，以及使用美容仪器和具有治疗作用的护肤品，学习专业的技术手法，用有针对性的治疗手段改善皮肤质量，学习如何有效地预防各种皮肤潜在的问题等。同时也经常去北京、成都、广州等地参加肌肤管理交流峰会，带回先进的技术。

原始资料语句E27：光靠想是想不出来的，只有跳入"深海"里才能学会游泳，于是我一方面使用自己先前储存的资金，到此行业发展较为先进的广州、深圳、北京等地走访调研，深入学习先进的发展思想与管理模式，有时为了见一面某一机构的创始人我会站几个小时等候，只为更深刻地了解这个行业最新的发展模式，而另一方面，我也着手准备、办理一些企业发展所必要的流程手续与房屋租赁、装修，在多方面共同努力下，公

司逐渐"破土而出"。

34位受访的女企业家中,76%的女企业家明确指出,除了维持公司的正常运营之外,她们也花了大量的时间在学习上。当她们在企业运营的过程中遇到瓶颈的时候,有效率、有意识地主动学习成为她们解决问题的常态化方法之一。从学习内容上看,她们重点学习了企业管理中的人才管理、金融管理和技术提升。从学习时长看,大多数女企业家以参加短期培训为主。从学习所在地看,她们大都是以出差的形式,在北京、上海和深圳等地学习,其中也有数位女企业家常年在英国、德国以及美国学习。受访的女企业家中,约有41%的样本有过在一线城市或者发达国家超过4年的生活和学习经历,这为她们开阔视野格局奠定了一定的基础。

6.3.3 "绿":社会支持,舆论正向引导

调动女性创业者的积极性,关键在于破解社会对女性创业者的偏见,形成良好的舆论导向,在社会层面正向引导下,保护女性创业者的正当权利,在全社会形成男女平等的氛围,真正认同女性创业者在新时代经济发展领域的重要地位,保障她们在创业过程中免受性别歧视和舆论压力。

原始资料语句E3:无论是怎样的环境,都不应该歧视女性。因为如今的社会不再是男性拥有绝对主导权,女性也在逐渐进入领导层。社会应该给予女性更多的施展空间,让女性创业成为常态,受到尊重,这是社会进步的表现。

6.4 "灰"与企业家精神

"灰"是企业发展的最高境界,创业难,守业更难,要想企业在激烈的竞争中保持稳定并逐步提升,需要企业家的包容之心,以理解、包容的态度,建立容错机制,支持和鼓励试错,在不断尝试中寻找方向。从原则性和灵活性出发,我们将此时的企业家精神提炼为以下两个方面。

6.4.1 "深灰":原则性,实施目标管理

目标管理是原则性的体现。无论是哪一类的市场主体,应时应势调整战略、坚持目标导向都是应对环境变化、增强发展动力、优化发展环境的根本

之策（赵平，2019）。

原始采访资料 E34：标准化就是统一标准，统一管理，统一分配，标准化的支撑点应该是信息化。现在慈善公益的瓶颈多半是因为慈善的信息不对称、不公开，所以慈善法的推进和实施有一定的难度。我们通过标准化的示范来建立慈善信息化服务平台，让慈善组织提升它的公信力，那么慈善信息平台建设的主要支撑点就来自智能化服务，智能化服务主要是为了减少成本，进而提升服务质量。

6.4.2 "浅灰"：灵活性，建立容错机制

"浅灰"代表了灵活性。企业的发展离不开创新，但是创新是一种高风险、高压力、高失败率的行为，很难一帆风顺，需要不断探索和试错。要在法律制度允许范围内，建立容错机制，给予对方持续创新的机会，使试错成为经验和成功的基石，成为有益的资本和资产（李政，2019）。

访谈者 E21 回忆起：在一次出差中，遇到司机宰客的情况之后，意识到适当地吃亏也不是什么大不了的事情，做人要学着大度一点。

访谈者 E26 也表示：面对曾经误解自己的人，能够放下过去，接受对方的合作邀请。

原始资料语句 E21：我认为容错机制的建立与内部体系的合理性是企业发展的关键核心要义，如果只是依靠死条例去管理员工，那么必然造成企业的固执化，不能灵活多变，也不能用机械的方式惩戒员工，这样员工就会怕这怕那，也不会全身心投入，要给员工一个合理的空间去施展拳脚，这样企业才会有推动力。另外，我认为员工的任何行为都是理性的，他们做出的任何选择也是理性的，那么也就是说他们的行为完全是跟随体制的不同而不同，任何的行动也是基于体制而进行的，所以，我认为建立良好的体制是企业发展最为核心的内涵。

6.5 "传导路径"与企业家精神

6.5.1 从"红"到"灰"的要素传导

我们认为企业在发展过程中存在红色的以人才、资本和技术为核心的要

素禀赋,新时代下,创业门槛逐步降低,要想在众多同类型企业中脱颖而出,必须有突出的优势,重视人力、资本和技术的运用与拓展。

(1) 人力要素

人才是第一资源,是具有创造能力的初始资源,没有人才,任何要素都无法得到高效持久利用,没有人才的推动,任何的附加要素都将会失去其原有的价值,任何一家企业的发展都不是企业家一个人努力的结果,而是通过每一位员工叠加效应而产生的。每一位员工火一般的热情都是企业能够长远发展的不竭动力。从访谈记录中可知,一个优秀的管理者,必须重视人才的作用,做好人才团队的培养的同时,注重人际关系的拓展。

原始资料语句E6:

问:如果我们要办一个女企业家活动,您觉得提供什么好?例如人脉扩展、政策扶持、创业门诊,等等。

答:我觉得是人脉,大家都是女性,需要更多的话题,这有助于深入交流和信息提供。

原始资料语句E7:自己在软件方面有很多不懂的地方,就需要大家的帮助,我们有专门的项目经理,我更注重的是结果,主要都是我们合伙人和其他人在负责项目这件事。

原始资料语句E12:一家公司创业一个项目真没那么简单。你可能要面对很多团队管理和团队经营的事。

原始资料语句E26:在开始加工的时候,我在全国都是免费招学徒,免费培养人才,我自己先去积累和储备人才,因为我知道要成才是很难的,我免费给他们提供吃住,然后免费给他们材料练习。

(2) 资本要素

任何一家企业的发展都离不开资本的推动,需要通过资本运动创造剩余价值,谋求扩大再生产,形成良性循环。资本是公司运营的起点,没有资本,一切经营理念和思维都如同纸上谈兵。

原始资料语句E7:虽然现在国家鼓励大众创业、万众创新,但我觉得刚毕业就创业,其实会比较难做大,因为你可能没有资金,没有人脉,没有团队,没有经验,如果想创业,你应该先去做好最基础的工作,去学习,去调研,你需要去学很多东西,不能盲目地去创业。

原始资料语句E8：市场有了0到1的基础，那么在1到10这个过程中，资金就成了我们现在面临的主要问题。想要发展就必须融资，不光融钱，也包括投资人的资源。

（3）技术要素

新时代下，创业门槛逐步降低，企业要想在众多同类型企业中脱颖而出，必须进行技术革新，结合以下案例进行质性分析，当代女企业家在企业管理方面对技术创新的重视程度较高。

原始资料语句E25：在实践、摸索和发展中，通过与供应商、高校科研机构等合作，取得了一系列成果。一方面，羊肚菌科技成果转化项目经过四年种植培育示范，产品于2016年8月在澳门展会取得了很好的品牌效应，单项产品获得1200万元的订单；另一方面，低温快速微冷冻科技转化项目已运营四年，取得显著效果。传统稻谷原种"长寿谷"通过生物冷诱导技术处理后，抗病虫、抗倒伏、抗自然灾害的能力大大加强，产量和品质均得以提高，真正实现了产品的核心价值。

原始资料E10在访谈中提到：市场上同类型企业很多，比自身优秀的公司更多，竞争极其激烈。公司要想立于不败之地，必须要转型，这个念头一直深埋于他们心中。立足于前瞻性也顺应市场日新月异的变化，他们下定决心，转型做互联网，一个关于教育行业的网络平台，将课程与老师放在网络平台上，进行网络授课，学生可按自身需求快进快退点播，如有疑难问题，老师可以实时与学生互动，活跃于网络的教育咨询模式就此展开。公司也因此进入了新的发展阶段。

原始资料E4在访谈中提到：企业若要长久生存和健康发展，就要不断加强自身建设，培育企业的核心竞争力，这种要求是长久的，其必须是基于多元化的核心能力。如今，公司已经有较多的节能环保等高新技术研发注入。

通过以上原始资料及质性分析，我们不难发现，新时代女企业家非常注重团队建设、人脉拓展、资本积累及技术创新，这也体现了"红"原色在模型构建中的基础性地位。

6.5.2 从"黄"到"灰"的制度传导

良好的营商环境有利于吸引各类企业发展要素的聚集,是企业高质量发展的沃土,打造良好的营商环境是政府工作的重要内容,结合以下案例进行质性分析,新时代下,政府对企业的扶持力度明显加强。

原始资料语句E2:2004年去了德国,在那里待了13年,先生是厦门的教育大使,领导研发了教育软件平台,后来公司被收购,项目被停,觉得停掉很可惜,所以想创业。正是因为我对先生的整个项目很了解,再加上东湖有人才计划,所以决定回国。2011年年底在和东湖高新人才办接触后觉得国内的氛围挺好,就决定回国创业。

原始资料语句E3:现在的大环境挺好的,国家也支持创业,在创业过程中你学到的和接触到的东西比工作中要多很多,创业过程中,可能需要政府更多的政策支持,创业初期需要政府场地和资金的支持,如果政府能把一些资源组织起来分享会更好。

原始资料语句E7:武汉的营商环境挺不错的,在武汉交通方便,做生意去外地会很方便,大学生很多,人才济济,武汉有很多政策是为了留住人才,在这里创业会有很好的发展。

原始资料语句E8:这个项目的大前提是光谷的创客氛围和众创平台的发展。

原始资料E25提到:在咨询有关合作社及公司发展的政策时,当地政府非常鼓励和支持,于是合作社及公司的注册、办理审批手续都办理得比较顺利。同时,刚刚起步的合作社,作为一种新型经营主体出现,获得了政府及农业技术等部门提供的专业辅导,同时同行企业之间也会互相分享交流一些经营管理方面的心得。

原始资料语句E18:2014年、2015年大部分是高科技项目,政府工作报告中说发展众创众包众扶众筹,我们其实也是为了响应"双创"的号召。

原始资料语句E30:在创业之初,正赶上万众创新的时代,因此办理手续很顺利。

原始资料语句E13:在注册公司过程中没有拿到政府补贴,如果那时有这个政策,我当然想去争取。

根据以上原始资料及质性分析，我们可以得到以下信息：一方面，我国的营商环境正在稳步提升，不少小微企业的创始人在创业过程中都得到了政府的资金和场地等方面的支持，在办理注册手续过程中流程简化，真正为创业者减负，想企业所想，急企业所急，改善企业家融资环境，落实以"简政放权、放管结合、优化服务"为核心的"放管服"改革，在社会营造浓郁的创业氛围；另一方面，仍然有少部分创业者表示自己没有受到过政策扶持，这也警醒高校和政府加快营商环境优化步伐，加大营商环境提升力度，拓宽服务面，发挥"黄"原色在模型体系中的积极作用。

6.5.3 从"青"到"灰"的文化传导

制度传导是约束人性恶的一面，文化传导则是弘扬人性善的一面（邓荣霖，2014）。女企业家身上具有鲜明的母性特质，在"三原色"模型中，"青"原色的色调偏重，这也是她们与男性相比最大的特点之一，具体表现在更注重沟通合作，更具有包容性，与男性相比更加重视家庭，有强烈的家庭责任感和社会责任感，重视文化的传承和构建。这些区别于男企业家的独特价值观使女企业家在当今的企业竞争中形成了鲜明的特色。通过案例分析，我们不难发现，一个"情"字会伴随着女企业家从创业初期到经营过程中的方方面面。

（1）家庭与事业的平衡

原始资料语句E2：家庭和事业要做到平衡是很难的一件事情，觉得自己做不到平衡，只能是做到一段时间的倾斜，回德国的时候尽量陪伴孩子；回国的大部分时间和精力用在工作上。对孩子来说，父母的模范作用比说教更重要，让他们明白人要努力地去工作。

E2一直在思考，一直在权衡，思考项目的进程，也在思考如何权衡家庭与事业。在回国创业后，E2便给自己立了个规矩，回国后的大部分时间和精力用在工作上，在国外的时候便用心陪伴孩子，将时间都给孩子。做不到完美的平衡，也只能是做到尽量在时间上倾斜。努力做好事业和家庭的平衡，母性的光辉在E2身上得以深刻体现。

同样地，E5在专注于事业的同时不忘家庭，空闲的时间陪着父母与孩子，在谈到孩子的教育时，她仿佛有说不完的观点，孩子应该有一个很好的家庭,爸爸爱妈妈,妈妈心疼爸爸,尊老爱幼,小孩会成长得很好;父母要以阳光的心态去拥抱生活。首先是去追求自己的事业,让孩子明白做事要努力。与男企业家不同的是,女企业家在专注事业的同时,非常注重家庭关系的管理,善于平衡家庭和事业的关系。

许多女企业家在忙碌的工作之余,都能够做到不完美的平衡,担负起家庭责任。

原始资料语句 E5:空余的时间是陪父母和孩子。

原始资料语句 E6:我觉得生活和事业都要,要有一个平衡。

原始资料语句 E11:每天早饭我会去弄,然后晚上必须陪孩子,我每天早上必须送他上学,下午尽可能地接他放学,早上必须要和他一起吃早饭,晚上必须要陪他写作业。

原始资料语句 E3:外面再好也不是家,人绝对不能只有工作,综合考虑了这么多之后决定还是留在武汉。家庭和事业可以兼顾,老公是自己的合伙人。两个人有共同的目标,一起努力。E3 在外打拼时受到培训机构自闭症儿童的触动,义无反顾地回到家乡创业。

E26 的创业缘起也有一部分因为孩子,放弃在外地的高薪工作,回来和孩子生活在一起。正是由于对家庭的责任感,对孩子的爱,让她敢于放弃,也敢于重新开始。

原始资料语句 E25:小孩因为常年跟着奶奶,与我们聚少离多,所以他的性格有一点内向,我就想回来,想跟他在一起的时间多一点。

(2) 社会责任的担当

责任与担当是企业家的本质特征与重大使命。企业家是经济活动的重要主体,其应该主动承担起新时代企业的使命与责任,推动质量变革、效率变革,淘汰落后产能,实现自身价值(黄海艳和张红彬,2018)。

原始资料 E25 在访谈中提到当她获得第一个业务时,心情非常激动,从市场调查回到基地,到按照客户要求准备产品,再到安排发货并亲自押运货物给客户,大大小小、方方面面的工作都要足够耐心细致,虽然没日没夜的工作让人感到疲惫和辛苦,但当货物交给客户并拿到货款后,"也有一种叫责任的东西从心底慢慢升起。"这正是她对社会责任的"情"之所在。

E21 有自己独特的管理之道,她认为做一些有意义的事情比赚钱更能让人满足。而且世上珍贵的东西都是用金钱买不到的，有些人却选择性地忽略掉这些免费但宝贵的东西，E21不仅能够平衡企业与慈善事业之间的关系，而且她的家庭关系也处理得很好，她与丈夫两人都创业，不同的是丈夫在国企，她在民企。两个人都很理解对方工作的情况。E21能够带领企业稳步前进离不开她深深的社会责任感和家庭责任感。

原始资料语句E21：那么关于慈善义工事业，关于钱和公益的问题，我认为当今社会很多人觉得自己拥有多少财富，就代表自己的人生价值。我不认同这个观点，钱固然是好东西，但很多东西用钱买不来，比如，钱可以买到金表，却买不到时间。时间、温暖、健康恰恰都是免费的。当你拥有这些免费项目的时候，你已经是世界上最幸福的人了。当你在这么富有的情况下再去做一些有意义的事情，你的人生就会更有价值。我觉得这些女性非常不容易，既要承担家庭的主要事务，又要承担社会责任，还要承担企业的法律风险，真的是很不容易。

原始资料E11重视企业文化的构建，她认为，"聚是一团火，散是满天星"。平台需要众多的合伙人来共同搭建，也正是在鲜明的企业文化指引下，E11和她的团队在这个行业开创了多个"第一"。第一，开创了一个以法律为主导，以投行思维为链接的资源整合型平台；第二，她们用最短的时间聚集了一大批跨界人才，包括基金、法律、投资、评估等各种人才；第三，她们是首个以法律为主导的，为客户提供一站式服务的全链条平台。以卓越的企业文化为客户服务，为社会做贡献。

(3) 传承文化，传递情怀

访谈者E20的创业缘起就是一个"情"字，她本身对于传统木雕就有着特别的情感。家里祖祖辈辈有手工制作技艺的传统。木雕对于她来说，承载着她对上一辈传统的怀念，也可以让她时时感受到上一辈的淳朴温馨。正是由于对木雕行业特殊的情感，她选择了创业。

原始资料语句E20：首先我自己喜欢，因为我们家上辈人有这个传统。

原始资料语句E4：用影像留住爱，影像是具有生命力和记忆的，我们把时间比作一条长绳，在这个节骨上我们为它打一个结，就像古代人结绳记事一样，那么我们就是在用影像留住历史、留住当下。

原始资料语句E7：当利益和情怀方面有冲突时，我会选择情怀，创业更多的是需要激情、情怀，我觉得诚信、坚持、情怀是创业最宝贵的品质。

原始资料语句E12：人家跑步就只是在跑，但我们是在跑步中注入了新的文化。

通过以上原始资料语句及质性分析，我们可以发现，创业路上，压力之下，困难重重，公司发展的各个阶段，企业家都会背负一定的责任与使命，在家庭、社会以及自我的不断权衡中，一个"情"字贯穿着女企业家创业过程中的方方面面，她们以坚定的责任与使命感促使自己克服困难，与企业共同发展，具有担当精神。做企业是一种使命和责任，对社会、对客户、对员工都必须负起责任。不管是在什么阶段，企业的命运与企业家精神是密不可分的，企业家无论是在身体上还是心理上都承受了巨大的压力。但其实企业最难的时候，都是靠企业家自己走出来解决的。虽然会有想放弃的时候，但应该具有认定一件事情就一定要做到的精神，让她们坚持下来。并且她们知道感恩，不忍心辜负给予她们帮助和支持的朋友，不想让朋友失望，也不想让自己失望。在家庭、社会和自我的平衡中，始终保持一份情怀，以包容的心面对一切困难。

6.5.4 从"橙"到"灰"的激励传导

在企业管理上，女企业家更善于运用自己卓越的沟通能力，与企业员工建立良好的信任机制，让每一个员工都有企业归属感，都能够为企业的发展尽自己最大的努力。除金钱、制度等传统激励方法之外，女企业家严格要求自己，以身作则，更善于以心换心，虽然以高标准要求工作，但不会用上下级的身份约束员工，而是互相学习，共同进步。

(1) 自我层面，严于律己

做好榜样示范作用，必须对自己严格要求，女企业家在工作中严于律己，以对自己的高标准要求来带动感染身边的每一位员工。

原始资料语句E2：在选择的时候会看员工的各个方面，管理的时候有制度规范，个人的话就是以身作则，不带情绪工作。

(2) 管理层面，宽以待人

在管理上，女企业家很少以上级自居，高高在上，遥不可及，而是与员工多沟通交流，共同进步，共同提升，让每一个员工都有浓厚的企业归属感，得民心。合作精神是学者能达成共识的重要企业家精神。企业应创造一种让那些有能力又愿意追逐新业务机会的员工自动追求进步的环境。企业激励员工进行业务创新主要有两种基本方法：一种是根据个人风险提供相应的财务激励，从而提高员工对奖励和风险的感知率，但采用这种大规模财务激励的硅谷模式在公司内易产生不平等感和怨恨情绪，并会对效率产生不利影响；另一种是为员工提供足够的认同感和职业提升机会，这会明显降低个人对风险的感知能力，实施这种方法最有效的途径是创造一种容忍错误的企业文化（白少君等，2014）。

原始资料语句E6：要跟每个司机很好地去沟通，家里有什么困难，还会去帮帮忙，我们开始也有一个司机，他离开后也有想法拉一个车队起来，后来我们知道了他的想法，把他拉回公司来，让他带了一个队伍，给了他一个创业的平台和机会，他现在在这边就干得很好。

访谈者E11表示，想要做好众筹，员工各方面的要求很高，法律、财务、品牌、市场营销、用户思维、产品思维都是很重要的。所以对于员工，她一直高标准严要求，虽然有时候执行结果会不尽如人意，但是她还是像老师一样，不厌其烦地教她们，并且要求她们学会做思维导图。

原始资料语句E11：就是教，一遍又一遍教，比如今天有个人交给我一个东西，实在是做得不好，我又讲了一遍。

女企业家通常采取以下三种方法：第一，管理者自身做好榜样示范作用，用对自己的严格要求感染员工，以身作则。第二，制度上要奖惩分明，物质激励与精神激励相结合，促使企业员工抱有比、学、赶、超的工作态度，在公司内部形成良好的竞争氛围，调动员工的工作主动性和自觉性。第三，与员工做朋友，以心换心，让每一位员工都能有企业归属感。

6.5.5 从"紫"到"灰"的品牌传导

企业的高质量发展是提高企业市场竞争力以及应对风险能力的必由之路，而要推进企业的高质量发展，应该提高产品质量，以好的品质取得消费者信任，在提高质量的同时对产品加以宣传包装，以品牌知名度提升品质的地位与增值，扩大市场影响力。顺应市场需求，以消费指导生产等。发挥女企业家特有的精神品质，促进企业高质量发展。

第6章 新时代中国女企业家精神"三原色"模型的质性研究

(1) 洞察市场,做最正确的决定

原始资料语句 E6:……太远了,因为它没有市场,就不会去做,如果太远了的话,司机可能会太疲劳,也不适合。乡镇约车是一个空白,并且是一个很好的特色,如果能抢占这个第一市场,我觉得很好啊。

原始资料语句 E11:最开始我不会去关注这个是好还是坏,我就去看它在市场上有没有唯一性、稀缺性和创新性,如果有,就一定会去。

E18 和她的团队经过慎重的考察后,发现几乎没有公司涉及专业辅导众筹创业,于是他们成立了相关的公司,选择市场竞争力小的行业开始开拓。

原始资料语句 E12:我们只要出发了,做了别人不敢做的事情,别人就觉得这个很有意思,也很好玩。

E25 面对市场的需求,主动适应市场变化,从果蔬发展到稻米。但是随着杂交水稻的普及,稻米的发展前景很不明朗。在基层听到的声音大多是"种水稻不赚钱",但她却从上海之行中发现了商机,她发现上海的消费者比较注重品质,而没有过多关注价格。她开始意识到做健康、有品质的农产品的重要性,这让她开始着重关注产品的质量。于是她决定发展优质的原种稻谷。随着市场需求的变化不断调整经营策略,是企业高质量发展的必然要求,也是优秀女企业家所应该具备的能力之一。

(2) 追求质量,拓展品牌

原始资料语句 E16:原料都是我和老板亲自去挑选后再进货的,我们的牛奶和一些配料一定是比学校其他奶茶店要好的,这个我们可以百分之百保证。我们的用料绝对是有保障的。

她认为产品的质量是核心,她一直以高标准要求自己,不论是咖啡原料还是技术,都是精心挑选的,始终把产品质量放在第一位,在提高质量的同时对产品加以宣传包装,提升在同类型产品中的竞争力。

(3) 发挥企业家精神的积极作用

根据以上分析,我们将女企业家能力构建为五力模型(见图6-1),分别是市场洞察力、资源整合力、学习力、创新力以及坚持执行力,以及五力之间、家庭事业、身体心理等方面的平衡。

图 6-1　女企业家精神的五力模型

图片来源：作者自绘。

其中，创新力、市场洞察力、资源整合力以及学习力在前文由"橙"到"灰"的激励传导、由"紫"到"灰"的品牌传导，以及内循环系统和外循环系统中已详细描述，以下将从坚持执行力及一些女企业家特有的精神品质层面展开论述。

坚持执行力，坚定信念，持之以恒。在访谈案例中，近半数的女企业家为连续创业者，她们在不断探索中寻找最适合自己的方向，坚定信念，勇往直前。企业家 E15 刚刚大学毕业，却已经有三次创业经历。

每一个企业家都经历过非常艰难的时期，唯有企业家自身的坚持，才是她继续勇往直前最核心的动力。

原始资料语句 E7：我认定的事就要坚持下去，你去创业，你作为一个老板，很多事情有自己的想法，当你的合伙人、股东，甚至员工持一些反对的意见，或者有些不坚定的时候，你怎样把这个事情坚持下来，让大家觉得这件事本来是错的，但因为你的努力、你的坚持，把这件错的事情做成对的事情。

原始资料语句 E12：我只要锁定那个目标，脚踏实地一步一步走下去，就一定能完成。

原始资料语句 E13：我还是属于比较有上进心的那种，要做不能白做，不管是得到人脉资源也好，学到什么知识也好，甚至是得到比较好的人生观，让我活得更积极也好，都是收获，都是财富。

除此之外，女企业家身上还折射出鲜明的母性特征，她们更加细腻，考虑周全，善于守业，能够在孤独中找寻自我。

原始资料语句E6：女生的身体构造在"敢"和"干"上不如男生，但既然选择创业，那在骨子里就要敢想敢拼，敢于冒险，如果你不敢迈出有异于常人的第一步的话，是很难成功的；另外，女生相对于男生来说比较谨慎，在守业上有优势。

原始资料语句E7：优势的话，可能不会像男性那么强势，应该稍微温柔一点，但主要还是看人，女性可能会比较细心一点，男性会大意一点，细节处理女性会做得更好，男性在这方面会有些不足，但具体还是要看人，大体是这样的。

原始资料语句E8：我从小比较独立，能够自己做决策，不太依赖身边的人，或者受身边人的影响。

原始资料语句E11：在快和稳中，我会选择稳，因为在这个过程中你的态度会吸引来好的机会。

综上，五力之间形成动态循环，企业家首先以敏锐的市场洞察力找寻商机，抓住机遇，确定企业发展方向，通过持续的学习、卓越的团队领导力凝聚人心，不断整合资本、技术、人力要素，提升企业市场竞争力。与此同时，还要时刻观察市场走向，顺应市场要求，以消费指导生产。长此以往，持之以恒，以坚定的信念推动企业良性发展。

6.5.6　从"绿"到"灰"的舆论传导

在政府主导下，全社会形成鼓励大众创业，万众创新的思维导向，以创新创业带动就业，尤其是破解社会性别领域对女企业家的偏见，进而推动整个国民经济又好又快地发展。经过几千年的文明演进，女性的社会地位得到了显著提高，但一方面受传统"男主外女主内"等思想的影响，社会对女企业家的认可度偏低，一些人依旧以特殊的眼光看待女性创业；另一方面，女性因其独特的生理特点以及怀孕、哺乳等特殊时期，在创业道路上也会遇到更大的来自自身生理原因的阻碍。结合以下案例进行质性分析，女企业家在创业过程中仍会遇到来自自身以及社会的困扰。

在访谈中，近半数女企业家表示自己在创业过程中曾经受到过性别歧视或隐性性别歧视。

原始资料语句E2：在中国，如果一个女人偏事业化，人们往往会把她往男性的角色上推，认为这是女强人，这是一种不太好的想法，好像这个社会必须由男性来主导，女性主导的话就会把女性偏男性化，正常的情况应该是男性和女性都可以主导。在中国，如果是一位女强人的话，她会尽力去掩饰自己女性的一面，觉得女性化是自己的弱点，女性会因为一些事情在职场上受到排挤，不能得到更多的欣赏，所以社会还需要对女性有一个客观、包容的态度。

原始资料语句E7：一个女的跟别人去谈生意，会被认为男尊女卑，如果你特别在意这一点的话，可能受到别人的冷眼歧视，这是很正常的。作为女性我们应该付出更多，可能比男性付出更多的时间和精力，去得到顾客的信任，去说服他，让他跟你做生意。

原始资料语句E18：站在女性角度看"女强人"这一词我觉得是贬义，因为它似乎将女性看成了一种异类。

面对性别歧视问题，接受采访的新时代女企业家大致有以下三种态度。

第一，存在性别歧视，但只要努力付出，抓住机会，任何歧视都会迎刃而解。

原始资料语句E7：在做教育培训的时候，在外形上有过被歧视，但这个没关系，只要有机会被刮目相看，就要把握住，更加努力。

第二，男女平等，各有所长，性别差异不是问题。

访谈者E1在谈自己对性别领域的看法时有以下观点：女性与男性相比，男性的视野可能更开阔一些，他们可能会看得很远、很广，而且特别有战斗力，这种战斗力会建立一种权威的形象，女性却不太容易建立这种形象。中国的传统是"男主外女主内"，在企业里，有权威性会更方便管理，所以导致了权威等级的森严。在这种情况下，男老板的权威可能会更适应中国的环境；而女性大多会更沉稳一些，一定会在全盘考虑后再做决定，而不会贸然地去做一件事情。女性处事较为温和，许多员工会将你看作一个大姐姐，而并非领导。但有时候这种亲和的形象会让员工不那么认真，在做事方面也会有各种推诿。

第三，女权主义，女性更能发挥其作用。

原始资料语句E4：自己是一个高度的女权主义者，相信在社会上女人发挥的能力大于男人，女人的心思细腻更会把握人际关系的处理，但当代社会女人会被家庭环境和下一代影响，如果可以放下这些枷锁，女人其实更适合在这个世界上打拼。接触了很多成功的女性创业人，觉得她们的特质就是优秀，有思想，知道自己要什么。

女企业家不可避免地会受到自我生理层面和社会舆论层面的影响，但是女企业家凭借自己优秀的精神品质，独立且成熟，努力挣脱这些枷锁，以坚定的信念克服重重困难。

6.6 "三原色"模型与企业生命周期

6.6.1 "红黄青"与投入期

在这一阶段，企业各项要素刚刚进入初始投入期，企业因发展规模较小而易于发生变动，各类企业资源尚不稳定，企业家因实践经验较少，还没有提炼出真正适合的管理之道。

我们将这时的企业家精神提炼为"敢闯敢拼、不怕吃苦"。这时，企业家较为"专政"，依靠一腔热血，凭借自己的力量领导团队有所发展，在不断摸索中探求最适合的前进方向，以敢闯敢拼、不怕吃苦的企业家精神，不断提升资源整合能力，识别市场机遇，构建清晰的企业文化，促进企业发展方向逐渐明朗。

原始资料语句E28：自己是个喜欢闯的人，在服装店逐步进入稳步发展之后，又创立了一家肌肤管理中心。由于地处县城，比较闭塞，只有传统美容手法，所以特地跑到武汉，甚至去韩国学习皮肤护理。

原始资料语句E34：没有仓库的时候，我是从一间储藏室、一个车库开始起步的，那个时候也没有什么社会公信力，慈善也还没有形成品牌，最困难的时候，把孩子的压岁钱都拿出来了，也要倡导日行一善。

6.6.2 "橙紫绿"与发展期

早期的企业已经初见成效，三大要素交相呼应，企业已经发展到一定规模,企业仅仅通过"三原色"发展已经远远不够了,企业需要通过各种传导机制面临更深层次的挑战,在此时,仅凭企业家的一腔孤勇已经举步维艰,团队的力量显得尤为重要。

我们将这时的企业家精神提炼为"团队合作、开拓创新"。经过团队稳定的发展,早期的企业已经初见成效,此时企业已经发展到一定规模,这时的企业已经不能通过企业家一己之力而支撑其高速发展。如企业要从中期发展转向中高期发展,需要领导者构建管理团队,在这一团队中会聚与领导者志向相同、价值观相近的管理人群,虽然人数不多,但是其所创造出的管理效益与经济效益是巨大的。此时的企业虽会面临外界竞争、公司动力不足等问题,但是核心优质管理团队的不断探索与学习终会为企业的持续发展起到一定的积极作用,这一时期的企业家精神推动了中期企业的发展。

原始资料语句 E2:有一群志同道合的人,觉得这件事有市场前景,我们有能力,也可以组织专业的人士去做这件事,觉得可以尝试一下,创业虽然有困难,但也不会比认真地给别人工作更难。

原始资料语句 E9:其实我在大学做的社团就叫大学生工艺创业社团,它是零点研究咨询集团支持的,包括我现在的团队就是我大学一直以来的团队,那个时候更多的是创新创业实践。正因为有了三年创新创业实践,我们才有底气说想出来创业。如果说 2014 年一毕业就出来创业,我是没有底气的。我是 1992 年出生的,团队主力许多也是"90 后"。

6.6.3 "灰"与成熟期

经过初始投入期的积累、中期的巩固发展,企业已经逐步进入稳定阶段,此时,企业的发展会遇到转型困难等发展瓶颈,这时企业家如果故步自封,企业将很难再有所提升,只有时刻保持危机意识,应对各种挑战,以独特、高效的管理方式带领企业完成转变与提升,从而获得高质量发展。

我们将这时的企业家精神提炼为"危机意识、方圆兼济",未来是不可预测的,一个企业如果没有危机意识,迟早会走向衰亡。在企业进入成熟期后,一切经营运作都进入正轨,但表面的平稳并不代表一切,这时企业面临诸多隐形压力,企业家要转变公司管理发展模式,从机械式的管理方法转为较为"艺术性"的管理模式,企业家此时应科学地进行改革,在持续的价值创造中寻求发展问题，找准关键环节，从发现问题到以独特方式解决问题。时刻关注市场动向，做好内部管理，以充足的准备面对即将到来的各项挑战。

原始资料语句 E8：创业有太多不确定性，很多都是九死一生的，可能十个项目能够成功一个项目就不错了。

本章小结

本章基于"三原色"模型，采用扎根理论方法，以 34 位女企业家的深度访谈为原始资料对新时代女企业家精神进行定性分析。将新时代女企业家精神集中概括为以下三个层面。

第一，坚韧不拔的创业情怀。女企业家有深刻的自我认识，能够清楚地认识到自己是谁，追求的是什么，立志则事成，她们从创业经历中明确了人生的价值意义。以坚韧不拔的勇气和毅力克服创业路上的重重困难，从而实现自身长短期目标和人生意义并轨，在逐梦的过程中彰显了她们坚韧不拔的毅力和勇气。

第二，追求卓越的工匠精神。女企业家致力实现的目标，不管遇到什么困难，她们一如既往地坚持产品质量，以产品质量打开市场，以产品品牌拓展市场，始终不忘质量之本，这是一种高度的责任感和敬业精神，当其他公司放弃的时候，她们会寻找下一位顾客。当顾客拒绝她们的时候，她们总是在寻找自我改进的方法，她们对工作有一种非做不可的使命感，并为之孜孜不倦、乐此不疲。

第三，行胜于言的担当精神。她们相信谋事在人，成事在天，会努力把事情做到位，用最乐观的态度面对，相信自己的选择，相信自己的作品，相信自己的努力，对于结果并不会太在意。这表现了她们较高的执行力，而担当精神主要体现在两个方面，对家庭责任的担当及对社会责任的担当。一方面，女企业家与男企业家相比，更能够兼顾事业和家庭，为了孩子更好地发展而选择创业的女性也不在少数，对孩子的爱、对家庭的爱，让她们敢于开始，敢于坚守。另一方面，女企业家以高度的社会责任感关心着社会的方方面面，捐款捐书，致力于慈善事业，为社会奉献自己的一份力量，并带动更多的人一起行动。

第7章
新时代中国女企业家精神的发展对策

自然环境决定生活方式,生活方式决定文化精神(钱穆,1971)。通过研究,我们发现,创业环境对女企业家发挥着重要的作用。为进一步提升女性创业能力,发挥女性在创新创业浪潮中的积极作用,基于"三原色"模型的六条传导路径,我们提炼出以下几方面发展对策。

7.1 挖掘女企业家发展的创新思维

创新的本质是突破,但也可能面临失败。挖掘女企业家创新思维,一方面,企业治理中要秉持理解、包容的态度,建立容错机制,支持鼓励试错,在不断尝试中寻找方向,包容空间的层次越多,创新成功的可能性越大。另一方面,各级劳动和社会保障部门应组织有创业意愿的女性参加培训,坚持以市场为导向,以需求为目标,以提高创业能力为重点,提供科学有效的管理模式、领导模式、经营理念,提供实质性的技术指导。与此同时,综合利用国家出资、政府干预、国际力量三方共同推进女性的职业化、专业化能力的培养。利用高等院校的师资场地开展女性创业培训活动;通过政府干预,委托培训机构进行培训,在政府指导下进行市场化操作,为女性创业搭建市场化创业平台。

7.2 塑造女企业家发展的制度环境

良好的营商环境有利于吸引各类企业发展要素的聚集,是企业高质量发展的沃土。营造良好的女性创业的外部营商环境,关键在于制度创新,一方面,政府可基于宏观经济政策、税收政策、推进市场优化的措施以及产业政策等方面，给予女性创新创业相关优惠政策。通过宏观优惠政策，加大女企业家的创业意愿和能力；通过税收优惠激励政策减少创新型企业税收负担；通过对银行、其他金融机构以及商业支撑体系改革，加大对女性创业的融资投入，通过法律手段优化初创企业融资生态环境，改善融资困难现状；通过积极的产业政策，针对女性在创业中的不利地位采取援助措施。为女性创新创业营造良好的制度软环境。另一方面，法律环境一贯被认定为企业创业与成长的决定性因素，将政策和法治相结合，双管齐下，给女企业家提供外部保障。

7.3 提升女企业家的发展境界

文化具有规范性内涵，社会文化支持着社会劳动的分工，从而为企业家规定了特别的社会角色，进而形成了他们的社会地位。抛开制度的禁锢，人心底的文化观念是企业家自发自主价值观的重要体现。自我层面，新时代女企业家应当努力提升自己的内在素养，挖掘成长空间。这不仅体现在个人形象的提升，更体现在精神层面的提升。境界为本，气质神韵为末，有境界而二者随之（王国维，1909），境界渗透着人的成长自觉（刘献君，2018）。通过外在形象和内在境界的同步提升，营造良好的企业文化氛围，促进女企业家的跨越式发展。社会层面，打破组织文化制约女性发展的成长空间。打破领导者理所当然由男性担任的传统观念，打破"玻璃天花板"效应，为女性创业营造良好的文化创业氛围。

7.4 完善女企业家发展的激励机制

激励机制是激发企业活力的重要手段和基本途径，可以从以下层面突破，首先，政策层面，建立一系列支持女性中小企业家创业发展的政策框架，为女企业家提供基本的权益保障；简化对女性创业的行政审批流程，政府简政放权，将女性创业成本降到最低。可通过地方政府专项财政拨款，吸收外界捐赠的扶持女企业家资金，加大对部分有着强烈创业愿望但在经济上存在困难的女性群体。完善扶持女性创业的优惠政策，形成政府激励创业、社会支持创业、勇于创业的新机制。其次，社会层面，通过大众传媒，传播女性创业精神，形成支持女性创业发展的良好社会氛围，对有创业愿望的女性或创业成功女性，宣扬"职场无性别，求职凭能力"的理念。激励机制仍然是当前影响我国女性创业成效的关键因素，只有不断创新女性创业机制，才能激活女企业家的创业潜力。

7.5　增强女企业家发展的社会影响力

增强女企业家社会影响力，宣扬女企业家精神，营造良好的女性创业发展的社会氛围。大力宣传"男女都一样，女人照样当老板""主外主内不论性别"的观点，宣扬女性优秀人物故事，传播女企业家精神，从舆论上积极引导，提升女企业家的公众地位，构建新型女企业家先进文化，深入挖掘女企业家身上吃苦耐劳、心思缜密、善于管理的特点，提升女企业家社会地位，平等参与创业。

7.6　弘扬女企业家发展的工匠精神

工匠精神是新时代企业家精神的精髓，是推动中国经济高质量发展的基石。"鼓励企业开展个性化定制、柔性化生产、培育精益求精的工匠精神，增品种、提品质、创品牌"，这是"工匠精神"首次在政府工作报告中正式提出，这说明国家已经高度意识到培育工匠精神的重要性和迫切性（黄海艳和张红彬，2018）。进一步提升女企业家工匠精神，首先要牢固树立追求卓越创新的经营理念，提高产品质量，树立品牌效应，着眼于产品品质，提供高质量产品及服务。与此同时，强化技术服务质量，推进公司品牌价值提升。树立发展用人、发展靠人的理念，吸收借鉴先进公司文化理念，同时也应打造企业独特的文化内涵，提升企业内部凝聚力，增强外部影响力。充分发挥女企业家天生所拥有的专注、细腻、精益精神，将工匠精神与企业家精神相互融合，形成独特的竞争优势以及独特的管理理念，实现企业高质量发展，以此建立良好的企业形象。

第 8 章 结论与展望

根据众多学者对企业家精神的界定，结合新结构经济学核心观点，本书试图构建女企业家精神"三原色"模型，分别是以红色为主的人才、资本、技术等禀赋及其结构，代表着市场的有效性；以黄色为主的人才、金融、法律政策，代表着政府在改善营商环境过程中的有为性；以青色为主的自我关爱、家庭责任、社会担当的社群文化，代表着社区有情度。为了深入探究女企业家精神"三原色"模型内在运行机制，我们对"三原色"两两叠加后形成的新色彩也进行了抽象处理，分别是以橙色为代表的激励机制，以绿色为代表的敬天爱人以及以紫色为代表的高质量发展，六种颜色分别指向代表包容、容错空间的灰原色，深入探讨企业可持续发展传导机制的具体运行模式，并对以"三原色"模型为基础的企业动态变迁过程进行深刻剖析，探求每一阶段企业家独有的品质精神。为了探究女企业家精神的核心，首先要解决以下几点问题：为什么要对女企业家精神进行探讨？女企业家创业需要哪些禀赋特征？以"三原色"为基础，企业的发展大致分为哪几个阶段？女企业家精神具体表现在哪些方面？女企业家与男企业家创业最大的区别在哪里？如何进一步激发女企业家积极性，发挥其在经济发展过程中的重要作用？

本书按照"理论构建—量化分析—案例描写—质性分析"的写作思路，采用扎根理论的方法，对 34 份深入采访案例及 210 份调查问卷进行深入探讨，得出如下结论。

第一，女企业家创业需要人才、资本、技术等禀赋及其结构，来自政府的人才、金融、法律政策服务，以及对自我的关爱和对家庭及社会责任的担当。首先，任何一家企业的发展都不是企业家一人之力而推动产生的，而是通过一个又一个团队的叠加效应而产生的。人是企业发展的关键要素和核心动力；资本对于企业来说是一把双刃剑，诸多市场上的企业"成也资本，败也资本"。在企业日常的发展中资本就好比润滑剂，不断地为企业的发展增加动能，随着企业的不断扩大，企业对资本的需求会呈指数式的上升。企业作为国民经济的重要组成部分，对推动创新创业，增强市场活力起着不可忽视的作用，而要充分发挥这一作用，必须重视技术创新，提高劳动生产率。其次，每一个企业的发展都离不开内部要素和营商环境的共同作用。企业作为国民经济的主体，在运行过程中离不开政府"有形的手"的宏观调控，打造良好的营商环境。本书认为企业的发展不仅需要提高市场竞争力，还需要有为政府在人才、金融、法律政策等方面的支持和服务。做好从"管理者"到"服务者"的角色转变。企业要发展，还要留得住资源，留得住人才，这就要求企业有良好的文化导向，在无形中凝聚人心，提高企业竞争力。

第二，以"三原色"为基础，我们将企业生命周期分为投入期、发展期和成熟期三个阶段。首先，处在初始投入期的企业因发展规模较小而易于发生变动，各类企业资源尚不稳定，我们将这时的企业家精神提炼为"敢闯敢拼、不怕吃苦"。这时，企业家较为"专政"，依靠一腔热血，整合各类资源，在不断摸索中探求最适合的前进方向，以敢闯敢拼、不怕吃苦的企业家精神，识别市场机遇，构建清晰的企业文化，促进企业发展方向逐渐明朗。其次，处于发展期的企业，早期的运营已初见成效，企业已经发展到一定规模，但这时的企业仅仅依靠企业家一己之力远远不够，各原色及其交织色可以通过不同的路径传导机制，逐步推动企业可持续发展。最后，企业步入成熟期，往往会面临发展瓶颈、转型困难等诸多问题，这时企业家的任何决定都将会影响企业未来的发展趋势，如果继续使用之前发展理念故步自封不进行深化改革，那么企业只会不断地走向衰退，很难再继续高速发展。

第三，通过量化分析和质性整理，我们将新时代女企业家精神概括为以下三点：其一，坚韧不拔的创业情怀。立志则事成，她们从创业经历中明确了人生的价值意义。以坚韧不拔的勇气和毅力克服创业路上的重重困难，从而实现自身长短期目标和人生意义并轨，在逐梦的过程中，彰显了她们坚韧不拔的毅力和勇气。其二，追求卓越的工匠精神。女企业家致力实现的目标，不管遇到什么困难，她们一如既往地坚持产品质量，以产品质量打开市场，以产品品牌拓展市场，始终不忘质量之本，这是一种高度的责任感和敬业精神，当其他公司放弃的时候，她们会寻找下一位顾客。当顾客拒绝她们的时候，她们总是在寻找自我改进的方法，她们对工作有一种非做不可的使命感，并为之孜孜不倦、乐此不疲。其三，行胜于言的担当精神。她们相信谋事在人、成事在天，会努力把事情做到位，用最乐观的态度面对，相信自己的选择，相信自己的作品，相信自己的努力，对于结果并不会太在意。这表现了她们较高的执行力，而担当精神主要体现在两个方面，对家庭责任的担当及对社会责任的担当。一方面，女企业家与男企业家相比，更能够兼顾事业和家庭，为了孩子更好地发展而选择创业的女性也不在少数，对孩子的爱、对家庭的爱，让她们敢于开始，敢于坚守。另一方面，女企业家致力于慈善事业，以高度的社会责任感关心着社会的方方面面。

第四，女企业家与男企业家最大的区别在于"青"原色的比重上，女企业家身上具有鲜明的母性特质，在"三原色"模型中，"青"原色的色调偏重，具体表现在更注重沟通合作，更具有包容性，与男性相比更加重视家庭，有强烈的家庭责任感和社会责任感，重视文化的传承和构建。这些区别于男企业家的独特价值观使女企业家在当今的竞争中形成了鲜明的特色。一个"情"字，会伴随女企业家从创业初期到经营过程中的方方面面。男企业家对家庭和情感的经历明显小于女性，他们有更加高远的格局和抱负，为服务世界而做生意，敢于冒险和尝试，而女企业家在事业和家庭之间不断权衡，谋求二者共同发展，她们善于稳健经营，不轻易尝试高风险行业，为区域经济做贡献。

第五，进一步弘扬新时代女企业家精神，发挥女企业家积极作用，可从以下几个层面改进。挖掘女企业家发展创新思维，塑造女企业家发展的制度环境，提升女企业家的发展境界，完善女企业家发展的激励机制，增强女企业家发展的社会影响力，弘扬女企业家发展的工匠精神。

综上所述，本书构建了女企业家精神"三原色"模型，并对其运行机制进行了初步探讨，尚留有一定的研究空间，囿于时间和精力的关系，就女企业家精神研究所涉及的问题，今后还应该至少从以下四个方面进行深入探讨：

其一，"三原色"模型对企业家精神的量化评价。为了精准评价企业家精神，后续可从"三原色"模型入手，构建一级指标、二级指标和三级指标，并做广泛的问卷调查，以期优化模型，提升企业家精神转化路径。

其二,"三原色"模型中企业家精神的典型案例。应该构建基于"三原色"模型的企业家精神案例库,从地域文化的差异出发,从行业异质性的角度出发,完善案例库,促进企业家精神的弘扬与发展。

其三,"三原色"模型的动态优化。市场瞬息万变,如何在"三原色"模型中,更加突出时间的概念,突出地域文化协调发展的因素,完善动态立体模型,是一个值得研究的方向。

其四,在新结构经济学视角下对企业家精神做进一步系统的研究和梳理。

参考文献

［1］ 巴隆. 创业管理：基于过程的观点［M］. 张玉利，谭新生，陈立新，译. 北京：机械工业出版社，2005：8-11.

［2］ 白少君，崔萌筱，耿紫珍. 创新与企业家精神研究文献综述［J］. 科技进步与对策，2014（23）：178-182.

［3］ 巴曙松，郑军. 中国产业转型的动力与方向：基于新结构主义的视角［J］. 中央财经大学学报，2012（12）：45-52.

［4］ 蔡洪滨，周黎安，吴意云. 宗族制度、商人信仰与商帮治理：关于明清时期徽商与晋商的比较研究［J］. 管理世界，2008（8）：87-105.

［5］ 蔡莉，王玲，杨亚倩. 创业生态系统视角下女性创业研究回顾与展望［J］. 外国经济与管理，2019，41（4）：45-57，125.

［6］ 陈立旭. 区域工商文化传统与当代经济发展：对传统浙商晋商徽商的一种比较分析［J］. 浙江社会科学，2005（3）：3-12.

［7］ 陈燕妮. 近10年国外女性创业研究回顾［J］. 妇女研究论丛，2012（6）：100-106.

［8］ 戴长征，张中宁. 新结构经济学：经济发展理论的再创新［J］. 江淮坛，2014（2）：29-36，193.

［9］ 费涓洪. 女性创业特征素描：上海私营企业30位女性业主的个案调查［J］. 社会，2004（8）：51-56.

［10］ 冯唐. 成事［M］. 天津：天津人民出版社，2019.

［11］ 郭凡生，吕政，牛根生，等. 中国民营企业成长的"忧"与"愁"［J］. 中国民营科技与经济，2004（2）：72-73.

［12］ 高明华. 中国企业家的时代使命［J］. 人民论坛，2019（7）：70-72.

［13］ 胡怀敏，肖建忠. 不同创业动机下的女性创业模式研究［J］. 经济问题探索，2007（8）：24-26.

［14］ 胡剑影，蒋勤峰，王重鸣. 女企业家领导力模式实证研究［J］. 上海交通大学学报（哲学社会科学版），2008，16（6）：69-76.

［15］ 陆大顺. 试论新结构经济学的理论基础和发展方向［J］. 人力资源，2018（8）：

59-60.

[16] 贾志科,祝西冰,许荣漫.女性创业的促进对策与服务机制[J].社会科学家,2012(6):55-59.

[17] 厉以宁.建设中国特色社会主义需要企业家和优秀企业家精神[J].新重庆,2017(10):29-31.

[18] 厉以宁.中国现在需要培养大量的、新的民营企业[J].商业观察,2018,39(9):12-14.

[19] 李嘉,张骁,杨忠.性别差异对创业的影响研究文献综述[J].科技进步与对策,2009,26(24):190-196.

[20] 李嘉,张骁,杨忠.性别对创业行业进入的影响研究[J].科学管理研究,2010,28(1):79-83.

[21] 李嘉,张骁,杨忠.男女性创业者创业行业选择差异的影响因素及其作用机制研究[J].科学学与科学技术管理,2010(2):183-188.

[22] 李朋波,王云静,谷慧敏.女性创业的研究现状与展望:基于典型文献的系统梳理[J].东岳论丛,2017,38(4):105-115.

[23] 李新春,苏琦,董文卓.公司治理与企业家精神[J].经济研究,2006(2):57-68.

[24] 李新春,叶文平,朱沆.社会资本与女性创业:基于GEM数据的跨国(地区)比较研究[J].管理科学学报,2017(8):112-126.

[25] 李泽厚.美学四讲[M].北京:生活·读书·新知三联书店,2004.

[26] 李政.新时代企业家精神:内涵、作用与激发保护策略[J].社会科学辑刊,2019,240(1):81-87.

[27] 李成彦,王重鸣,蒋强.性别角色认定对领导风格的影响:以女性创业者为例[J].心理科学,2012,35(5):1169-1174.

[28] 李宏彬,李杏,姚先国,等.企业家的创业与创新精神对中国经济增长的影响[J].经济研究,2009(10):99-108.

[29] 李兰,仲为国,王云峰.中国女企业家发展:现状、问题与期望:2505位女企业家问卷调查报告[J].管理世界,2017(11):50-64.

[30] 李纪珍,周江华,谷海洁.女性创业者合法性的构建与重塑过程研究[J].管理世界,2019,35(6):142-160,195.

[31] 梁洪学.激发释放企业家精神的制度环境:对企业家精神的再认识[J].学习与探索,2019(2):137-142.

[32] 林毅夫.新结构经济学、自生能力与新的理论见解[J].武汉大学学报(哲学社会科学版),2017,70(6):5-15.

[33] 刘鹏程，李磊，王小洁. 企业家精神的性别差异：基于创业动机视角的研究 [J]. 管理世界，2013（8）：126-135.

[34] 刘忠艳. ISM 框架下女性创业绩效影响因素分析：一个创业失败的案例研究 [J]. 科学学研究，2017（2）：115-124.

[35] 罗楚亮，滕阳川，李利英. 行业结构、性别歧视与性别工资差距 [J]. 管理世界，2019, 35（8）：58-68.

[36] Mastercard. 万事达卡首次发布全球女性创业者指数 [J]. 中国信用卡，2017.

[37] 穆瑞章，刘玉斌，王泽宇. 女性社会网络关系与创业融资劣势：基于 PSM 方法和众筹数据的经验研究 [J]. 科技进步与对策，2017, 34（8）：80-85.

[38] 欧雪银. 企业家精神理论研究新进展 [J]. 经济学动态，2009（8）：98-102.

[39] 彭华胜，郝近大，黄璐琦. 道地药材形成要素的沿革与变迁 [J]. 中药材，2015, 38（8）：1750-1755.

[40] 彭罗斯. 企业成长理论 [M]. 赵晓，译. 上海：上海人民出版社，2007.

[41] 任颋，王峥. 女性参与高管团队对企业绩效的影响：基于中国民营企业的实证研究 [J]. 南开管理评论，2010, 13（5）：81-91.

[42] 孙国翠，王兴元. 女性创业成功影响因素分析 [J]. 东岳论丛，2012（2）：154-158.

[43] 苏怀涛. 女性企业家创业融资研究综述 [J]. 财讯，2017：75.

[44] 时鹏程，许磊. 论企业家精神的三个层次及其启示 [J]. 外国经济与管理，2006（2）：44-51.

[45] 田毕飞，陈紫若. 创业与全球价值链分工地位：效应与机理 [J]. 中国工业经济，2017（6）：138-156.

[46] 唐凯麟. 传统儒商精神的现代建构 [J]. 求索，2017（1）：4-10.

[47] 魏下海，李博文，吴春秀. 人格的力量：非认知能力对流动人口创业选择的影响 [J]. 学术研究，2018（10）：93-101, 177-178.

[48] 吴炳德，陈士慧，陈凌. 制度变迁与女性创业者崛起：来自 LN 家族的案例 [J]. 南方经济，2017（3）：23-41.

[49] 翁贝托·艾柯. 美的历史 [M]. 彭淮栋，译. 北京：中央编译出版社，2007.

[50] 万君康. 创新经济学 [M]. 北京：知识产权出版社，2013：39-51.

[51] 吴敬琏. 企业家精神的本质和核心就是创新精神 [J]. 商业观察，2018（3）：39-39.

[52] 王连娟. 晋商接班人选择及其启示：解读晋商东掌制度 [J]. 经济管理，2007（3）：53-57.

[53] 许爱玉. 基于企业家能力的企业转型研究：以浙商为例 [J]. 管理世界，2010（6）：184-185.

[54] 许艳丽,王岚. 创新驱动发展战略下女性创业的新趋势、新挑战与新路径 [J]. 科学管理研究, 2017 (3): 91-93, 113.

[55] 谢雅萍,周芳. 女性创业特征及其促进策略: 基于福建省女性创业者的实证研究 [J]. 广西大学学报(哲学社会科学版), 2012, 34 (2): 79-87.

[56] 邢源源,陶怡然,李广宇. 威廉·鲍莫尔对企业家精神研究的贡献 [J]. 经济学动态, 2017 (5): 151-158.

[57] 杨静,王重鸣. 女性创业型领导: 多维度结构与多水平影响效应 [J]. 管理世界, 2013 (9): 102-117.

[58] 杨湘玉,程源,刘云. 创业倾向影响路径的性别差异研究 [J]. 科研管理, 2017 (6): 84-90.

[59] 赵秋运,王勇. 新结构经济学的理论溯源与进展: 庆祝林毅夫教授回国从教 30 周年 [J]. 财经研究, 2018 (9): 5-41.

[60] 赵春艳,赵书磊,林青. 农产品电商公共品牌发展逻辑与模型研究 [J]. 商业经济研究, 2017 (17): 124-126.

[61] 赵婷,岳园园. 互联网使用对已婚女性创业的影响机制研究 [J]. 经济与管理评论, 2019, 35 (4): 52-63.

[62] 中国企业寿命测算方法及实证研究课题组. 企业寿命测度的理论和实践 [J]. 统计研究, 2008, 25 (4): 20-32.

[63] 张宏如,王北,彭伟,等. 创业环境、创业认知与创业胜任力: 一个新生代农民工创业促进的理论框架 [J]. 浙江社会科学, 2018 (8): 83-88, 157-158.

[64] 张维迎,盛斌. 企业家: 经济增长的国王 [M]. 北京: 三联书店, 2004.

[65] 张维迎. 时代需要具有创新精神的企业家 [J]. 读书, 1984 (9): 13-22.

[66] 张维迎. 企业的企业家: 契约理论 [M]. 上海: 上海人民出版社, 1995.

[67] 张一林,林毅夫,龚强. 企业规模、银行规模与最优银行业结构: 基于新结构经济学的视角 [J]. 管理世界, 2019 (3): 31-48.

[68] 郑筱婷,李美棠. 女性就业与收入对其配偶创业行为的影响: 基于中国家庭追踪调查数据的实证研究 [J]. 南开经济研究, 2018 (2): 130-147.

[69] Akehurst, Gary, E Simarro, et al. Women entrepreneurship in small service firms: motivations, barriers and performance [J]. The Service Industries Journal, 2012, 32 (15): 2489-2506.

[70] Buttner, E Holly. Examining Female Entrepreneurs, Management Style: An Application of a Relational Frame [J]. Journal of Business Ethics, 2001, 29 (3): 253-269.

[71] Buttner E H, Moore D P. Women's organizational exodus to entrepreneurship: Self -

reported motivations and correlates with success [J]. Journal of Small Business Management, 1997, 35 (1): 34-46.

[72] Byrne, Janice, S Fattoum, et al. Role Models and Women Entrepreneurs: Entrepreneurial Superwoman Has Her Say [J]. Journal of Small Business Management, 2018: 9-10.

[73] Foss L, Henry C, Ahl H, et al. Women's entrepreneurship policy research: a 30-year review of the evidence [J]. Small Business Economics, 2018 (1): 1-21.

[74] Geus A P D. The living company: A recipe for success in the new economy [J]. Washington Quarterly, 1998, 21 (1): 197-205.

[75] Hanson S. Changing Places Through Women's Entrepreneurship [J]. Economic Geography, 2009, 85 (3): 245-267.

[76] Hisrich R D. The Woman Entrepreneur in the United States and Puerto Rico: A Comparative Study [J]. Leadership & Organization Development Journal, 1984, 5 (5): 3-8.

[77] Kanter, R M. Supporting Innovation and Venture Development in Established Companies [J]. Journal of Business Venturing, 1985: 47-60.

[78] Kanter R. When Giants Learn to Dance [M]. New York: Simon and Schuster, 1988: 123-242.

[79] Kephart P, Schumacher L. Has the "Glass Ceiling" Cracked? An Exploration of Women Entrepreneurship [J]. Journal of Leadership & Organizational Studies, 2005, 12 (1): 2-16.

[80] Lee-Gosselin H, GrisÉ J. Are women owner-managers challenging our definitions of entrepreneurship? An in-depth survey [J]. Journal of Business Ethics, 1990, 9 (4-5): 423-433.

[81] Neumeyer X, Santos S C, Caetano A, et al. Entrepreneurship ecosystems and women entrepreneurs: a social capital and network approach [J]. Small Business Economics, 2018 (3): 1-16.

[82] Siegel S M, Kaemmerer W F. Measuring the perceived support for innovation in organizations [J]. Journal of Applied Psychology, 1978, 63: 553-562.

[83] Silver P. Educational administration: Theoretical perspectives on practice and research [M]. New York: Harper& Row, 1983.

[84] Slater S F, Narver J C. Intelligence Generation and Superior Customer Value [J]. Journal of the Academy of Marketing Science, 2000, 28 (1): 120-127.

[85] Starbuck W H. Organizations and their environments [J]. Handbook of industrial and or-

ganizational psychology, 1976: 1069-1126.

[86] Stein M. Stimulating Creativity [M]. New York: Academic Press, 1974.

[87] Stevenson H H, Gumpert D E. The heart of entrepreneurship [J]. Harvard Business Review, 1985: 85-96.

[88] Stevenson H H, Roberts M J, Bhide, et al. The Entrepreneurial Venture [M]. Boston: Harvard Business School press, 1999.

[89] Stevenson L. Against all odds: the entrepreneurship of women [J]. Journal of Small Business Management, 1986, 24 (10).

[90] Weber M. The theory of social and economic organization [M]. New York: Free Press, 1947.

附　录

附录1　女企业家精神采访大纲（半结构化访谈）

一、企业组织篇

1. 企业/组织简介

您好，请问您成立这个公司的初衷是什么？或者是什么契机让您有这样的想法？您当年为何选择创业道路，如果重新选择，您还会继续做创新创业吗？

2. 在公司运行过程中，您遇到的最难忘的事情是什么？或者说，最大的困难是什么？怎么挺过来的？事业的拐点在哪里？

3. 在公司的运行中，给您最大帮助的人或者事是什么？

4. 当初为什么选择×××众创空间？

5. 请您代表公司和女企业家，说一句您对外界最想说的话。

二、个人成长篇

1. 您的创业偶像是谁？为什么？

2. 分享一些在创业过程中最艰难的时刻和开心的时刻。

3. 性别歧视

当前现状大多仍然是男性创业为主。您在创业和独立工作生涯之中，有没有遇到显性或者隐性的性别歧视？您是如何处理的？

4. 关于压力的应对

当前，创新创业者，特别是20~40岁的青年创业者，面临很大的压力，比如寻找合伙人、寻找资金、寻找方向，等等，您是如何看待的，又是怎样排解的？

5. 您觉得把自己包装成一个男人，抹杀女性的一面，是事业得到认可的一个重要条件吗？

6. 您觉得"女强人、女汉子"这类词是贬义词还是褒义词？

7. 您觉得女性创业者增多是社会进步的表现吗？

8. "生存"两个字虽然简单，但是中间也有很多不容易，您在实现自己梦想的路程上有没有遇到过特别低潮的时候？

9. 您是如何做到事业有成生活美满的？

10. 在中国，抚养孩子的重担一定是多一点交给母亲，还有婆媳关系，家里的日常生活等，这些压力会影响女性创业吗？

11. 您如何评价邓文迪？

12. 您如何评价自己？能概述自己的性格特点吗？

13. 虽然创业之路艰辛，但是在经营管理方面女企业家有着自己的特色，您觉得女性创业者在这方面有哪些优势与不足？

三、家庭社会篇

1. 在家庭角色方面，如何平衡家庭与事业的关系？您幸福吗？

2. 关于生活的平衡

女性创业者在工作之余，往往要承担比男性创业者更沉重的家庭负担。您如何在做好创业工作的同时，平衡好家庭和工作的关系？

3. 对青年创业，特别是20~40岁的女青年创业，您有什么意见和建议？

4. 您有哪些推荐的阅读书籍？

5. 您会纠结自己的年龄吗？

6. 我见过许多女性创业者因为忙于事业而一直单身，您对此现象有何看法？

7. 您对创业女性在情感方面有什么建议吗？

附录2　女企业家精神调查问卷

尊敬的女士：

您好！

非常感谢您参加此次问卷调查。本问卷旨在了解女性创业者的心理与身体健康。本次调查以不记名的方式进行，调查的结果仅供学术研究之用，您的真实回答对本研究非常重要，敬请您真实作答，我们将严格保密，您不必有所顾虑。

衷心感谢您的支持与合作！

中国光谷创客联盟女创专委会

新时代女企业家精神研究调查问卷

1. 您的年龄是［单选题］

○18 岁以下

○18~25 岁

○26~40 岁

○41~55 岁

○55 岁以上

2. 您的星座是［单选题］

○白羊座：3 月 21 日~4 月 20 日

○金牛座：4 月 21 日~5 月 21 日

○双子座：5 月 22 日~6 月 21 日

○巨蟹座：6 月 22 日~7 月 22 日

○狮子座：7 月 23 日~8 月 23 日

○处女座：8月24日~9月23日

○天秤座：9月24日~10月23日

○天蝎座：10月24日~11月22日

○射手座：11月23日~12月21日

○摩羯座：12月22日~1月20日

○水瓶座：1月21日~2月19日

○双鱼座：2月20日~3月20日

3. 您的血型是 ［单选题］

○A 型

○B 型

○AB 型

○O 型

○HR 阴性

4. 您的学历是 ［单选题］

○高中及以下

○专科

○本科

○硕士

○博士及以上

5. 您是家里的独生子女吗 ［单选题］

○是

○否

6. 您的家乡位于 ［单选题］

○西部地区（四川 贵州 云南 西藏 陕西 甘肃 青海 宁夏 新疆）

○中部地区（山西 内蒙古 吉林 黑龙江 安徽 江西 河南 湖北 湖南 广西）

○东部地区（北京 天津 河北 辽宁 上海 江苏 浙江 福建 山东 广东 海南）

7. 您现在居住在 ［单选题］

○西部地区（四川 贵州 云南 西藏 陕西 甘肃 青海 宁夏 新疆）

○中部地区（山西 内蒙古 吉林 黑龙江 安徽 江西 河南 湖北 湖南 广西）

○东部地区（北京 天津 河北 辽宁 上海 江苏 浙江 福建 山东 广东 海南）

8. 您去过以下哪些城市 ［多选题］

□北京

□上海

□广州

□深圳

□国外

□其他

9. 您在以下哪个城市工作或学习生活超过三年 ［多选题］

□北京

□上海

□广州

□深圳

□国外

□其他

10. 这是您第几次创业 ［单选题］

○第一次

○第二次

○第三次

○第四次

○第五次及以上

11. 您有多少年的创业经历 ［单选题］

○1年以内

○1~5年

○6~15年

○16~25年

○25年以上

12. 您的家人是否有过创业经历 ［单选题］

○是

○否

13. 您创业的动机是 ［单选题］

○迫于生存，迫不得已创业

○能够生存，但追求更好的经济条件

○厌倦职场，追求自由

○拥有创业梦想，实现人生价值

○改造社会，实现社会价值

○其他

14. 您创业所选择的行业领域［多选题］

□农林牧副渔（第一产业）

□加工制造业（第二产业）

□生活性服务业（第三产业）

□加工生产型服务业（一二三产业融合）

15. 贵公司的员工规模［单选题］

○1~10人

○11~50人

○51~100人

○101~200人

○200人以上

16. 企业治理中，您认为哪种文化治理更有意义［单选题］

○孔子的《论语》等

○老子的《道德经》等

○朱熹的《周易本义》等

○王阳明的《致良知》等

○其他

17. 企业经营要素禀赋（1. 非常不重要；2. 不重要；3. 一般；4. 重要；5. 非常重要）［矩阵量表题］

项　　目	1	2	3	4	5
您认为人才队伍建设在企业经营中的重要程度	○	○	○	○	○
您认为资本要素在企业经营中的重要程度	○	○	○	○	○
您认为科学技术创新在企业经营中的重要程度	○	○	○	○	○

18. 政府营商环境（1. 非常不重要；2. 不重要；3. 一般；4. 重要；5. 非常重要）［矩阵量表题］

项　　目	1	2	3	4	5
您认为政府提供人才服务政策对企业经营的作用	○	○	○	○	○
您认为政府提供金融服务政策对企业经营的作用	○	○	○	○	○
您认为政府提供科技创新服务政策对企业经营的作用	○	○	○	○	○

19. 敬天爱人（1. 非常不重要；2. 不重要；3. 一般；4. 重要；5. 非常重要）［矩阵量表题］

项　　目	1	2	3	4	5
您认为女性创业者对自我关爱的重要程度	○	○	○	○	○
您认为女性创业者平衡家庭事业关系的重要程度	○	○	○	○	○
您认为女性创业者对社会责任担当的重要程度	○	○	○	○	○

20. 激励机制（1. 非常不重要；2. 不重要；3. 一般；4. 重要；5. 非常重要）［矩阵量表题］

项　　目	1	2	3	4	5
您认为员工对自己的精神激励对企业发展的重要程度	○	○	○	○	○
您认为企业内部严明的赏罚制度和激励政策对提高员工工作积极性的重要程度	○	○	○	○	○
您认为政府政策对企业的激励对企业发展的重要程度	○	○	○	○	○

21. 高质量发展（1. 非常不重要；2. 不重要；3. 一般；4. 重要；5. 非常重要）［矩阵量表题］

项　　目	1	2	3	4	5
您认为产品质量对企业高质量发展的重要程度	○	○	○	○	○
您认为树立品牌效应对企业高质量发展的重要程度	○	○	○	○	○
您认为顺应市场导向对企业高质量发展的重要程度	○	○	○	○	○

22. 社会导向（1. 非常不符合；2. 不符合；3. 一般；4. 符合；5. 非常符合）［矩阵量表题］

项　　目	1	2	3	4	5
您的家人因为您是女性而反对您创业	○	○	○	○	○
您在创业过程中曾在社会上受到过性别歧视或隐性性别歧视	○	○	○	○	○
您所在地区的社会大众对女性创业有较高认可度	○	○	○	○	○

23. 技术创新（1. 非常不重要；2. 不重要；3. 一般；4. 重要；5. 非常重要）［矩阵量表题］

项　　目	1	2	3	4	5
您认为增加创新经费投入对企业提升市场竞争力的重要程度	○	○	○	○	○
您认为设立研发机构并安排专人进行科技研发对企业提升市场竞争力的重要程度	○	○	○	○	○
您认为进行产学研合作对企业提升市场竞争力的重要程度	○	○	○	○	○

24. 企业家能力（1. 非常不符合；2. 不符合；3. 一般；4. 符合；5. 非常符合）［矩阵量表题］

项　　目	1	2	3	4	5
您认为自己能够敏锐洞察市场，抓住机会	○	○	○	○	○
您时常通过各种途径交流学习，提升自我	○	○	○	○	○
您能够有效整合资本、人才等要素	○	○	○	○	○
遇到问题时，您常常换个角度思考，最先找到突破口	○	○	○	○	○
您能够平衡事业、家庭、社会以及自我的关系	○	○	○	○	○
遇到重大问题的选择，当团队意见和您的意见不一致的时候，您会坚持自己的想法	○	○	○	○	○

25. 性格（1. 非常不符合；2. 不符合；3. 一般；4. 符合；5. 非常符合）［矩阵量表题］

项　　目	1	2	3	4	5
您认为自己想象力充分，情感丰富并极具创造性	○	○	○	○	○
您认为自己具有充分的责任心，始终保持公正严谨自律	○	○	○	○	○
您认为自己热情果断，敢于冒险，乐于社交	○	○	○	○	○
您认为自己信任并依从他人	○	○	○	○	○
您认为自己难以平衡焦虑、压抑、冲动等情绪	○	○	○	○	○

26. 您认为创业的过程孤独吗［单选题］

○孤独

○不孤独

27. 公司运营最艰难的时候怎么走出来的［单选题］

○个人坚持

○家人陪伴

○朋友安慰

○贵人帮助

○政府支持

28. 您通常饮哪种类型的酒［单选题］

○红酒

○白酒

○啤酒

○其他

○不饮酒

29. 业余时间安排（1. 几乎不；2. 偶尔；3. 一般；4. 经常）［矩阵量表题］

项目	1	2	3	4
阅读	○	○	○	○
旅游	○	○	○	○
逛街	○	○	○	○
瑜伽	○	○	○	○
跑步	○	○	○	○
音乐	○	○	○	○
摄影	○	○	○	○
其他	○	○	○	○

30. 在创业过程中，您是否遇到过性别歧视［单选题］

○是

○否

31. 您在遇到性别歧视或者隐性性别歧视时，如何克服［单选题］

○避开女性弱势行业

○努力上进，更加优秀

○提升气质涵养

○改变环境

○其他

32. 您的健康状况如何［单选题］

○非常健康

○心理亚健康

○社交亚健康

○躯体性亚健康

33. 如果您存在亚健康状况，具体表现在哪些方面［多选题］

☐肩颈

☐肠胃

☐心肺

☐睡眠

34. 您的睡眠状况如何 ［单选题］

○非常好

○较好

○一般

○偶尔失眠

○严重失眠

35. 在物质和名誉面前，您是否觉得生命的价值高于一切 ［单选题］

○是

○否

36. 创业过程中，您想家的时候怎么办 ［单选题］

○给家人打电话

○给家人买礼物

○请家人到公司附近聚餐

○推掉部分工作，回家看看

○工作太忙，很少想家

37. 请您给自己的企业家精神评分（1~5分由低到高）［单选题］

○1

○2

○3

○4

○5

38. 如果再给您一次机会，您是否还会选择创业 ［单选题］

○是

○否

后 记

本书得到以下基金的支持：湖北省技术创新专项软科学研究项目"新时代战略背景下楚商企业家精神研究——基于秦、晋、浙、粤、楚的样本"（项目编号：2018ADC116）；浙江省社会主义学院浙江文化与海外统一战线招标课题"基于浙商文化的新浙商企业家精神研究"（项目编号：ZWHB201801）；国家社科基金一般项目"新结构经济学视角下我国跨越中等收入陷阱的路径研究"（项目编号：18BJL120）；国家社会科学基金一般项目"农业区域公用品牌稳步推进乡村振兴发展对策与保障机制研究"（项目编号：18BGL274）；中国博士后科学基金面上项目"发展战略的产业选择与中等收入陷阱：新结构经济学视角"（项目编号：2018M630001）；湖北省高校人文社科重点研究基地——湖北品牌发展研究中心研究项目"恩施州农产品电商公共品牌的发展对策研究"（项目编号：HP2014007）；文华学院·楚商集团共建的楚商研究中心研究项目"荆楚女企业家精神研究"。

写这本书的初衷源于在学术界有一种"35岁效应"的说法，大意是一个青年科研工作者，如果在35岁之前没找到合适的科研方向开展适合的研究，那么他的科研后半生很难有新的突破和进展。我自认为自己是一个有梦想的人，所以一直坚持努力，在那些连续奋斗的日子里，白天认真努力地做好每一份教学工作，夜里曾经连续十几天不休息做科研课题。虽然寻道的过程很漫长，我还是很幸运地在不断学习和不断提升中度过了我的"35岁效应"。2016年12月18日，在北京大学朗润园，我有幸参加了新结构经济学第二届冬令营，从此开启了在新结构经济学这座金矿上的挖掘之路。

我的成长过程只是个例，我身边有很多优秀的女企业家朋友，她们是如何做到极致优秀的同时，又兼顾事业与家庭的平衡？在面对人性考验的时候，她们是如何走出视野格局的窠白？她们心系企业的发展，关心家庭的周全，在她们取得这些卓越的成就之前，又有多少人关注她们的成长，关心她们的幸福？带着这些问题，我开始观察和记录身边优秀的女企业家朋友。从2015

年 10 月 17 日开始的萌芽构思,到 2017 年 3 月初,在中国光谷创客联盟女创专委会的办公室,第一次汇报我的采访方案,再到 2019 年 6 月底,近 4 年的时光里,我和团队先后采访了 39 位优秀的女企业家,并对她们进行了跟踪研究,即数年前采访的女企业家,数年后又进行了随访。鉴于尊重部分女企业家不愿意接受进一步的调研,本书剔除了 5 位在首次采访之后放弃跟踪的女企业家。因此,最终的有效样本数为 34 位。从地域分布看,东至上海,西到银川,南抵深圳,北达北京,其中,21 位女企业家来自湖北省武汉市;5 位女企业家来自湖北省的地级市,分别为荆州、钟祥、咸宁、黄冈和恩施;另外 8 位女企业家分别来自北京市、上海市、浙江省杭州市、浙江省嘉兴市、宁夏回族自治区银川市、江苏省无锡市以及广东省深圳市。从行业覆盖看,34 位女企业家从事的工作覆盖从农业到制造业再到服务业,包括但不限于餐饮服务业、加工制造业、软件信息服务业、教育业、商业服务业、生活性服务业及文娱产业等。从年龄分布看,34 位女企业家中,年龄最大的是 62 岁,最小的是 24 岁,平均年龄是 39 岁。采访过程中我数次哽咽,为她们的精神感动。她们给我留下了深刻的印象。

第一,对生命的敬畏。数位受访的女企业家曾体会过对亲人或者自己生命的感悟。北京市京师(武汉)律师事务所的胡涛女士在创业初期,就遭遇亲人突患重病的痛苦;湖北"二乔家"土特产的李丽娟女士更是经历了长达 3 个多小时的生死攸关的手术,在度过了生命的拐点以后,获得了重生。古语说,大难不死必有后福。我对这句话的理解是,经历过大难不死,就会彻底放下多余的想法,极致地去努力,去完成自己想完成的事业。乔布斯非常崇拜的这句名言"把每一天都当成生命的最后一天,你就会轻松自在"大抵要表达的也是这个意思吧。第二,开阔的视野。受访的女企业家,大都在北京、上海、广州、深圳等城市工作生活 5 年以上。第三,持续的学习。受访的每一位女企业家,都或多或少地强调学习能力,持续的学习能力。第四,强大的社会责任心。从武汉 550 艺术书店的王阳女士,到北京市京师(武汉)律师事务所的胡涛女士,再到浙江省中小企业协会巾帼会长陈潇女士,以及湖北省阳光慈善基金理事长董玉霞女士,无不从骨子里透露着她们的爱心和社会责任心。第五,平和的心态。与想象中的不一样,大多数被采访的女企业家都是连续创业者,她们大都经历过不止一次的创业过程。所有在外人看来

后　记

的困难，在她们眼里都不算什么困难。因此，当被问及创业过程中遇到的最大的困难是什么的时候，大多数受访的女企业家都用浅浅的微笑带过，在她们看来，所有的困难都是正常的。当被问及如何包容价值观不一致的人和物的时候，浙江省中小企业协会巾帼会长陈潇女士和湖北省阳光慈善基金理事长董玉霞女士在不同的时间、不同的地点，却用了极其相似的语句，相似的表情，非常平和地、面带微笑地回复了我，包容并不是最好的状态，包容里面还有忍的成分。比包容更高阶的状态是平常心。以一颗平常心去待人接物，才是真正意义上的"有容乃大"。

感谢文华学院校长刘献君教授，感谢文华学院党委书记郑畅，常务副校长刘太林，董事会董事李俊，副校长张七一、程红、袁国祥、舒水明、邓刚、肖行定、邓华和等校领导的支持。感谢华中科技大学公共管理学院徐晓林教授。感谢我的硕士生导师凌丹教授、博士生导师王恕立教授以及恩师万君康教授。感谢文华学院经管学部常务副主任唐齐鸣教授、杨化玲书记、易江副主任。感谢楚商集团与文华学院共建的楚商研究中心。感谢湖北品牌发展研究中心。感谢湖北省荆楚药材研究院院长王沐教授、湖北省地理标志产品企业联合会执行会长韩波老师。感谢湖北广播电视台湖北长江垄上传媒集团公司副总编辑李艳女士。感谢翰墨楚风书法院院长刘祥彬老师对本书书名的题词。感谢文华学院张建民教授、申凡教授、舒咏平教授等专家对本书内容的指导。感谢中国创客空间联盟秘书长、中国光谷创客联盟（CMSU）理事长晏文临先生以及中国光谷创客联盟宣传总监赵宇涵女士对本书案例内容的大力支持。感谢华中科技大学教育科学研究院李伟博士和中南财经政法大学工商管理学院胡宗彪博士对本书多次提出的建设性的修订意见。感谢挚友文华学院周进博士、俞侃博士、杜俊伟博士以及武汉体育学院新闻传播学院的滕姗姗博士在日常工作中的帮助与提携。感谢知识产权出版社韩冰和李瑾编辑的辛勤劳动。感谢我的学生王婧、兰子君、潘婧、向艳丽、周贝黎、吴梦祺、彭雅思、罗晋冉、姚琴等对烦冗的采访录音和文字整理校对做出的卓越贡献。

感谢家人的理解和支持。这些年我几乎把所有的时间和精力都投入教学和科研里面，如果没有家人的理解和支持，很难持续地走得这么深，走得这么远。感谢犬子小鑫的阳光聪慧，自律自立。很长一段时间我曾经找不到家庭和事业的平衡点,直到2017年春天在北京大学新结构经济学研究院访学期间,3月1日晚上,在北大国发院听了关于"女性领导力"的讲座,我才茅塞顿开。这次讲座主要回答了四个问题。第一,关于幸福。什么是幸福?什么是女性的幸福?什么是已婚已育女性的幸福?这是一个很大也很难简单回答的选题,稍不留意,你的回答在他人价值观里便是草率,便是不尊重。第二,如何在工作与生活之间取得平衡?Elaine在40岁之前也常常处于焦虑之中,我的孩子会不会更喜欢阿姨而不是我?我是不是做得不够好?突然那一天,当她8岁的孩子非常独立又那么关爱她的时候,她明白了,她的优秀给她的孩子起到的是榜样的作用,教会了她独立与自信。所以,在顺风顺水的职业进阶中,她与女儿的关系愈发融洽。第三,如何处理金钱财富和精神财富之间的矛盾?从长远来看,两者之间并不矛盾。这是因为,得到财富的基础条件是你创造价值,今天的社会价值是可以用财富衡量的。与此同时,金钱财富需要更长时间的检验。当然,在剧变的时代,学习者掌握未来。同时实现物质财富和精神财富的前提是年轻的你必须不断实现自我价值的增值。第四,一个女人的自我修炼,除了上述三大要素以外,对心性的有意识培养也是非常重要的。人生是一场生命练习,很漫长的不可逆的练习。30岁到40岁的女人,三十而立,立的是你的价值观。三观一致非常重要,如果这个人出现了,好好珍惜;如果没有出现,宁缺毋滥。一个女人,在树立了自己的价值观以后,善用自己的独特优势,创造价值。你可以一次次去挑战自身能力的天花板,你会做得越来越好。唯有这样,你才能不惧改变,绽放你的人生之美。现在这个社会,跨界工作早已不是稀罕之事,甚至很多有成就的伟人也是半路杀出来的黑马。有了明确的价值观导向,你认为你做这个事情值,那么你一定能胜任任何学科与职业,只要你愿意。这种自我确信的能力让你在面对困难的时候,能够很快克服心中的恐惧,实现内心的平和与恒久的定力。

感谢北京大学新结构经济学研究院。思路决定出路(林毅夫)。从2016年12月18日至今,我先后受邀参加了第二届新结构经济学冬令营、第三届新结构经济学国际夏令营、第三届新结构经济学冬令营、林毅夫教授从教35周年学术研讨会、庆祝改革开放四十周年新结构经济学智库与案例研讨班·县域发展与改革实践等学术活动。无论是"欲揽青天千古月,合催甘雨五湖

后 记

春",还是"松风水月未足比其清华,仙露明珠讵能方其朗润",朗润园的一草一木,一砖一瓦,都在我的心底生根发芽,赐予我博大的家国情怀和深远的理想抱负。入世人生旅程,出世朗润心灵(吴小莉,2019),每当我在科研探索的路上彷徨无措的时候,都能在心中的朗润园找到坚定无比的能量和源源不断的动力。

2018年12月9日,本人以论文点评人的身份受邀出席了清华大学国际金融与经济研究中心(CIFER)组织的"国际贸易关系与全球经济治理结构"学术研讨会,有幸认识了时年88岁高龄的《邓小平时代》的作者,哈佛大学的傅高义教授,并向他请教了三个问题。第一,在他撰写该书时采访的300多位受访者中,他印象最深的是哪位?第二,邓小平同志给他的最深刻的印象是什么?第三,在十年的采访写作过程中,他最大的遗憾是什么?傅高义教授平和地回答道,十年努力,没有遗憾。采访的对象中,印象最深刻的人物,是邓小平同志的女儿邓琳,对她的采访非常有效。傅高义教授的这本专著是他在70岁正式退休以后,花了十年的时间才完成的巨著。从这方面而言,我是幸运的,我能够在35岁的时候,循着心声,做自己想做的事情,写一本关于女性成长和发展的故事,写一本关于时间的故事。

2019年6月5日,本人参加了由中国人民大学商学院和《管理学报》杂志社共同承办的"中国企业家管理思想解读"工作坊,华中科技大学张金隆教授分享了"中国·实践·管理研究十五年";华中科技大学田志龙教授分享了企业家管理思想解读的论文框架建议;复旦大学苏勇教授分享了"中国企业家精神——基于对32位杰出企业家的访谈研究";南京大学杜运周教授等专家学者分享了QCA(定性比较分析)研究方法,受益匪浅。

在思考和撰写本书的过程中,北京大学新结构经济学研究院的赵秋运博士加入此行列,秋运博士对新结构经济学非常有见地,而且正在向企业家推广新结构经济学,我们一起分工撰写,一起讨论行文特点和撰写提纲。本书中也纳入很多新结构经济学的元素,现在新结构经济学研究院成立了企业发展部,我相信这本书能够受到企业家的欢迎,尤其受到新时代女企业家的青睐。本人统领本书的编写,第2章、第3章和第6章与秋运博士共同完成,秋运博士倾注了很多心血。

最后,感谢接受采访的女企业家们,"文章做到极处,无有他奇,只是恰好；人品做到极处，无有他异，只是本然。"希望这些本然和恰好的文字能够为新时代女性创业者提供些许帮助。仅以此书向奋斗在市场一线的女企业家们致敬！

人生是漫长的，在这漫长的逐梦人生中，总有一段路需要自己勇敢地走下去。"每个优秀的人，都有一段沉默的时光。那段时光，是付出了很多努力，却得不到结果的日子。我们把它叫作扎根。"孤独并不可怕，当我们意识到这一点的时候，我们更要怀着"初恋般的情怀和宗教般的信仰"努力前进。这才能在更广阔的平台上，结识更多志同道合的朋友，极致地努力，活在这珍贵的人世间！

由于作者水平有限，欢迎各位读者向我们提出宝贵的修订意见，我们的联系方式是，赵春艳：16338092@qq.com，赵秋运：qiuyunzhao@nsd.pku.edu.cn。

赵春艳

2019 年 7 月 1 日

武汉·汤逊湖畔